U0585196

典藏版

林徽因传

美人如诗

凉月满天 著

作家出版社

图书在版编目（CIP）数据

美人如诗：林徽因传/凉月满天著．—北京：作家出版社，2016.3

ISBN 978-7-5063-8827-6

I. ① 美… II. ① 凉… III. ① 林徽因（1904~1955）—传记 IV. ① K826.16

中国版本图书馆 CIP 数据核字（2016）第 058986 号

美人如诗：林徽因传

作　　者：凉月满天
责任编辑：丁文梅
装帧设计：80 零·小贾
出版发行：作家出版社
社　　址：北京农展馆南里 10 号　　　　邮　　编：100125
电话传真：86-10-65930756（出版发行部）
　　　　　86-10-65004079（总编室）
　　　　　86-10-65015116（邮购部）
E-mail:zuojia@zuojia.net.cn
http://www.haozuojia.com（作家在线）
印　　刷：北京中科印刷有限公司
成品尺寸：145×210
字　　数：190 千字
印　　张：9.5
版　　次：2016 年 6 月第 1 版
印　　次：2016 年 6 月第 1 次印刷
ISBN 978-7-5063-8827-6
定　　价：46.00 元

前言

一层秋雨，一层凉。

北方的天，已经变得高爽，人家的屋瓦和路边的秋草虽然尚未结一层秋霜，屋外寒蛩却是鸣声不止。

此时的一瓯清茶，几许清风，可抵十年尘梦。在这个时段的光阴，现实慢慢退远，已经过去的人和事却宛如得了滋养，渐渐鲜活，面目楚楚生动，让人想起旧日盛开在枝头的花朵。

年轻的时候，花开得正好，却偏爱将这些艳红妙白的花瓣采撷下来，题上诗，笔触划在花瓣上的感觉，丝丝绒绒，然后把它们夹进书页。前天整理书架，还从一本书里面翻出几片，已经干薄透明，上面的诗句却宛然如新，"秋花惨淡秋草黄""花谢花飞花满天"。这样的诗句，此时中年情怀，再去读它，真仿如隔了前尘。

花瓣散发出寂寞的气息，映衬得岁月也波澜不惊。似乎昔日的惊鸿落入人间，青春男女遭逢，炮火连天国仇家恨，花儿离枝，鸟儿离翅翩翩，都既不曾存在，更没有出现。

就算花已离枝，也曾经在昔年光阴里散发着独属于它的芳香；就算鸟儿飞远，也曾经在过往岁月里啁啾歌唱。光阴薄凉，岁月情长，既轻易掩埋掉一个人的病骨，芳魂纵杳杳，又仍旧不肯被轻易遗忘。

所以我们才会怀想。怀想一个人间四月的艳阳天，一个一袭素衣的女子款步走来，身后花雨满天。

她就是林徽因。

林徽因是美的，轻盈，鲜洁，如画，如诗。她更是净的，如佛祖拈在指间示众，逗得迦叶破颜微笑的那片花瓣，又如观音插在净瓶里的那枝杨柳，净，且香。

世人总觉得自己聪明，于暧昧处玩刺激，于三妻四妾中求平衡，却费尽心机周旋，总难得保全，殊不知皆因玩弄的全是小聪明。而林徽因晓得自己要的是什么样的生活、什么样的爱情、什么样的枕边人，那便是诱惑来临，也能退步抽身，终得一生安稳。

所以在和徐志摩的相交中，她转了身；在金岳霖的爱慕中，她止了步；唯把一生给了梁思成。而徐志摩仍旧爱她，金岳霖仍旧爱她，而梁思成爱了她整整一生。

世事如棋，乱象横生，她却始终守住了灵台一点清明。好比人间满席大宴中的一道青笋蒿盘，成全了整个世界的清欢。

瓜洲明月古渡船，雪入芦花飞不见。到如今斯人已杳，黄鹤已远。留给我们的，依旧是年复一年的人间四月天，无论阴晴雨雪，心若安好，便是晴天。

目 录

第一卷

江南新荷初长成

1 | 与有情人做快乐事，不问是劫是缘

你正瞪大眼睛，盯着紧紧闭合在一起的两道门中间的细缝，同时周身三万六千个汗毛孔，无一处不宁静，因为有个天外的声音说，你可以从这道细缝里，看见世界上最奇妙奇迹的发生——一匹白马将脚踏白莲，从天而降。

"小心哪，"那个天外的声音说，"一定要睁大眼睛，不然，你闭上眼的一刹那，说不定这匹马就已经和你擦肩而过。"

于是，你摒弃了所有的思虑、观想、迟疑、犹豫，两只眼睛睁得大得不能再大，精神紧张得如同绷得紧紧的一根细线，马上要断了，就要断了，然后呢，眼前恍惚好像一花，又恢复成了一成不变的景色。这个时候，那个声音问："看清楚了吗，我的孩子？"

"什么，我应该看到什么？"

"一匹白马从你面前掠过，它有着金色的眼眸、长长的鬃毛，四蹄踏雪、足蹬莲花，世界上，再也找不到比它更美的生灵了……"

"可是我什么也没有看到，眼前一花，就什么都没有了。一切又都恢复成了一成不变的景色。"

"真的吗？我的孩子，看看你自己吧，现在，找面镜子来，看看你的容颜吧。"

当你离开这道门缝，遵命去观看自己的时候，却发现，不知什么时候，自己已经如斯的老！

手不再圆润，脚不再灵活，脸上不再泛着健康的朱红色，而一头乌发，竟然赛银欺雪。你的眼睛变得浑浊，你想提起满腹的激情，却发现它们也随着你的肉体一起苍老，就如土块委顿，如花朵凋落。你的整个生命已经在不知不觉间如剩影、如残茶、如余响，如风中摇曳的一线蛛丝，透明的空气轻轻一动荡，就会把它吹断……

这，就是时间的残酷。

"时光如白驹过隙"，一个多么令人悲伤的童话，有限的生命在无尽的时光面前，仿佛只是一重劫难。

而每个人笑着、吵着、闹着，快乐地走上人生长途的时候，还以为自己独得恩宠，随便别人怎样历尽劫难吧，命运给我安排的，只会是一出又一出妙不可言的——缘。

你敢说你没有这样想过吗？

在你受伤之前，在你历劫之前，在你心痛之前，在你分离之前？

还记得《红楼梦》吗？

那样精致的贵族小姐，那样贵气的富家公子，那样恢宏的亭台楼阁，那样明黄朱紫的富贵权门。都道若是投生在这样人家，便是享福去，却不知那一干公子小姐降世，只为一个理由：历劫。

宝玉是历劫，黛玉是历劫，宝钗是历劫，元、迎、探、惜四春是历劫，袭、晴、麝、纹这些丫头是历劫，凤辣子是历劫，贤平儿是历劫，俏尤三是历劫，媚尤二是历劫……

这白驹过隙的一瞬间，足够所有的人经历一场艰辛痛楚的劫难。

这劫难，却是绛珠仙子要还神瑛侍者的仙露灌溉之恩，所以要下界将一生所有的眼泪还他，才勾下了这贵贱雅俗一干人等，陪他们一起演一场

3

还泪的大戏，各自经历各自的一份情劫，抑或可说是情缘，只不过缘深、缘浅，恩深、恩浅。

今天的我，情不自禁地在故纸堆里寻找一个能够把仓皇凌乱的旧时光过得开出莲花来的女人——林徽因。

觉得世事如棋、如局、如戏，而林徽因这样一个宛如白莲的女子，她的下凡，究竟是要经历怎样的迷局和戏剧，经历怎样的情缘和劫难？而为了她的下凡历劫，经受凡尘磨炼，这一个人的微渺心愿，竟然劳动了整个宇宙，为她安排种种人物的出演，安排种种场景的布置，然后，在宇宙这个总导演的指挥之下，在她出生之后，这场为她一人配的大戏，豪华上演。

看那些镂印着旧光阴的老照片，林徽因小毛头的时候不够漂亮，用我们家乡话来讲，就是"锛喽头，窝窝眼"；长大了，陪着泰戈尔的时候，细胳膊细腿伶伶仃仃，旁边的徐志摩干脆一副傻样——那时候人们不常照相，并不怎么注意风姿仪态，尤其女性，大多含胸；她结婚时候的礼服是她自己设计的，给我感觉是戏台上的花木兰，也说不上有多么好看。

可是，她是旧年一帧惹人怀思的老照片，是夹在泛黄书页里已经透明的干花，人们用细巧的手指拈起它，看到的，是旧日的刹那风华。

张爱玲说，照片这东西不过是生命的碎壳，纷纷的岁月已经过去，瓜子仁一粒粒咽了下去，滋味各人自己知道，留给大家看的唯有那满地狼藉的黑白瓜子壳。

可即使是那瓜子壳，因离我们的时代尚不算远，所以还留有美人齿间的余香与些许的余温，不至于像我们目睹了唐朝女子的画像，虽然欣赏，却难再心动；而又因为离我们的时代不算太近，所以，我们会忽略掉美人脸颊的三五点雀斑，也不至于面对她的时候，让我们的那颗愤世嫉俗的心也蠢蠢欲动，挑剔地打量来人——心里想着这个人的眉毛不行，眼睛也不行，嘴巴也不行，身材也不行，气质和才华也不行……

所以，说林徽因缔造历史，她担不起这份重量；说她装点了光阴，这句话虽然不甚庄重，若细思量，还是能得到大家的首肯。尤其是那样贫苦的、战乱的、流离的、面黄肌瘦的光阴，有这样的一朵花开放，让它也显得不那么清寒。

而这样一朵花开出来，又有爱人相依，有情人相伴，有思慕者的痴恋，给了世人足够多的谈资，引发后人无极限的遐想。梁思成爱她，徐志摩恋她，金岳霖痴她慕她，看起来似是一场俗之又俗的三角恋爱，却因为当事人的清洁，而显得不但不龌龊，反而高贵清洁——因为这样的爱与肉体无关。

若身为女子，有人肯默默爱自己一生，不提任何义务，不讲任何要求，何其有福也。

若身为女子，有人肯将火热的心给予自己，将情深的诗写予自己，何其有福也。

若身为女子，有人能够听懂你说的话，他说的话你亦听得懂，一生既为夫妇，又为知音，何其有福也。

那么，林徽因是有福的。

大家都说"窈窕淑女，君子好逑"，可是现今的窈窕女郎多，娴淑女子少；猛扑上去下嘴的色狼多，温文尔雅的君子少。那么，我们追慕一代才女的绝世风华，难道不是芳魂已杳，复制不了，心有憾焉，望梅止渴？

聪明的你说，是，还是不是呢？

林徽因本应是一朵清幽的兰花，却开在了热闹的红尘。自然，心血耗尽，过早折坠，零落成泥碾作尘。不过，也无须替她遗憾，因为她忠于了她的心。

写到这里想起黛玉和宝玉起的一场争执，宝玉说林姑娘我还对你不好吗？有好吃的我想着你、念着你，你生气了我哄着你、让着你，现在来了一个八竿子打不着的宝姐姐，你为了她，把我三日不理四日不见。本来是"亲不间疏"，她有什么资格插到我们中间来，搞得我们互相生气？你为了她不待见我，我好冤屈。你难道不知道我的心？

黛玉沉默良久，说，你只知道你的心，难道不知道我的心？

那，假如说命运曾经和林徽因的一缕芳魂做过这样一番对话，命运这个鸟人说："徽因，我难道对你还不够好吗？我为你安排了一个名门的出身，为你择定了一个风度翩翩的才子做夫婿，我还赋予你一身的才思，你只要安安静静地做你的才女，远离尘世。"

但徽因的回答也许是："你只知道你的心，难道不知道我的心？我爱这凡俗人间，有情红尘。"

是的，这便是她的答案了。之所以折坠红尘，是因为她爱煞了红尘；之所以不离人间又早离人间，是因为她爱煞了这人间。

她是一朵入世很深的花，而我们因为这个，更爱上她这个人，就像世间这么多的高僧大德，我们更偏爱贪恋人间情爱的仓央嘉措。

因为看见他们，我们才看见了自己，看见了自己这颗活泼跳动的、爱红尘的心。

看着她和一个又一个男人演绎着一段又一段爱情，看着她在一个乱世里，吸着呛死人的烟尘，不停地奔波又奔波，逃难又逃难，总感觉她的生命如同拌了蜜的异香异气的药丸，亦苦亦甜。

而她与这些男人之间的情，让我无别的话可说，亦想不起用时下时髦的情爱理论去解释、去构建，只想用一句话来表达我的观感，那便是：

与有情人做快乐事，不问是劫是缘。

21 烟柳如画话江南

有一个传说，说的是有一只鸟儿，它一生只唱一次，那歌声比世上所有一切生灵的歌声都更加优美动听。从离开巢窝的那一刻起，它就在寻找着荆棘树，直到如愿以偿，才歇息下来。然后，它把自己的身体扎进最长、最尖的棘刺上，便在那蛮荒的枝条之间放开了歌喉。在奄奄一息的时刻，它超脱了自身的痛苦，而那歌声竟然使云雀和夜莺都黯然失色。这是一曲无比美好的歌，曲终而命竭。然而，整个世界都在静静地谛听着，上帝也在苍穹中微笑。因为最美好的东西只能用深痛巨创来换取……

初读《荆棘鸟》，即为前言中的这段话震惊，那是怎样的一只鸟，有着怎样的不可磨灭的悲情与激情！

可是，如果林徽因是一只荆棘鸟，那么这只荆棘鸟初初降生尚在巢窝的时候，那垫在身下的就既有柔软羽毛和秋日晒干、散发着淡淡香气的柔软枯草，也有一根两根让人疼的棘刺。

养育出林徽因这样一只灵动的荆棘鸟的鸟巢，的确给人一种这样尴尬的、不够完美的感觉。

自然，她的生长环境还是令人艳羡的。

林徽因，原籍福建闽县，即今天的福州。但她诞生在优美和温软的江南，杭州陆官巷。

江南，水乡，水温香软，柳丝摇漾春如线，良辰美景奈何天。

记得三年前初到江南，烟波画船，最让我神往的是细雨霏霏下的灰瓦白墙。旅店天井中的两竿滴露的瘦竹亦让人心生爱恋。那荡桨的船夫，采莲的渔女，银白的鱼儿在阳光下跳跃出一个个转瞬即逝的弧线。

江南，有吴王钩、越王剑，有青梅青了又黄、黄梅黄了又青，有古汉语诗词里青青竹枝做的词，有大柳树下醉倒的吟诗作赋的才子，有在溪边井畔一边淘洗着轻纱和蓝布做的衣衫一边唱着词的西施们。

江南，没有驼铃，没有黄沙，没有长虹碧血的剑，却有看琼花的龙舟，有"人比黄花瘦"的李易安。

江南的柳絮无时无刻不在发芽；江南盛不下岳武穆和辛稼轩的金戈铁马，却有歌女声声唱着后庭花；江南有红巾翠袖，茅檐低小，虽然少了气吞万里如虎，却多了白发翁与媪。

江南的祝英台化作了蝴蝶，江南的雷峰塔终于倒下，江南有李香君，江南有鉴湖女侠。江南是一条巨龙蜿蜒睡卧的那一团温软的白云，江南是仕女团扇掩映下的红唇未及吐露的柔情万种，江南是士子青袍白衫吟哦的一见钟情。

江南有开到冬至而不败的芦花，有雪白柏子着枝的乌柏树；江南的青天碧落下，没有花凋叶落后枝枝疏离的肃杀的铁钩银画，微雨寒村，淋沥冬霖，戴笠披蓑，野草闲花，也趁闲情。白雨微细如粉，远处乡村淡不成墨，门前一只小小的乌篷。好似江南是一坛十八年的女儿红，饮了它，酡了醉颜，梦里有香花、有蝶舞，不肯清冷。

轻烟淡水的江南，草长莺飞的江南，石拱桥斜搭在鸡蛋清一样滑软的水面，宅屋临水而建，采莲的荷女着上青红的衫，素水撑一竿长篙，入层层叠叠的密莲中不见。丝雨梧桐的江南，雁飞清秋的江南，桃红染透了江南的半壁春天。

江南有杏花雨、梨花雨，一泓碧水粼粼起，绿柳拂堤，碧草如青丝。

连江南的灶台，都是那样的精致、婉约。

细雨霏霏，天色已晚，和两个女友看饱了周庄的水和桥，荷叶和睡莲，无意间溜达进一家河边客栈。进门晃了一眼，恍惚见一堵白底黑色花纹的板壁耸在面前，心中纳闷：果然跨江别是一乡风，此地难道都要有这么高的一堵半截墙戳在客堂当间？相较于此，我还是更关注里面的楼梯和天井，还有白墙围起的一个角落里的一个"添景"：一丛瘦竹衬白粉墙壁，细雨打在上面，青翠泠泠。然后就听见一个女友在外面叫：啊！

我冲回去看，一个男人站在这堵板壁旁边，纤长的手指正指指画画，引我们来看：高高的半截描花影壁一样的东西，竟是隔开灶口与火口的那半堵墙，又不像墙，倒像博古架子，下边一手阔的沿边花纹是缠枝莲，往上左一格是古瓶兰草花，右一格是岩边一枝梅，大一些的格子上画的是仙鹤一对，一只曲颈啄羽，一只引吭向天，细长的胫脚边是荷花荷叶，天上是蝌蚪一样的云。架顶居然还有遮檐，绘万字不到头的纹样，架上又摆两只白瓷壶瓶，冲天的博古气；转眼一看，我又乐了，右手居然挂一只竹篾编的笼笼，十分鲜明地突出了它的主题。

墙上有龛，龛里有瓶、炉、描花盆碗，真是画儿上也没有这么好看。前面依例是灶台，灶台上有锅，后面是火口，火口边是柴。这个男人正兴致高昂地演示锅沿上挂着的一块四四方方的木板，可以随手移动，人左它左，人右它右。

"知道这是什么吗？"

我们摇头。

"这个。"他一边做挥铲炒菜的动作，一边衣角不可避免碰到灶沿，这块板便将衣服和灶台隔了开来，我明白了：它是"围裙"，跟我娘身上围的毛蓝布围裙一个道理。木围裙，真聪明。

丝瓜炒毛豆、清炒茭白、素烧小青菜、香芹炒豆干、红烧鳗鱼，还有一碗煮得通红的虾子。别致的灶台，别致的饭菜，这些水乡细致清雅的菜饭花叶融在一起，让人看见田坂豆麦、垂拱廊桥掩映的柔美风情，好比见《长生殿》里一场随兴小宴：只几味脆生生，蔬和果，清肴馔，雅称你仙肌玉骨美人餐，成全你小饮对眉山……

这，就是江南。

而杭州，是江南这个美女的风情万种又清雅无限的一点檀香唇。林徽因，则是点在杭州这朵檀唇正中间的，一点朱红。

西湖好。轻舟短棹，绿水逶迤，细草长堤，长亭短亭、长桥短桥。听雨的绿荷好，苏堤春晓也好，小小墓也好，"荫浓烟柳藏莺语，香散风花逐马蹄"，无一不好。

林徽因是开在杭州西湖水边的一枝疏影横斜的桃花。

胡兰成在《今生今世》里说："桃花难画，因要画得它静。"林徽因一生好比作了这样一幅画，画到最后，嚣嚷的红尘都成了背景，她在灰蒙蒙的人生云雾里面，安静却灼灼其华。

3 | 一点桃瓣初点红

她的人生的第一片桃花瓣，从杭州起笔，从杭州点染。

徽因生在祖父家，其名原为"徽音"，源自《诗经·大雅·思齐》："思齐大任，文王之母。思媚周姜，京室之妇。大姒嗣徽音，则百斯男。"

意思是：雍容端庄是太任，她是周文王的好母亲。贤淑美好是太姜，她王室之妇居于周京。太姒美誉能继承，多生男儿家门兴。一爷爷钟爱孙女到了何种地步，才能把美好德行、对美好未来的展望都赋予她的名字中，让她能够继承前人美好的言行，还要让她以后能够瓜瓞绵绵，家门中兴。

林徽因的父亲是长子，她又是长子门中的长女，甫一降生，就被赋予了如此美好的期望。只是后来她为避同时期一个作家的名字而改名林徽因，名字虽改，意头未改，反而更美好，让她成为美好传承的因由。

由徽因的名字，也可见她的祖父林孝恂是一个有学问的人。

林孝恂，字伯颖，虽出身望族，奈何他这一支已经式微，家计贫苦，直到前清光绪十五年（一八八九年），他中己丑科二甲第一百一十一名进士，与康有为同科，授翰林院编修，林氏一门才重有起色。

起初，他在翰林院这样一个清水衙门为官，做京官做到翰林，文名是够了，但是财力着实不足，于是便想外放，为此便遵循当时一种隐秘的惯例，在翰林院年度甄别考试时，故意写错了一个字，考官一看，即心知肚明。

林孝恂果然被外放到了江南，在杭州金华、孝丰诸县做官，最后代理杭州知府。

虽然外放的官外快多些、收入大些，但他未必就会蜕变成一个顶一个一篓油肥肚子的肥俗可厌的官老爷，这一点从他给徽因起名字即可看出，宦海多年，那种泛黄的书卷气仍在。

徽因的祖母游氏也不是秉着"女子无才便是德"的思想一味地裹小脚低眉头、夫君放个屁她便也要说个"是"的女人，而是遍览典籍，且工书法的女人，并且让女儿与儿子一起启蒙，好比红楼梦里的迎、探、惜春。

且时代又是晚清，家塾不但请得国学大家林琴南讲经，更"延聘新派名流林白水，既介绍天文地理，又细述境外概况，甚至招了外籍教师华惠德（加拿大）、嵯峨峙（日本）来家教习英文、日文"（语出《莲灯微光里的梦》）。

到底是做官的人，所见人多，于时世也看得清楚，方能眼界开放，才能如此兼蓄并学。不知大家还记得林觉民否，一封《与妻书》，诱人洒千行泪，他是林孝恂的同宗族的子侄辈，一同入杭州家塾启蒙。一同启蒙受惠的还有林尹民、林肇民，前者和林觉民一起做了黄花岗的七十二烈士，后者组织起义光复福建。而外姓的蒋百里则受林孝恂资助赴日留学，日后成为民国著名军事教育家。

有父如斯，林徽因的父亲林长民是幸运的。虽是二世祖、官二代、林衙内，但是，此人幼承庭训，早中秀才，后两渡赴东洋留学，中外文化一并滋养着他的精神世界，而家庭地位以及个人经历又使他广结名流，眼界与心胸更为开阔。

其时林长民留学海外，林徽因一直跟着祖父、祖母居住，绕膝承欢。说起来，我们所想见的旧时代的那些遗老——咳着，喘着，穿着八字团龙的青色袍褂，留着弯曲似蚯蚓一般的枯瘦小辫儿，端坐在八仙桌旁的八仙椅上，看上去不像活人，倒是给旧时代殉葬的一块僵冷的牌位。而在那牌位下生活的小人，又穿着支支棱棱的新袍新袄，脸色白青，僵立左右不动，又像是为死人殉葬的、纸扎出来的假人。

徽因有幸，她的生活环境并不是这样的可怖、阴森。她住在祖父、祖母的家里，几个出嫁了的姑姑不时回门归省，个个带着小孩，几个表姐妹们玩成一团，童年一点不寂寞，她就这么享了初初的七载欢乐。

之后随祖父移居上海，十岁又跟着祖父进京，至此才到了父亲身边。这一年祖父病故，从此，她伴随在父亲身边。

若说她是一只鸟儿，那飞翔便是她一生的事业，从来不会改变；若是她是一朵花，那香气便是她一生的情性，也从来不会改变。

只是这个时候的徽因，就算是一朵桃花吧，还十分幼嫩，在岁月里只吐出一点点的桃芯。

4丨一边仰目观看，一边低头怀念

　　江南梦境深处的陆官巷究竟如何，那里的光阴到底怎样，已经无从稽考，亦没有片言只字可供人们揣想。

　　假如说，人的一生自有行草，未出生便有起笔未出的锋，那这陆官巷，便是林徽因自主降生的地方。江南有翠色山水、白藕朱荷，哪个来到江南的人，会不爱上这份圆润的莹莹秀色，不爱上油纸伞飘过的长巷，不爱上红了樱桃、绿了芭蕉的飞舞流光？

　　她选择出生在这个地方，是为的借天地山川草木之灵秀吧，此地本就是灵气浓郁，如养珠的池。

　　林徽因选择在这个地方降生，勾画一场干戈寥落、红凋绿黯的命运，亦是有自己的想头、自己的心意。

　　假如说有的江南女命中注定平凡一生，溪边浣浣纱，灶头镶边煮煮茶，喂喂夫君养养娃，那么，有的江南女却是要让自己一生如爆开的烟花，那样的华丽。林徽因显然是要选择做后者的，以她这样的家世、这样的背景、这样的环境、这样的亲长尊上、这样的教养。

　　可是，一个小小的、两三岁模样的、长着鼓鼓的脑门儿、眼珠儿有点在眼眶里陷落着的小女孩，站在古老的庭院，尚不懂得细数流年，眼睛所望的前方，一片懵懂，也并不知她自己的前生曾经有过怎样的规划与安排。面上看不见欢欣雀跃，眼睛里倒如古井沉波，宁静清澈。我总觉得，这样的眼神，似乎已经看透了前世今生生进死出的浩浩烟云，自然带着一种超脱的悲悯，可是一错眼间，又清净如一个小水潭，潭底水草游鱼历历，却又单纯宁静。

可是，小女孩终会长大，总要走出故乡远赴天涯。红尘烟水两茫茫，除了死亡，谁又能有今生今世的故乡？地域空间上的没有，情感上的也没有。好比说林徽因五岁前在杭州陆官巷度过的岁月，于后人是空白、是遗憾，于她自己则是完完全全地任由流水空淌过的漠然与悠然，因她尚小，不知光阴匆促，亦不晓得要将光阴凭记忆留住。

五岁之后，林徽因仍在杭州，却是迁居蔡官巷，仍是一座老宅院。且发蒙受业，清末大家闺秀、饱受私塾教育、精通琴棋歌赋的大姑母林泽民当了老师，教她一笔一画学写字，好比教笋一枝一叶长成一竿青竹。

大概是因为姑母娴静优雅的缘故，好比花香染衣，这份气质也在林徽因身上得到透露。徽因别有一种亮烈气质，却是大气和静气，好比檀香炉里燃着的檀香，一丝一丝散发出来。

想想吧，那样的暝晓晨昏，那样的淡淡花气熏染的淡淡天色之下，小小的女娃捧一册线装书，摇头晃脑地念，那么，她念得懂什么叫"所谓伊人，在水之湄"吗？念得懂什么叫"鱼戏莲叶南，鱼戏莲叶北"吗？念得懂什么叫"春花秋月何时了，往事知多少"吗？念不懂也没有关系，这些组合得优雅无比、美好无比、忧伤无比、玲珑无比的方块字，如叮当碰撞的金玉，一路连响而去，细细碎碎，响到成年后窈窕淑女的心里，在那里又化作种子，开出花来，花里有少女清丽的颊腮，平平仄仄的韵脚里，缝缀着少女长大的心事。

徽因天生不是爱静的，所以才会随着父亲踏遍五湖四海，又随着夫君上柱爬梯。可是徽因的动却不是浮躁莽撞的动，她好动，骨子里却是静，这份静有她的家族传承，与她的教育相关，亦来源于她早年的生活经历对于性情的打磨。

就算她是江南才女，优雅到了骨子里，每根头发丝上都写着诗，尽管她生长在灰瓦粉墙的江南，淋漓着江南的细雨如丝，曲角风荷又缭绕漫卷，可是，并不是说，她的一切都十分完满。

可以说很不完满。

对于一个小女孩来说，什么样的完满，也比不上家庭的完满；家庭中的别的完满，统统比不上父母双亲之间的融洽的完满。

可是，徽因的父母之间，不够完满。不对，是非常不完满。

林长民何许人？

林长民，清末民初倜傥之士，有政治禀赋，且有正气，又有才气可以自得。徐一士在《谈林长民》中，对林长民的形貌做此叙述："躯干短小，而英发之概呈于眉宇。貌癯而气腴，美髯飘动，益形其精神之健旺，言语则简括有力。"

他后来之所以能够和徐志摩引为知交，只因皆是性情中人也。他肯对徐志摩讲自己的艳情，徐志摩又肯将他的艳情敷衍成小说；他肯跟徐志摩玩互传情书的文字游戏，一个扮有室男子，一个扮已嫁少妇，鱼雁往返，情思缠绵。

他的旅欧日记中，描摹瑞士名胜：

余等登岸馆于Hotel Splendiol，馆面湖背山，而湖自Vevey以东，对岸诸峰，回合渐紧，故楼窗望远，虽水天相接，而左右映带，岚翠若扉。扉半启，右辟而左翕也。湖光如练，鹅鹤之属，飞泳其上，其乐无极。四时半同人出游，盘山而上。山稍稍凹处，不见湖光。亭馆无数，多富人巨室别墅。行数里后，旷然面水。树木森蔚，略有松柏，针细而短，其枝横出，不若吾东方之松干之夭矫。

俨然一篇情致美妙蕴藉的古游记文章，笔力之深，常人难以望其项背。

林长民原配叶氏早逝，无儿女，徽音生母何雪媛作为继室嫁进林府，其家世一般，出身浙江嘉兴，父亲开小作坊，这样的出身，恍然让人想起了张爱玲笔下《金锁记》中的曹七巧，一个开油坊出身的、站柜台的姑娘。说话泼辣，手脚也粗夯，且又在家最小，任性之时常有，古代仕女拈针纫线绣红妆怕是挨不上了，温柔委婉的脾气也指望不上，在家父母容得，到了婆家又有谁肯容得？且又遵循女子无才便是德的教导，大字不识得半米箩。

徽因的祖母知书识字，通情达理，名门风范，婆媳之间想要水乳融洽怕是千难万难。何氏一门将女儿做填房，高攀了官宦之家，这样的门不当户不对的苦果，却是要自己的女儿亲受亲尝。好比曹七巧后来想，若是她嫁给门当户对的那些小厮们，怕是也能得一丝真心。如今，却是真心成了蛛丝上黏附的灰尘，一生只戴了一个黄金的枷锁，于是腮边两颗泪下，一颗尚有心去拭，另一颗，就任它在风里渐渐风干了。

所以说，门当户对看似陈词滥调，事实上，则确实有它的道理。

何雪媛嫁给林长民十年后，长民纳妾程桂林，林徽因呼其"二娘"。虽这个二娘亦不懂书识字，却是性情可人，又连生数子，深得长民欢心，所以林长民又自号"桂林一枝室主人"。

哪个女人不期许爱情？哪个女人不喜欢温情？女人如玉，是要温养才能越来越动人，可是何雪媛长期受冷落，脾气怎么可能生得好？林徽因随母亲居住在冷冷清清的后院，虽年少懵懂，却觉困惑，也觉忧伤。

她对母亲的感情，似乎像探春对其母赵姨娘的感情，爱又爱不得，气又气不得，恨又恨不得，恼又恼不得，生生地怄死个人。

后来林长民去世多年，林徽因也已经成家，何氏跟随女儿过活。此时异母弟林恒到北平投考清华大学，寄住徽因家，徽因待他如亲弟，何氏却面上生寒霜，可怜徽因其间周旋，如处冰炭，以致在给好友费慰梅的信中抱怨："最近三天我自己的妈妈把我赶进了人间地狱。我并没有夸大其词。头一天我就发现我的妈妈有些没气力，家里弥漫着不祥的气氛，我不得不跟我的同父异母弟弟讲述过去的事，试图维持现有的亲密接触。晚上就寝的时候已精疲力竭，差不多希望我自己死掉或者根本没有降生在这样一个家庭……那早年的争斗对我的伤害是如此持久，它的任何部分只要重现，我就只能沉溺在过去的不幸之中。"（《致费慰梅信》）

且就便没有"外人"，这一对母女也如世上许多寻常母女一样，货不对板，眼不对睛："我自己的母亲碰巧是个极其无能又爱管闲事的女人，而且她还是天下最没有耐性的人。刚才又是为了女用人。真正的问题在于我妈妈在不该和女用人生气的时候生气，在不该惯着她的时候惯着她。还有就是过于没有耐性，让女用人像钟表一样地做好日常工作但又必须告诫她改变我的吩咐，如此等等，直到任何人都不能做任何事情。我经常和妈妈争吵，但这完全是傻帽儿和自找苦吃。"（《致费慰梅信》）

徽因无奈自己的母亲，她性情中急躁的因子确实也得自母亲。两个脾气急躁的女人，又是母女，真是无奈加无奈，令人十分的无奈。

金岳霖对于这对母女的关系，有着十分精辟的见解，他说这个性情急躁、有些愚夯的长辈何雪媛：

"她属于完全不同的一代人，却又生活在一个比较现代的家庭中，她在这个家庭中主意很多，也有些能量，可是完全没有正经事可做，她做的只是偶尔落到她手中的事。她自己因为非常非常寂寞，迫切需要与人交谈，她唯一能够交流的人就是徽因，但徽因由于全然不了解她的一般观念和感受，几乎不能和她交流。其结果是她和自己的女儿之间除了争吵以外别无接触。她们彼此相爱，但又相互不喜欢。我曾经多次建议她们分开，但从未被接受，现在要分开不大可能。"

"彼此相爱，互不喜欢"，母女处成如此模样，真是悲凉。

徽因幼时生活就这样有暖有寒，有痛有甜。及至年齿日长，世味渐尝，渐渐便会明白爱情在两个人的生活中，好比盐。

此后一生情路跌宕，她比她母亲要格外风光，因她长得巧，承继了家族的美貌和灵慧，又生得对，能把眼界放宽再放宽。眼界宽，心胸也宽，学养也富，再加上灵动的气质和美慧的眼神，真是窈窕淑女渐长成，一入红尘损梵行——别人为她折了寿数、损了梵行，她却如观音坐莲，看着人间。

她看人间，人们看她，一边仰目观看，一边低头怀念。

5 | 哪只蜻蜓会驻留她的芳香

世间万物，如丝如缎，经纬交错，彼此勾连，让人不由想起骆宾王的《阿房宫赋》里的名句："各抱地势，钩心斗角。"是真的"钩心斗角"哇。而明明看上去这么险恶的一个词，却被演绎成了现代一个无比华丽和诗情画意的字——缘。

是的，缘。

在千千万万人中，在时间的横河漫流中，不多不少，恰恰此时此刻，我遇见了你，你遇见了我，这是多么可珍惜的事。既是如此，安敢不珍惜？安肯不珍惜？

可是，珍惜又能如何？也许一场历尽劫毁才安排成功的缘，只成就了彼此擦肩而过的惊鸿一瞥；也许一场费尽心机才安排成功的缘，只成就了一只白鹤投影在一片心湖的湖心，霎时来，霎时去；也许一场拈掇细致才安排成功的缘，只成就了度尽劫波后的决绝转身；也许一场煞费苦心才安排成功的缘，只成就了世界上的仇人A和仇人B……

世上事，真如《金刚经》所说，如露又如电，芳华易开，却又霎时花谢。

可是，即便如此，谁又舍得来到世上一遭，除和父母兄弟姐妹的亲情缘分外，不多结识一些缘分回来？所以，哪怕是黛玉幼时曾遭和尚警告，

20

要她安生在家，从此不许听哭声、不许见外人，方能平安了此一生，可是她却终归是乘船渡波，去见了宝玉。

徽因亦是如此，小小年纪，已经做了离家出门的游子。八岁前在杭州，八岁则随全家移居上海。上海距离杭州并不远，同样是江南地界，江南灵动秀气亦有，莲香荷韵也不缺，一瓯烟雨也不缺，是以看似诀别，却不是诀别，好比步出家门一步之外，看看青瓦碧檐外那一方世界。

却是这一步哇，从此一步远似一步也！

我们都晓得曾经风靡大陆的电视剧《上海滩》，忽略争夺地盘的枪战，靓仔美女的情思，以整个大上海作为背景，可以看得到它的恢宏大气。徽因幼时所到的上海滩，洪流滚滚，朝代更迭，冲天的炮火与硝烟撕裂了宁静的大气，也把陈旧的历史冲击得支离破碎，一块块碎片流淌在时光的河水里，有的人捞起一片拍成电影，有的人捞起一片拍成电视，有的人捞起一片写成一本书；而当时的人，却是在这片片碎裂中，义无反顾地投身进去，扮演各自的角色，演着自己的戏。

林徽因当时年仅八岁，住在上海虹口区金益里。仍旧是一帮表姐妹，不懂什么叫时世艰难，想来也是承欢长辈膝下，娇憨童稚。说起来，林徽因的周身气质，果然是一个典型的江南女孩，纤丽到显得瘦弱的身体，明亮而又散发着柔和光彩的眼睛，一举一动毫不憨蠢，好像自来的风流格调，自成一体。

在林徽因随家人居住上海的时候，林长民还在北洋政府任职，居住北京。一九一六年，林徽因十二岁，又随全家人从上海迁至北京，这下子，可就真的跨过了长江，从南方到了北方。

北京和上海不一样，当然和杭州更是不一样。杭州灵秀，上海恢宏，北京庄重博雅、至尊至伟。那高高的城楼、厚厚的宫墙、方方正正的街道，黄土飞扬，人人都一口的京片子，响脆溜快，少了南音的糯软商量。

南方人以河菜、米饭为主食，北方人则喜吃面食，尤其老北京讲究的涮锅子、炸酱面、豆汁、卤煮。南方人睡雕花的床，北方人睡烧火的炕。不知道徽因来到之后，可住得习惯、吃得习惯？这一点无从稽考，历史的巨口像嗑瓜子一般，把瓜子的仁有滋有味地嚼掉，只余下几片瓜子壳，黑黑白白，流散在历史的风里，我们拿着捕蝶捞鱼的网，左捞一片，右捕一片……

总之，林徽因来到北京后，和四个表姐妹一起进了培华女子中学读书，这是一所英国教会办的贵族学校，教风严谨，尤注意培养学生的谈吐举止，因而造就了徽因一举一动优雅规范。她有一张照片，黑色的背景下，一袭浅色衣衫，左臂抬举，似攀住了什么东西，右臂自然卜垂歪曲，手搁在桌面，桌上放一丛花，她面含浅笑，眉目怡然，优雅温婉，望之不似在人间。

从徽因和她的表姐妹的照片中来看，穿着统一的校服，个个都是美人模样，既美丽又端庄，可以想见，若是走在街上，那会怎样招揽别人的目光。那京城无赖和二流子一类的人物，免不了流着哈喇子尾随调戏，所以长得人高马大的表兄弟们便成了护花的保镖。

自然，几个姐妹里面，徽因是格外的出众和好看。这样的人，行走在皇城根下，头顶碧空如洗、鸽哨阵阵。老槐树筛下千年的绿荫，碧瓦红墙、尊贵庄严的北京城有了她，好比庄重的长袍上缀了一粒小小的珍珠，让这座城市都变得多了一抹温柔。自然，这只是后人的想象。事实上，当时徽因年纪小，好比一朵花含苞待放，只努出一点小红嘴儿，可这一点小红嘴儿，就已经让人惊艳。

小小年纪的徽因，在培养得法的培华女中的教导培育下，打下了良好的英语基础。她原本生长在古色古香的旧宅院，如今却接受到了朝气蓬勃的文明新活法，天生好奇心旺盛的她便如饥似渴，如一块海绵，吸取着方方面面的知识，这些将来都转化成了她的学养。

可惜的是，第二年，京城政局动荡，张勋复辟，林长民卷入这些是是非非里面，把家又安置在了天津，他则北京、天津两地往返。唯有林徽因留在了京城。虽然彼时才十三岁，她却能将家事打理得井井有条，把自己的青春年华过得既不浪费铺张，亦不轻慢颓唐。在她的身上，有旧家女儿的温婉，也有新式女儿的亮丽；有旧家女儿的老传统，也有新式女儿的新眼光，这些都汇聚成了独属于她的风情，风动荷塘满目香。

写小说的人有一句常说的话，叫作典型人物的典型性格和典型命运，的确如此。林徽因就是一个非常典型的人物，所以她的性格也非常之典型，兼有南人的柔婉与北人的刚烈，兼有南人的绵长和北人的决断，并不是一个单纯的守旧的小家碧玉，任人掇弄不晓得出声，好比一朵花任人揉碎了花瓣。就算她是一朵花，花也有些微刺，花也有些微毒，甚至其清纯若白荷，但是，妩媚又似罂粟，要不然，你又如何解释别人爱她入骨？

那么，她的命运也就非常典型了，就算她的旧式书香家庭有让她当一个独坐灯前待夫归的小女人的可能，她的新派的老爸以及所受的新式的教育也不允许。她有庭院深深深几许的寂寞风骨，但却少了些花落成荫子满枝的旧式家庭妇女的小富即安的理想。她，命中注定美人如花隔云端。

当时，徽因也不过是月光下一朵刚刚略微舒展了花瓣的花朵，万亩荷塘，一碧万顷，有哪只蜻蜓会驻留她的芳香？

6 | 忘归

世事如萍，当真有那么多蛛丝马迹，难以言传，伏笔千里，草蛇灰线。你敢说你今日不屑一顾的面目平凡的女子，不是你前世生死相依的绝美恋人？你敢说你今日的仇敌，不是你后世将要纠缠在一起爱生爱死的丈夫或爱妻？哪怕一个擦肩而过的影子，一个恍然滑过如水银泻地而不自知的眼神，你又怎知没有一段前生曾经的约定？只不过你把它忘了而已。

也许，这个世上所有的人，都前世曾经相识，无数世曾经相识，我们只不过是在一世又一世的尘世生命中，扮演着各种各样的角色，发生各种各样的关系，一边痛恨，一边情悸。世世轮回，乐此不疲。

我们在尘世搭建起来的戏台上，就这样用一生又一生，一世又一世，出演一出又一出离合悲欢的大戏。我们，只不过是一群戏子。

而在那个泛黄光阴里，旧中国的一角里，有一个女子款款登上台来，与一个书生相遇。

他们，一个是林徽因，一个是梁思成。

徽因其时十四岁，现代人算法的十四岁，若按古代人来讲，当是十五岁，及笄之年，春风花开一度梅。

世间女子各有其清贵，却多数零落成泥碾作尘，流落进历史深处，任由苍黄的颜色将她们的面目一一覆盖。林徽因却由其中跳脱出来，把自己鲜丽的面容印在历史的页面，让后人一睹她的华美和绚丽。因为她的美，因为她的才。

若非有才，你又怎么理解她那首《你是人间的四月天》呢？天知道，那样流动的韵味，那样温软的丝路花雨，那样彩线串珠的丁零当啷，该是怎样的才气，才能写得出来？

十四岁的林徽因，娉娉婷婷，面上并无"和羞走，倚门回首，却把青梅嗅"的中国式典型羞涩，这和她自幼的经历和眼界有莫大的关系。但是，她又绝不是那种目空一切、大大咧咧，她身上散发的是大家闺秀的温婉纯净的气息，干净得好像未曾堕天的天使——写到这里不禁心生悲慨，世上多少好女子，少时多少好情怀，憧憬过多少好爱情，却在苦拙尘劳的尘世里磨砺得心怀粗粝，一心算计。不是女子的罪，是这个世界的罪，这复杂人心的罪，是阴暗人性的罪。

林徽因如微风摇动的香花，渐渐绽放在世人的眼前。

当时，林长民家仍在北京，南长街织女桥，由徽因替他代理家事，他则与汤化龙、蓝公武等赴日游历。偌大个家里，徽因空闲既不弹箜篌又不觅闲愁闲恨，居然一心编写字画目录，她的打发清寂光阴的休闲方式都如此别具一格，典型的徽因风味。

有的资料上说，就是这一年，林徽因认识了梁思成，又有的资料上记载林徽因和梁思成相识是在一九二一年——也就是林徽因从英国归来的那一年。那么，到底哪一种说法更为确切一些？

说起来，梁思成出身大家，是中国近代史上著名的政治活动家、启蒙思想家、资产阶级宣传家、教育家、史学家、文学家梁启超之子。而林、梁两家地位相当，属于世交，于是这对小儿女结识的机会就多了许多，所以，林徽因很有可能是在十四岁的时候，初识梁思成。而梁思成的女儿梁再冰在《回忆我的父亲》中有这么一段记述，更可作为佐证：

父亲大约十七岁时，有一天，祖父要父亲到他的老朋友林长民家里去见见他的女儿林徽因（当时名林徽音）。父亲明白祖父的用意，虽然他还很年轻，并不急于谈恋爱，但他仍从南长街的梁家来到景山附近的林家。在"林叔"的书房里，父亲暗自猜想，按照当时的时尚，这位林小姐的打扮大概是：绸缎衫裤，梳一条油光光的大辫子。不知怎的，他感到有些不自在。

　　门开了，年仅十四岁的林徽因走进房来。父亲看到的是一个亭亭玉立却仍带稚气的小姑娘，梳两条小辫，双眸清亮有神采，五官精致有雕琢之美，左颊有笑靥；浅色半袖短衫罩在长仅及膝下的黑色绸裙上；她翩然转身告辞时，飘逸如一个小仙子，给父亲留下了极深刻的印象。

　　想来，梁再冰怎么会得知这些呢？是不是她娇憨地问过父母这个问题？而当时已经为人父母且又经历许多磨折波澜的父亲，又是怎样面上带着淡然的微笑，诉说起这段经历？当他当着女儿的面回想这些的时候，眼前，是不是又浮现出当年那个妙龄少女的倩影？

　　至于这一对璧人是否一见钟情，我们早已不得而知。那份暗香早已随着他们的逝去而一同逝去，如云烟渺水，了无踪迹。

　　不过，梁思成既是旧家公子，世族大家出身，十七岁的他恐怕目中所见，多是与他们当户对的小姐，其中不乏美貌以及才情女子，那么，与林徽因初初见面，虽不至于当下夺得他的心，让他觉得此曲只应天上有，人间哪得几回闻，或是宝玉之见黛玉，"似一朵轻云刚出岫"那般惊艳不止，不过，徽因身上独有的灵气与美丽，必然让这个斯文俊雅的少年郎有了莫名的触动。

再说，若真的有前缘这回事，也无非是两个人转世投胎之前，暗做的一个约定，便是隔着山、隔着海、隔着世仇、隔着刀光剑影，尚且能够走在一起，这两个前世有了约定的好儿女，相见之间，又怎可能毫不心动？

当然，徽因的心动未必是情动，一个小小少女见到一个长自己三岁的大哥哥，开朗大方如她，心中浮泛上的想来是那种让人忍不住把头一低的羞涩吧！同时，也会悄悄浮上一丝隐秘的快乐，如同水中泛起的墨色，只萦绕起一丝一缕，便又被各自不同的时光和境遇给搅得看不见了。直到有一天，两人终成夫妻，携手相对，才惊觉二人的初见美好如同日月同辉。

我们不知道梁思成的情路如何，只觉得徽因把自己的情感开成了一树花，而思成是那个伫立赏花的人，一边欣赏，一边等待——等待徽因这树花专为自己而开。好在二人之间，终究没有遗憾，没有错过，没有失悔。

当然，当时的林徽因是不会知道这些的，就算梁启超有意要与林长民联姻，但毕竟开明的他主张自由婚恋，所以，没有对林徽因一见钟情的梁思成和没有对梁思成怦然心动的林徽因就这样又各自分开，走上各自的人生轨迹，直到命运又让他们重新走到一起。

而梁思成能够赢得美人归，又是多么大的胜利，因为彼时的林徽因已经盛开，芳华绝代。那时，同在美国留学的顾毓琇说："思成能赢得她的芳心，连我们这些同学都为之自豪，要知道她的慕求者之多有如过江之鲫，竞争可谓激烈异常。"

而让她真正明艳照人、风华绝代起来，经历了爱情之后变得更加明净华丽、含葩吐蕊、春风开放的人，是徐志摩。

是这场爱情让她破茧而出，最终变成蝴蝶。那场康桥绝恋，如同琴弦，划疼了后世无数芳魂寂寞的女子与向往爱情的男子的心。她的爱情如同埋在花根下的雪露，又如同窖藏百年的女儿红，让人啜之如饮醇醪，甚至闻香即醉，在一段恒久的梦里，忘归。

7 | 我来过，我晓得

爱煞已故香港歌手张雨生的那首歌——《我是一棵秋天的树》：

> 我是一棵秋天的树，稀少的叶片显得有些孤独，偶尔燕子会飞到我的肩上，用歌声描述这世界的匆促；
>
> 我是一棵秋天的树，枯瘦的枝干少有人来停驻，曾有对恋人在我胸膛刻字，我弯不下腰，无法看清楚；
>
> 我是一棵秋天的树，时时仰望天等待春风吹拂，但是季节不曾为我赶路，我很有耐心不与命运追逐；
>
> 我是一棵秋天的树，安安静静守着小小疆土，眼前的繁华我从不羡慕，因为最美的在心不在远处。

一直以来，人们都说世上好女子如花，可是，那些如花女子多在最美好的年华凄然逝去，一代芳华刹那寂灭，好比天边流星，多了迸发的光亮，却少了漫步云水的从容。而那些在光阴里走过盛极的韶华，开过了灼灼的繁花之后，又能够结了桃儿和杏儿，绿树成荫子满枝，然后从容老去的女子，她们的命运当是如树。

女人这株树，当是长在一处安闲的庭院，开一树安闲的花，光阴从它

28

的身上漫漫流过，而它，就那样渐渐老去了，却又紫陌红尘，满树雪花。

我曾经在一部小说里面，看到过一段有关一株树的绝美的描写。

事实上，这是一棵已经"成精"的槐树，因为等不到自己所爱的人，所以在告别之前，拼尽全力为爱人开出一树繁花，花开过后，突然地，槐树在一瞬间消失了全部的生气，从叶片、花朵到树干，相继枯萎起来。随着夜风吹过，那些细小的、干枯了的花瓣飞满了天空，像雪一样飘洒向四方。而那个虽然深爱着她，却又因了世俗伦理的牵绊不能和她牵手的人，从广场的另一边走来，一直走到树下，伸手折下了一枝开着花的细枝，"在这一瞬间，槐树的身躯发出了古怪的响声，片刻之后，整棵树竟然'轰'的一声倒了下去，广场上的人一片惊呼声。树倒下的一瞬间，树上的花瓣冲天飞起，接着向四方飞散，简直像下起了一场能遮蔽天地的大雪。而那个人一只手插在口袋里，一只手拿着那唯一一枝还开放着的槐花转身离去，瞬间被飞舞的花瓣挡住了的背影……"

美得，让人落泪呀。那样一棵普通的槐树，竟然也能化身成那样绝美的女子，在生命的最后时刻，洒下那样一阵纷繁披落的花雨。而林徽因，给我的感觉，就像是一棵树，一棵会开花的树，带着前生的企盼，在那个人经过的路边，开起一树繁花。

徽因是幸运的，无论她为哪个人开花，那个人都不曾无视地走过，那满树的花，没一朵是白白地开了又谢的。而每个走过她身边的人，对她的驻足欣赏，留恋不前，都必定是前世曾经结下的缘分。

"白日放歌须纵酒，青春作伴好还乡。"多少人都趁着青春年华大醉一场，若有知己或者心爱的人在旁，更是要陪君醉笑三万场。待到老来，方惊觉一梦做醒，不过是朝菌夕椿。又有多少人终于厌倦了浊世人间，干脆转身没入明月芦花的境界，做了一个青灯古佛的虔诚佛子。

唯有阅尽人世百态，方能做到最后天高月小、水落石出，否则，即便你读遍千卷，也读不出世间一缕清风的滋味，一泓甘泉的滋味，也读不出一捧眼泪的滋味，也读不出心头血的滋味。世间百味，必得亲口尝遍，方才有资格说：我来过了。

而林徽因，便是这样一路走来，一路尝遍世间百态。她如谪落人间的仙子，步步行踏，一切皆为了两个字：晓得。

晓得秋风，晓得明月，晓得杨柳岸，晓得相逢一笑。

一九二〇年春，林长民赴欧洲考察西方宪制，特携女徽因同行，此后一年有余，徽因都随其父旅居伦敦。林长民行前即告知徽因："我此次远游携汝同行。第一要汝多观察诸国事物增长见识。第二要汝近我身边能领悟我的胸次怀抱……第三要汝暂时离去家庭烦琐生活，俾得扩大眼光，养成将来改良社会的见解与能力。"（《一九二〇年致林徽因信》）

这样的父亲对于这样的女儿的这样的期望，实非一般人家父亲能力所及，也实非一般小儿女能力所及。

只读万卷书的人，见解终不真切；只行万里路的人，又少些书香的底子。而手不释卷又有条件踏遍山河日月的人，才能够真正开阔胸襟，不至于在象牙塔里慢慢腐朽，也不至于在小池塘里叽叽喳喳，庸俗不已。徽因现在年龄已长，胸中藏有万点墨，好比武将胸中有万千甲兵，此时再出门，而且是出远门，一生襟抱就此开。

开春四月，父女登船，先由上海到法国。

一场远行，好比一场春雨，催发了青春女孩的青春梦想，让她彻底告别了青涩而美好的少女时代，长成了一个真正的妙龄女郎。

说实话，我无从想象，假如林徽因没有这样的出身、这样的经历、这样的教育，只出生在升斗小民之家，每日操心的是柴米油盐酱醋茶，满目所见并无一丝琴棋书画诗酒花，她又会是怎样的一个女子。可是，她这样一个坚强聪敏的女子，即使身处污泥浊水，也能让自己洁来还洁去，犹如一塘白莲照眼开吧。

　　的确，在世人眼中，她始终是清白的。

　　她的清白在我们这个污泥浊水、偷情滥大街的时代甚至有些不可思议。怎么，她竟然不肯脚踏两只船吗？怎么，她竟然不肯尝一尝婚外情的滋味吗？她怎么能那么傻呢？君不见红尘俗世多少男女于肉欲中翻滚，洒下一路的喘息和臭汗，又为了一点多么龌龊的心思，费尽心思演出一场又一场偷情的戏码。

　　而徽因，是多么洁净得不近人情，不合情理呀。

　　那是因为她明白，一旦沾污了，再想洗净，就难了；而一颗心，尤其是要如水晶一样的，否则，太对不起自己了。所以，她始终用一双秀美的明眸看着世界。看看我们，看看她，我替世界惭愧。

第二卷
第一次遭遇爱情

1丨爱上凝固的艺术

世上事总是如同破布上面蒙绸子,表面看上去华彩照人,内里却早已被虫吃鼠咬,不堪入目。世上人也总如鬼脸上罩面具,表面看上去道貌岸然,内里早黑水横流,欲择人而噬。当此之时,再看徽因那双眼睛,穿越世事烟尘,我看见的,恍然是曾经单纯的自己。

四十岁的我生于升平盛世,却只单纯了半世,便被打碎了幻境的琉璃,看见世间的诸多残酷与狡诈、猥琐与卑鄙;而徽因,在那样的乱世流离中,又是怎样坚守住她的单纯、热情、勇敢、正义?

好了,话题扯远了,再说回来。

话说徽因初次登上远航异域的邮船,看见翻滚的浪花,极目是渺远的天际,当此之时,她在想些什么呢?

电视剧《新白娘子传奇》里,那个老艄公嘿嘿哈哈地唱:"十年修得同船渡,百年修得共枕眠。"世间人擦肩而过,尚是十年修来的缘,同船而渡,尚是十年修来的缘;那经历百年才修来的共枕之缘,又被现世的多少人轻易斩断。不知珍惜已经成为一个时代特征,而固守清真,却成了傻帽儿和异类的代名词。这是一个多么荒谬、既爱情泛滥又爱情缺失的年代。

徽因假如生在现在,想来她也是一个洁身自好的女子,亭亭站立红尘道边，看一路烟尘喧嚣，痴男怨女对对，自己笑看风云。

当年，徽因站在船头，有没有过对爱情的憧憬和向往呢？有没有想到过邂逅一段美妙的感情，让自己蓄积的青春热情猛然迸发一次呢？

其实，无论想与不想，前方已经有一个人，在等待和她相遇。

徽因随父亲到法国后，再转道英国。然后，跟随父亲漫游了欧洲大陆。此地别有一乡风，与中国大不同。就拿林长民日记中的日内瓦湖的风情来说，与徽因熟悉的西湖，便决然不同：

"罗山名迹，登陆少驻，雨湖烟雾，向晚渐消；夕阳还山，岚气万变。其色青、绿、红、紫，深浅隐现，幻相无穷。积雪峰巅，于叠嶂间时露一二，晶莹如玉。赤者又类玛瑙红也。罗山茶寮，雨后来客绝少。余等憩Hotel at chardraux时许……七时归舟，改乘Simplon，亦一湖畔地名。晚行较迅。云暗如山，霭绿如水，船窗玻璃染作深碧，天际尚有微明。"

这一路上，她被美丽的异国风情折服，更被各地美丽的风格迥然不同的建筑艺术征服。

看看庄严的佛殿吧，还有如莲花般绽放的佛塔，看看那小巧的庭院吧，还有那起脊的屋檐；看看那螺旋的楼梯吧，还有那精美的雕花。从名利世俗中抬起眼来吧，从虚名浮利中抬起眼来吧，世间真的有大好的旖旎风光，哪怕天上撒下的一把雪花，墙边滋生的青青绿苔，青草池塘雨后蛙。把它们收藏在心里，我们，就有资格做一个精神世界的百万富翁。只是，不知道有多少人是贫民，不名一文。而徽因，却从此好比穿上一双红舞鞋，一路曼舞，合着这凝固的音乐做的节拍。

不过，又有一说，她对建筑的痴迷，却是起自一个非常偶然的原因：林长民让女儿跟随柏烈特医生一家，前往英国南部的海滨小城布莱顿度假。柏烈特家有五朵金花。一次，"金花"中最小的斯泰西在海边用沙子堆城堡，小手拙笨，老不成功，喊二姐黛丝："来！工程师，帮帮忙。"

黛丝一会儿就给妹妹堆起一座漂亮的、沙子做的城堡，廊柱俱全。

林徽因好奇地问："为什么大家叫你工程师？"

黛丝回答："哦，因为我喜欢建筑，将来我的梦想就是要做一名工程师。"

一句话揭开一张幔，原以为幔里已经是花开烂漫，春事难收难管，原来幔外另有一片天。林徽因理解的建筑，就是泥瓦匠和木匠拿着斧、凿、瓦刀等工具，叮叮当当盖房子。黛丝告诉她："建筑和盖房子可不是一回事。建筑是一门艺术！"——艺术！徽因天生具备敏锐的艺术天性，这句话如同一点微朦的亮光，引导她踩进一个全新的世界。

当林长民带她回国，见到思成，都是年轻人，徽因的话一向美丽而富有"煽动性"，一下子逗引起梁思成的热情，他也决定学建筑——芽儿如拳嫩青青，一个杰出的建筑学家就这样被催生。

后来，林徽因嫁给梁思成，二人携手，一起沉迷在建筑学的世界，共同的学识修养使他们拥有共同的精神世界，共同的精神世界使他们相濡以沫，走过无数风雨。徽因有着柔草一般的身体，有着清坚高旷的意志，全力执着于自己的事业，甚至不惜一生交付，不留后路，到最后病着、咳着、喘着，还在为自己心爱的事业奋斗着，直到生命的最后一刻。

而此时她对建筑着迷的时候，并不知道，这便是一棵幼芽，日后，会长成参天大树。

21 心一动，故事便会发生

一九二〇年九月，林徽因以优异成绩考入St. Mary's College（圣玛丽学院）学习。学校距住处阿门二十七号两英里多路，行小路穿过一个公园，出园门即是学校，走大道就得雇车。校长是位七十来岁的孀妇，但热情而诚恳。在这所学校，林徽因的英语愈加娴熟纯正，后来她一笔流利优美的英文赢得了哈佛校长的女儿费慰梅由衷的赞赏。

学习之余，徽因开始以小主人的身份和父亲一起接待诸多文化名流。

从那时开始，林徽因正式开始学习社会交际。我们且来看看她所结识和交际的是哪些人吧。著名史学家H.C.威尔斯、小说家T.哈代、美女作家K.曼斯菲尔德、新派文学理论家E.M.福斯特，以及旅居欧洲的张奚若、陈西滢、金岳霖、吴经熊、张君劢、聂云台……

这些中外精英，给她搭起了如此之高的平台，所谓蓬生麻中，不扶而直；白沙在涅，与之俱黑。更何况徽因原本就是一枝秀树，这样更让她如芝兰玉树，光辉夺目。所见者多，形形色色，眼界愈宽，她手中的笔越发灵动出彩。

伦敦，雾都。

大家习以为常，都觉得雾是灰色的，所有的雾都是灰色的，世界上，难道还会有别的颜色的雾吗？

可是，在一个世纪前的画家莫奈眼里，伦敦的雾竟然成了紫红色。直到这时，大家才发现，原来随着红砖房的日渐增多，伦敦的雾，居然真的被映成了紫红色。于是，刚开始的愤怒不见了，取而代之的是恍然大悟的惊喜，好像大家都从凡俗的生活中，被强行敲开了一丝缝，由紫红色的雾，渗进一些别样的气息，这种气息叫作诗意。

那么，在诗意的雾色伦敦中，林徽因在做什么呢？当没有人的时候，她一个人安静地待在寓所，偎在传统的壁炉旁，手边一杯咖啡，读一些喜欢的文字，而这些文字里，总会有些美妙的幻想，和激动人心的情爱。于是，一个少女，又怎么能够忍住不想：自己的爱情，又何时会来？

当她这样想的时候，她却不知道，心一动，故事便会发生。

满腔忧郁的诗人在飘着雨丝的小巷里遇上一个打着油纸伞的姑娘；深闺里的少女梦见一个风流偶傥的书生；断桥边憨厚的许仙遇见温柔贤淑的白娘子；清清的河水边，赶着老牛的董永遇见彩袂飘飘的七仙女……

真好哇，是真的好。

可是，对有的人来说，缘分是我如白鹤，偶尔投影在你的波心；对有的人来说，缘分是我如流萤，快速消逝在你那永恒的夜空；对有的人来说，缘分却是我如炭，你如冰；我如鲜花绽放，你如怒雪泼天……

所以满腔忧郁的诗人遇上那个打着油纸伞的姑娘，也不过擦肩而过，一声叹息，徒留几行小诗；少女梦见书生，也不过睁眼之后，相思入骨，却一切成空，许仙遇见白娘子，却不知他是她命中的磨难；董永遇到七仙女，却是两个人迢迢银河两相望，永世甘苦无人知。

所以，缘，有的时候，竟真的是劫。甚至大多数的缘，都与劫相生、相伴。

比如林徽因与徐志摩的缘，便是张幼仪的劫。

世间有徐志摩，便有"多情种"的完美诠释；世间有徐志摩，又有

"狠心贼"的淋漓注脚。他因情多，恨不得与徽因化作两团热火，一起烧了、融了；他因情寡，恨不得与发妻张幼仪一刀两断，生寇死仇。他对徽因，是春心共花争发，寸寸相思入骨；他对幼仪，是秋风秋雨秋零落，片片黄叶堕尘埃。

张幼仪嫁给徐志摩的时候，正好十六岁，少女情怀，烂漫无猜，嫁入徐家，为志摩生有一子；后来，志摩远在异国，她又一路颠簸，直奔爱人。

王昭君出塞，弹琵琶曲，惹得大雁也落下云端，音调是那样的凄切。张幼仪追随夫君来到这片陌生的异国土地，那份寂寞难耐，恐怕并不输那个千年前的女子。思乡吗？那是一定的。恐慌吗？那也是一定的。寂寞吗？"昏鸦尽，小立恨因谁？急雪乍翻香阁絮，轻风吹到胆瓶梅，心字已成灰"又何以描摹得尽？

也许她在来异国见到志摩之前，真的是憧憬过夫妇二人携手共对异国风光，好像两只生活在异域风情中的中国鸽子一样的情景，一个为另一个温柔地梳理翅膀，另一个为这一个咕咕地温柔地唱情歌。可是她想错了。

张幼仪回忆当时徐志摩的态度："我斜倚着尾甲板，不耐烦地等着上岸，然后看到徐志摩站在东张西望的人群里。就在这时候，我的心凉了一大截。他穿着一件瘦长的黑色毛大衣，脖子上围了条白丝巾。虽然我从没看过他穿西装的样子。可是我晓得那是他。他的态度我一眼就看得出来，不会搞错的，因为他是那堆接船的人当中唯一露出不想到这儿来的表情的人。"

从马赛接她下船，丈夫未曾问过她这一路上可好、坐船可否适应、现在肚子饿不饿、想不想吃些东西、有没有头痛，他只是秉承着习得的英国绅士的礼仪和作风，默不作声地接过了她手中的提箱，兀自走在前面，仿佛是个陌生人。

此时，徐志摩已经在剑桥皇家学院读书，和张幼仪在离剑桥不远的波士顿乡下居住。

英国的乡下，宁静、寂寥，淡蓝的天空飘着镶着阴影的边的白云，云下是静水如蓝、河道蜿蜒，两岸短草长树，疏疏落落的尖顶的房，远处还有悠闲啃草的牛和羊。

此番景象，对于一个来自异域他乡、语言不通、性情内向的女子来说，无疑是无尽的孤独和寂寥。唯一能够给她安慰的丈夫却总是早出晚归；即使回到家里，也是沉默寡言，冷若冰霜。而且，总是三天两头跑去理发店。

他去，是为了寄信——理发师兼营邮差的活计，寄英文信，给看得懂英文的人，寄给——林徽因。

3 | 一场亦美亦劫的缘

　　林徽因好比一朵好花，一枝柔软的章台柳，早在张幼仪千里迢迢投奔志摩之前，已令志摩心动，想要攀折。

　　一九二〇年九月，徐志摩从美国来到英国，结识了林徽因的父亲林长民，之后和林长民相见恨晚，且对林长民年仅十六岁的女儿林徽因情有独钟。其时，他已经二十四岁，对着一个十六岁的兰心美人，这种感觉，颇像钱钟书先生在《围城》里的情节——方鸿渐初遇唐晓芙。

　　唐晓芙是整本书里唯一没有受到钱钟书先生利齿调侃的女子，她俏皮、灵动、真实、美好，符合所有男子对于清纯女子的美好想象，所以才会让方鸿渐迷得神魂颠倒："唐小姐妩媚端正的圆脸，有两个浅酒窝。天生着一般女人要花钱费时、调脂和粉来仿造的好脸色，新鲜得使人见了忘掉口渴而又觉嘴馋，仿佛是好水果。她眼睛并不顶大，可是灵活温柔，反衬得许多女人的大眼睛只像政治家讲的大话，大而无当。古典学者看她说笑时露出的好牙齿，会诧异为什么古今中外诗人，都甘心变成女人头插的钗、腰束的带、身体睡的席，甚至脚下践踏的鞋，可是从没想到化作她的牙刷。"

　　方鸿渐爱唐晓芙，爱她的清新，爱她的真实，爱她的自然。十六岁的林徽因，面目清新，眼神灵动，有着旧中国女性所不具有的贵气与胸怀，以及灵动如同水银一般的气质。她笑起来如同银铃脆响、黄莺出谷，娴静又如软玉姣花，这对于套上旧式婚姻枷锁、一心渴望自由的才子来说，是多么大的诱惑！

于是，他开始写信，写英文信，他想要享受和徽因共用一种语言的窃喜，这种窃喜类同私情，让他欲罢不能。

普希金说过一句话：没有幸福，只有自由和平静。其实人心宛如一汪水，得到了自由，便自然会得到平静；一旦被拘困，便一定会发狂挣扎，和礁岩作战、和拦路的山崖作战，一定要为自己找一条路出来。徐志摩便是那条被婚姻锁牢的溪水，此刻，一心为着自由和幸福湍流激奔。

所以，他的信，一封，一封，又一封。

终于有一天，徐志摩接到了林长民的信：

> 志摩足下：长函敬悉，足下用情之烈，令人感悚，徽亦惶恐不知何以为答，并无丝毫mockery（嘲笑），想足下误解耳。星期日（十二月三日）午饭，盼君来谈，并约博生夫妇。友谊长葆，此意幸亮察。敬颂文安。弟长民顿首，十二月一日。徽音附候。

看见没，是"感悚"，一方面是"感动"，另一方面，是"惊悚、畏悚"，总之，徐志摩的热情让人害怕，让林徽因害怕，所以她求助了她的父亲；她的父亲也害怕，所以出言温和示警，不说别的，只想与他"友谊长葆"。

徐志摩复信林长民，对自己的情愫坦诚以告，次日林长民再给他写信：

> 得昨日手书，循诵再三，感佩不已。感公精诚，佩公莹洁

也。明日午餐，所约咸好，皆是可人，感迟嘉宾一沾文采，务乞
惠临。虽云小聚，从此友谊当益加厚，亦人生一大福分，尚希珍
重察之。敬复志摩足下，长民顿首，十二月二日。

徐志摩信中想必剖明心志，自言对令爱无不敬之意、狎亵之心，是
以林长民才会"感公精诚，佩公莹洁"，问题是，再怎样为他精诚所感，
佩服他的莹洁之心，也始终把他定位在"友人"，只希望从此"友谊"
加厚，却不肯定位在"准翁婿"的水平线上。漫说林徽因和梁思成有婚
约在先，便是没有，徐志摩这么一个火热的追求者，也会令林长民思之再
三——这样的人，适合当情郎，不适合为人夫。

此事徽因无错，好比宝刀与明珠，英雄见了宝刀自然便想纳为己有，
宝刀有何错处？美人见了明珠便想佩于衣带，明珠有何错处？怪只怪她生
得太好、长得太好，人亦是太好。若论幼仪苦命，造成她的苦命的因由不
是徽因，是志摩。

张幼仪惊悉徐志摩的婚外恋情的时候，已经再次有孕，她告诉徐志摩
这个喜讯，企图打动这个男人的父心，没想到徐志摩骤然变色："把他打
掉！"

张幼仪忍气吞声。

假如她能够像林徽因一样，或者像陆小曼一样，恐怕都会比她现在
的境遇好些。有些男人哪，他们天生就是要追逐美丽的女性，你要让他去
畏、去爱，他才肯心慌、心疼；你千万不要让他去怜，因为他不肯怜。

此后，在铺天盖地的一片向日葵开放的温暖和热烈中，满心凄冷的张
幼仪离开了这个异国他乡。

再然后，第二个儿子在德国柏林出生，然后和徐志摩"文明离婚"。
签好离婚协议后，徐志摩跟着她去医院看了小儿子，他"把脸贴在窗玻璃

上，看得神魂颠倒"，却"始终没问我要怎么养他，他要怎么活下去"。

两个儿子都归张幼仪抚养长大，这个女人孀居三十多年后方才再婚，时过境迁才肯开口调侃，她说："我是秋天的一把扇子，只用来驱赶吸血的蚊子。当蚊子咬伤月亮的时候，主人将扇子撕碎了。"话里仍旧有往日心被撕裂时流的血的残迹，和粘贴修补后无法消弭的残伤隐痕。

对于林徽因，徐志摩是多情的种；对于张幼仪，他却是狠心的贼。

对于徐志摩，林徽因是他命中的明月光，张幼仪是他掸落在地的饭粒子。

对于林徽因，徐志摩是命中的一抹流云；对于张幼仪，他是她的夫、她的君。

对于徐志摩，林徽因是他命中的劫难，窈窕淑女，君子好逑，结果却是求之不得，寤寐思服；张幼仪是他命中应得的恩情，哪怕他嫌、厌、怨、恨，她始终对他爱、恋、痴、等，等不到的时候，替他成全。

世间种种，难逃的终究只是一个字：情。

这个"情"字，在林徽因和徐志摩之间，恰是一场亦美亦劫的缘，如同一轴华美的《清明上河图》，正在徐徐延展，终有一天，图穷匕见……

4 | 凡是爱过，都懂得

春风一度，杨柳千条，世上事真是说不明白也道不清楚。有的时候，七仙女不惜下嫁农夫；有的时候，王子娶上了公主；有的时候良缘变孽缘；有的时候，恩情变怨仇。就像张小娴说的，男女之间的事，来来回回无非就是三个字：不是"你好吗""我爱你""我恨你"，便是"对不起""算了吧"。

其实，世间事不如意者十之八九，这情形常常可以套给爱情，不是每只蝴蝶都可以飞得过沧海，不是所有的爱情都能够修成正果，不是所有的花开都有果实，不是所有的鸳鸯都能够交颈相拥。

尤其是诗人的爱情。

诗人，像海子、徐志摩等诗人给人的感觉，是餐风饮露的蝉儿，本因高难饱，徒劳恨费声；而像徽因这样的诗人，给人的感觉，是巍巍颤颤停在花枝上的蝴蝶，体态轻盈，翩翩灵动。诗人的心是空灵的，梦是高远的，脚步是始终向着远方的，眼睛看到的，是不可见的山岚和星光。他们总是在高处，又总是在仰望，即使爱着彼此，彼此的心中，又都有着一个渺不可及的远方。

轻解罗裳，独上兰舟，雁字回时，月满西楼，西风起，人比黄花瘦。诗人的命运，总是水里火里，兵里乱里，愁里恨里，至不济也要扶侍儿，吐半口血，撑起薄躯看海棠。

诗人少富贵，诗人也少从容，诗人的爱情总是绽放得亮丽，又总是如同烟花，倏忽熄灭。典型人物的典型命运和典型爱情，有的时候，真让人不得不相信，这是命运给诗人特地安排的怪圈。

有一天，徐志摩与林徽因，相遇了。

徐志摩相遇林徽因的时机，简直可以说是太好了。因为寂寞是杀人的刀。

旅英将近两年，最初的新鲜与惊奇过去，去国怀乡的寂寞便膨胀起来，林长民去欧洲大陆开会，徽因第一次孤独地度过二十四小时，彼时，她也不过才十六七岁。她后来回忆那段孤独的光阴：

> 我独自坐在一间顶大的书房里看雨，那是英国的不断的雨。我爸爸到瑞士国联开会去，我在楼上能嗅到顶下层楼下厨房里炸牛腰子同洋咸肉。到晚上又是在顶大的饭厅里（点着一盏顶暗的灯）独自坐着（垂着两条不着地的腿同刚刚垂肩的发辫），一个人吃饭，一面咬着手指头哭——闷到实在不能不哭！
> （《一九三七年致沈从文信》）

寂寞的时候，人心最脆弱，徽因便是此时认识了徐志摩。

徐志摩出身浙江海宁的一个富商家庭，其父徐申如经营多种产业，系当地商会会长，望子成龙，送子赴美留学。后徐志摩越洋过海来到英国，想做他崇拜的大哲学家罗素的门下弟子，结果却和罗素失之交臂——罗素先他抵达之前，已被学校除名，来到中国。

失望之余，徐志摩经英国名作家狄更生的介绍，进了伦敦经济学院，而后再转到康桥皇家学院，住在沙士顿小镇。此一路辗转，似乎专为和徽因结一段情缘。

　　昨天电视上演《向左走向右走》，便又看了一遍。很喜欢梁咏琪在片中读的那首诗——波兰女诗人辛波丝卡写的《一见钟情》：

> 他们彼此深信，
>
> 是瞬间迸发的热情让他们相遇。
>
> 这样的确定是美丽的，
>
> 但变幻无常更为美丽。
>
> 他们素未谋面，
>
> 所以他们确定彼此并无任何瓜葛。
>
> 但是自街道、楼梯、大堂传来的话语……
>
> 他们也许擦肩而过一百万次了，
>
> 我想问他们是否记得，在旋转门面对面的那一刹，
>
> 或在人群中喃喃道出的"对不起"，
>
> 或是在电话的另一端道出的"打错了"。
>
> 但是我早知道答案，
>
> 是的，他们并不记得。
>
> 他们会很压抑，
>
> 原来缘分已经戏弄他们多年，
>
> 时机尚未成熟，
>
> 变成他们的命运。
>
> 缘分将他们推进，
>
> 却阻挡他们的去路。
>
> 忍住笑声，
>
> 然后闪到一旁。

....

世上事难说是凑巧与偶然，好比一大块绸缎，每个人都是一条彩色各异的丝线，彼此交织相逢，都是前生命定的必然。要不然，我们又怎样解释两个出生地不同、生长环境不同、出国目的不同、出国的目的地也不同的人，这样辗辗转转，终至觌面相见？

不过，毕竟志摩已经二十三岁，且是已婚人士，人事已经多见，世情也经历多些，徽因只不过是一个十六岁的大女孩。两人之间相差七岁，据说徽因初次一见，竟然叫他"叔叔"——这也难怪，和父亲做朋友的人，纵然年轻些，那也当是和父亲平辈论交，礼貌教养良好的她，是不会贸然失礼的。

所以，有的人说，第一次邂逅，志摩一见钟情，此说好像不大可信。倒是徐志摩此后正式拜访林长民，徽因大方接待，俏皮伶俐，娇怜聪慧，楚楚可人，好似珍珠剥落了外皮，显露它的熠熠光辉，这让志摩那颗诗人的心，就这样顺理成章地动起来、活起来，甚至他往林家行走的脚步，也越来越勤快。在不登门的时候，和徽因的通信，更是青鸟殷勤频探看。

不过，虽说是"通信"，又据考证，志摩给徽因写信倒是经常，但是，他在沙士顿小镇的一家杂货铺里收的信，有的是"明小姐"的，有的是林长民和他玩的"情书"，徽因的信，倒是未见。这一点可参见余立新文《林徽因与徐志摩的书信交往》。

但是，纵然有往无来，只发不收，以这颗诗人的热情之心来说，也值得下笔千言，洋洋洒洒，如一万只春燕飞上青天，只只都带去春的消息。

女子对于男子来讲，有的是举案齐眉的夫妻；有的是添香递墨的红袖；有的款坐弹筝，只足一时解颐；有的对坐谈讲，适足一生红颜。徽因在志摩的岁月里没有老去，到他生命仓促结束的那一刻，停留在他的脑海

47

的，都是徽因明亮的眼神、酡色的红颜。徽因是志摩真真正正的红颜。

伦敦的细雨紫雾忒煞浪漫，徽因和志摩的相爱忒煞情多。两个人坐在英式的温暖壁炉前，谈文字，谈音乐，谈眼前的雨和雾，谈梦中的花和树，谈昨日的稚拙，谈明日的梦幻。即使什么也不谈了，默默对坐，彼此沉默，两个人之间流动的，也是一条温情脉脉的河。去国怀乡的愁绪远了，烦扰远了，人间的种种都远了，连说话的声音，都好像远远的、软软的，那皆是因为爱了。

爱了就是爱了。

这一点，凡是爱过的人，都懂得。

5 | 悄悄的我走了，正如我悄悄的来

两个江南的才子和才女，此时异国他乡相逢，纵然一个没有撑一把油纸伞行走在长长的雨巷，一个没有觉得这是一个丁香般结着愁怨的姑娘，但是，他们没有雨巷，却有了康桥。

康桥，英国著名的剑桥大学所在地。康桥是幸运的，因为《再别康桥》，将永远也不会被人世间遗忘。看到它，哪怕只是看到它的名字，人们的眼前，都会情不自禁浮现出康桥脉脉柔波之上，两个相拥的身影；也会浮现出一个黯然挥别的孤独灵魂。每一个读过这首诗的人，都能够体味到，字字句句都是情，让人只恨不得像李白的此生但愿长醉不愿醒那样，迷失在康桥的柔波里，化身一条水草，飘飘摇摇，不再醒来。

但是，终归总要醒来。

还有另外一种说法，即是说志摩对徽因狂热追求，而徽因对志摩，并没有付出对等的爱。二人相遇，好比黄鸟立上花枝，惊动了早露滴垂；又好比下了一场缤纷的花雨，花雨中，是昔日被掩映在岁月中的影子。

只是，志摩触山而亡，林徽因回顾往昔，在致胡适的信中做了一个小结："这几天思念他得很，但是他如果活着，恐怕我待他仍不能改的。事实上太不可能。也许那就是我不够爱他的缘故，也就是我爱我现在的家在一切之上的确证。"

爱，只是不够像他那么狂热地爱。大约，这便是徽因的真实情绪。因为爱，所以肯和他在康桥相恋；因为没有那么狂热地爱，所以她不会逼志摩离婚，在志摩黯然挥别康桥时，亦未见她作何挽留。

于是，徐志摩就走了，挥挥手，不带走一片云彩。

徐志摩真的没有带走一片云彩吗？这样的诗写出来，我们看到的不是轻盈的解脱，而是思之不得的无奈。总有一些流光无法握住，总有一些爱情令人踟蹰，山河绵邈，岁月苍茫，问问你的心，它是否真的安然无恙。

而深爱过一场的人，又怎么能够不受伤。

志摩是慈悲的，徽因是一只黄鸟，他却是一只不适合她的鸟笼，于是打开笼门，他放她飞；徽因是一朵白莲，呛死人的红尘会染污她的花瓣，于是他远离她，还她净洁。

志摩短短一生，所爱两人，陆小曼好比他心口朱砂痣，徽因好比他床前明月光，幼仪却是他遗弃于地的饭粒子。

徽因，谁又不视她为床前明月光？她当得这个比方。而这样的白月光，只能让人静静仰望，然后，转身离去，用一个字一个字连缀成的诗，勉强掩饰心中的悲伤：悄悄的我走了，正如我悄悄的来；我挥一挥衣袖，不带走一片云彩。

我，是一朵盛开的夏荷

多希望，你能看见现在的我。
风霜还不曾来侵蚀，
秋雨还未滴落。

青涩的季节又已离我远去，
我已亭亭，不忧，亦不惧。

现在，正是，

最美丽的时刻，

重门却已深锁，

在芬芳的笑靥之后，

谁人知道我莲的心事。

无缘的你呀，

不是来得太早，就是，

太迟……

爱听歌："起初不经意的你和年少不经事的我/红尘中的情缘/只因那生命匆匆不语的胶着/想是人世间的错/或前世流传的因果/终生的所有/也不惜换取刹那阴阳的交流……/为只为那尘世转变的面孔后的翻云覆雨手。"

爱看电影，《玻璃之城》里，港生说："和你在一起的每一天，我是最爱你的。"可是韵文说："和你不在一起的每一天，我才是最爱你的……"

然后，当我看到《罗马假日》里，两个人在车里告别，彼此都知道是永别，于是紧紧拥抱。赫本美丽的眼睛里是噬骨的疼痛："我下车，你把车开回去，不要回头看，求你，不要回头看。"

我也哭了。

好像真切地看到了林徽因和徐志摩在康桥的作别。那样的离别。预示着此后的日子，真的会像徐志摩的诗里所写——

我不知道风/是在哪一个方向吹/我是在梦中/在梦的轻波里依洄//我不知道风/在向哪一个方向吹/我是在梦中/在梦的悲哀里心碎

6 | 风过，花自香

春风一度，际遇安排草草，谁在等待着谁的召唤呢？世上怨偶多、爱侣少，可是总有一些爱情，随时等待爱人的召唤，来不及有怨。可是山高水长，无尽路人擦肩，总也等不来的，也总是爱人的召唤。

一晌贪欢可抵十年尘梦，这便是烟花一般的爱情，既绚烂，又短命。

在电视剧《似水流年》里，当历尽沧桑的男女主角在若干年后再次相见，有这样一段对白：

"我们相爱过吗？"

"相爱过。"

"多久？"

"好像是一瞬间。"

"那剩下的呢？"

"剩下的，是无尽的挣扎和惦念。生命中没有奇迹。"

是的，生命中没有奇迹，唯有无尽的挣扎和惦念。可是，有惦念不好吗？为一个人挣扎不好吗？总强似如同寇仇的怨偶。

若是我，也愿像徐志摩，为一个爱的人，做一只赴火的飞蛾，就像晋朝支昙谛作《赴火蛾赋》里的"烛耀庭宇，灯朗幽房，纷纷群飞，翩翩来翔，赴飞焰而体燋，投煎膏而身亡"。

我宁愿卸去全身的盔甲，露出柔软的心，对世界和你说：我爱。这是我最大的弱点，可是我喜欢。

可是爱终归是得不到，人生种种，该配在一起的没有配在一起，不该配在一起的却配在了一起，鲜花插在牛粪上那还是因为牛粪有营养，最可怕的是鲜花的根插在盛着硫酸的瓶里面，那样的煎熬，把根熬得焦枯，吱吱作响。

不可否认，林徽因是被徐志摩迷恋着的。可是，"迷恋"这个词总归是有些失去理智的意味，好比莫奈画笔下的睡莲，像一场无力自拔的爱情，水深花繁。

一个南徐的士子，偶然在华山旁遇到了一位女子，从此相思成疾。书里的说法是"悦之无因，遂感心疾"。结果却是悲剧，士子终于病死，遗言要葬在华山旁——他初见那女子的地方。素车白马到了华山脚下，正好经过那女子的家，那女子很平静地说"等一下"，然后回屋梳洗、沐浴、盛装，唱歌而出。棺木应声而开，女子纵身而入，不再出来。

这"悦之无因"的一句话，翻译过来便是：爱需要理由吗？

一次，香港明星沈殿霞参与的嘉宾访问节目中，郑少秋也在场，到了节目最后，沈殿霞问郑少秋："有一个问题我一直很想问你，十几年前，你究竟有没有真正爱过我？"郑少秋一呆，随即微笑着说："很爱你。"沈殿霞顿时泪流满面。

即使已经转身，即使已经彼此离得很远，可是，仍旧会在乎，当年，你爱过我吗？真的真的，爱过我？终归，人心所贪，无非一个爱字呀。

徐志摩没有能够活到老来，和林徽因塞外约，枕畔诗，他朝两忘烟水里。徐志摩把自己一生想成烟花，结局也处理成烟花爆开的模样，他不想鸡皮鹤发，活得难看，干脆就冲天一爆，死得漂亮。在他死的时候，心里，有一个地方，也盛着一个当年明眸皓齿、和自己对坐谈天、言笑晏晏的女孩吧。

而他们两人的爱情，实在是因为彼此都太快乐了，才会像江一郎的诗《蝴蝶》那样：

如果春光不是这么斑斓

如果晴空下，没有快乐的时光

可以轻舞飞扬

谁愿意将隐秘的梦幻

交给户外的春天

被陌生人悄悄看见

真的爱情，就是这样一件让人崩溃的事。像堤坝决口，来不及填塞，冲城毁屋，千军万马地杀过来，一刹那开成花海。对于徐志摩来讲，即使清楚火焰不可能接受飞蛾的温柔，飞蛾也愿意投入明烈的死亡。

林徽因与徐志摩的爱情，便当只是一种风与花的邂逅，风过花自香，此一去开谢便与这一阵微风不相关。

就用林徽因的诗《那一晚》为他们的这场爱情作结吧：

那一晚

那一晚我的船推出了河心，

澄蓝的天上托着密密的星。

那一晚你的手牵着我的手，

迷惘的星夜封锁起重愁。

那一晚你和我分定了方向，

两人各认取个生活的模样。

到如今我的船仍然在海面飘，
细弱的桅杆常在风涛里摇。
到如今太阳只在我背后徘徊，
层层的阴影留守在我周围。
星光，泪光，白茫茫的江边！
到如今我还想念你岸上的耕种：
红花儿黄花儿朵朵的生动。

那一天我希望要走到了顶层，
蜜一般酿出那记忆的滋润。
那一天我要挎上带羽翼的箭，
望着你花园里射一个满弦。
那一天你要听到鸟般的歌唱，
那便是我静候着你的赞赏。
那一天你要看到零乱的花影，
那便是我私闯入当年的边境！

7 | 深陷寂寞，亦两不相干

这个世界上的人，真的是性情不一。有的热烈如火，有的情热似焚，有的安静洁白如同莲花，而有的，则宁和清淡如同一瓯绿茶。

而这个世界上，最值得庆贺的喜剧，是在对的时间、对的地点遇上对的人，那必是要正当其时、正当其地、正合其宜、正是其人。纵然现代人说什么"性格互补"，可是，张飞总归是和貂蝉不搭调的，王八和花生豆也永远不能看得上眼，新年初一吃赤豆粽、正月十五吃饺子总令人感觉不当时令，不伦不类，不尴不尬。如果说徐志摩是诗人心性，一半是寒冰，一半是烈焰，林徽因同样是诗人心性，她却是清淡的、干净的、性情稳定的。这样的两个人，漫说是在错误的时间（志摩已婚）、错误的地点（海外），就算时间和地点都对，这两个人，也是不登对。

徐志摩太冲动了，而林徽因在最初的心动之后，心智渐渐回复清明，好比滔天浊浪过后，显露出碧海白涛、沙幼风清。理智回归，便知道自己和徐志摩是多么的不合适、多么的不搭调。毕竟出身如她、清高如她，怎么可能像时下一些不晓得廉耻的女人一样，插一只脚进别人的家庭，不以为耻，反以为荣？

那么，分手后，林徽因彷徨过吗？凄楚过吗？这一切，我们似乎都不得而知了。过往一切，留存到今天的，不过是繁花开谢后的一树苍枯的枝，在所有的字都被时光浸染得漶漫不清的纸上，我们隔着历史的毛玻璃看回过去，眼睛睁得再大，也只能看得见两个紧拥之后，背对而去，渐行渐远的身影，看不见他们隐忍的眼泪和命定的悲哀。

林徽因是悲哀的——哪一个和爱人分离的人不悲哀？却是她的悲哀不肯叫人看出来。才十八岁的女孩，竟有这样一份非比寻常的自尊。她宁愿放弃爱情，也要让自己清清白白。所以，纵使志摩爱惨了她，金岳霖爱死了她，她也只弱水三千，守住一瓢饮。

我敬佩她。时下污泥浊水，每个女人都不甘寂寞，把自己开成照眼明的石榴花，争当花作肠肚雪为肌肤的尤二姐，还有谁肯把孤独和寂寞一口口咽下，成就一副冰肌玉骨的仙子骨骼？

徐志摩也敬佩她。所以他也不敢怪她、不敢留她，唯一敢做的，就是思她、想她、念她、怜她、惜她，继续在心里，深深地爱她。

一九二一年十月，林长民出国考察的时间到期，林徽因便随父回国。国外一场情爱，好比一场尘梦，梦醒之后的林徽因，仍旧是那样清丽、那样动人——情殇并不足以彻底损伤一个青春正盛的女孩的根本。前尘云水，抵不过前程的珠玉光明。

林徽因在那样小的年纪，就很清楚地知道，徐志摩爱的也许并不是真正的自己，很可能是他凭着自己的浪漫想象出来的"假人"："徐志摩当时爱的并不是真正的我，而是他用诗人浪漫情绪想象出来的林徽因，可我其实并不是他心目中所想的那样一个人。"这样的冷静和理智，让人不敢想象是在这样一个青春韶华、容易为爱情冲昏头脑的年纪的女孩说出来的话。

看戏文，崔莺莺竟是那样容易被红娘掇弄着捧上了张生的牙床，落得个"惊喘声声撼雕床"，怪不得要被贾母痛批写戏文的人是乱写，说那样的大富大贵之家，一个小姐身边竟然只有一个诲淫的丫环，婆子也没有，当娘的也不管事，完全是不根据事情的穷酸文人的意淫和胡编乱造。细细一想，确实有些道理。就拿林徽因来说，官宦之家、京城名媛、教养到位，你便让她去做那苟且之事，她也不肯！

因林徽因毕竟不肯遂了徐志摩的心，所以徐志摩便受伤了，说："我这一辈子只那一春，说也可怜，算是不曾虚度。就只那一春，我的生活是自然的，是真愉快的！"唉，可怜的男人哪，和发妻之间他认为是没有春天的，纵然生了两个孩子；和有夫之妇陆小曼之间爱得那样轰轰烈烈，竟然也认为是没有春天的。在他的心中，永远得不到的，才是最好的。于是，徽因便成了端坐在他心尖上的一尊佛，白衣观音，手执净瓶柳枝，偶尔抛下一两点甘露，让他既向往，又焦渴。

总之吧，无论后人怎样猜测，他们两个，就此缘分尽了。

偶然

我是天空里的一片云，
偶尔投影在你的波心——
你不必讶异，
更无须欢喜——
在转瞬间消灭了踪影。

你我相逢在黑夜的海上，
你有你的，我有我的，方向；
你记得也好，
最好你忘掉
在这交会时互放的光亮！

是的，天空是寂寞的，云是寂寞的，水是寂寞的，波是寂寞的，黑夜的海，真是要多寂寞有多寂寞，而正当此时，云遇上了水，光遇上了光，你遇上了我。一刹那的心动，从此便成永恒。只是，从此以后，哪怕深陷寂寞，也彼此再不相干了……

第二卷

真爱好比火中莲

1 | 碧海青天夜夜心

　　"云母屏风烛影深，长河渐落晓星沉。嫦娥应悔偷灵药，碧海青天夜夜心。"小时不懂，只觉碧海青天的清凉，到现在才惊觉"夜夜心"背后的那份寥落与孤凄。

　　"可怜夜半虚前席，不问苍生问鬼神"的汉文帝，无非是想求长生。汉武帝建承露盘，亦是求长生，世间哪人不求长生？倒是那得长生的人，转而要求的，又是真爱了。就像《大话西游》里的紫霞仙子说的，不能和心爱的人在一起，长生不老也不会开心。

　　那么，嫦娥是真的应当后悔了。后羿是一个多么勇敢的射手，一个多么英俊的郎君，一个多么深情的丈夫，一个多么专一的爱人。一边是爱人，一边是长生，她飞升仙界，脚踩祥云，却没有想到，日后只能独守寂寞广寒宫，下望尘寰，爱人已经影踪不见，空虚的怀抱里面，只有玉兔那一丝微弱稀薄的温暖。夜夜都是碧海青天，夜夜都是相思无限，这样的长生不是幸运，是酷刑。容颜永远不会老去，心永远不会停止跳动，永远无法遗忘掉当年的爱人的容颜，永远无法抹杀当年你侬我侬的深情，到了这个地步，"我要死"这样的想法都已经成为不可能。

　　越活，越心痛。

　　"情"这个字，就是如此：得，伤神；失，也伤神。

而凡尘俗世，更是逃不脱这个怪圈，得，也伤人，失，也伤人。

记得那年去周庄，细雨蒙蒙，戏台子上唱着昆曲，台下一片空板凳，雨丝飞溅，台上人郎情妾意，唱得婉转。躲在远远的茶亭里面，半倚着亭栏，心里伤感。当年花部和雅部一阵厮杀，雅部不敌，含恨退场，至此固守江南一隅，让花部席卷了大半壁江山。好比两个情敌争夺一个情郎，一个远避他乡，一个独占胜场。

远避他乡的那一个，算是狠狠受了伤。

若以徐志摩为中心，好比一片大好江山，那么，花部好比林徽因，雅部好比张幼仪，比方总不算确切，意思殊无大差别。

从照片来看，张幼仪大眼浓眉，多些温柔敦厚之气，少了些灵秀俏皮。虽然据传闻，徐志摩第一次见到她的照片，嘴角一撇，鄙夷称之为"乡下土包子"。不过，她也是出身江苏宝山一个大户人家，张幼仪的二哥张君劢，在中国现代史上颇有影响，是当时有名的政治家和哲学家，创立了民社党；而四哥张嘉璈也非常人，曾任中国银行总裁，是"政学系"的重要人物。只不过她没有接受过西方教育，也没有受到现代思潮影响，所以仍旧遵循传统的"三纲五常"，甚至"女子无才便是德"，所以才会被徐志摩鄙视。好比一朵中国传统文化的泥土里生长出来的花，被一只被现代文明气息浸染过的蜻蜓嫌弃，虽蜻蜓风流无限，吸取众多赞誉的目光，可被冷落的花却是无辜的。

张幼仪生于一九〇〇年，小徐志摩四岁。在她十四岁那年，徐志摩十八岁，正是年少丰华，才气大发。张嘉璈奉命视察杭州一中，看到了徐志摩的考卷，颇为赞赏，主动向徐家求亲，以二妹相许。而徐家在张家向徐志摩求亲的时候，虽当时已是江南富商，家里办的有电灯厂、蚕丝厂、布厂、徐裕丰酱园、裕通钱庄，不过基本上属于有钱无势。徐志摩的父亲一见能和既有政治地位又有经济实力的张家联姻，自然一口答应。

于是，志摩成了幼仪的夫，同时，也成了她的"天"。出嫁前，母亲谆谆告诫：在婆家只能说"是"，不能说"不"。以前读过一篇妙文，所谓爱情，好比一碗阳春面和一碗酸辣面，虽然阳春面清新，暖肠胃，却终究不及酸辣面刺激味蕾，"逼"人回味。于是，张幼仪就实实地成了徐志摩的一碗没滋没味的阳春面。

幼仪幼时被母亲缠足，二哥心疼她疼从而制止，显然母亲也是"三从四德"的典范，却极听儿子的话，于是让她成为张家第一个天足的女人，可是，她的思想却被母亲缠了起来，于是，一个在古代称得上"沉默寡言、举止端庄、秀外慧中"的难得贤惠妻子，却成了徐志摩心里背时悖晦的老古董。

张幼仪还有理财的本事，协助公公打理生意，就便是这一点，在热情奔放的诗人丈夫眼里，也成了罪，被视为呆板无趣、僵硬乏味。

他们二人哪，好比一个是水，一个是火，不是相生，而是相克。

而徽因与志摩，却好比一个是黄鸟，一个是柳条；一个是唐诗，一个是宋词；一个是春水，一个是春花，交缠掩映，无限春光。

可惜春光总会变秋光。一场文在骨上、刻在心头的康桥之恋，好比春水萦绕了一阵子青山，到最后春水只顾杳然去，青山转瞬变黄山。

暮雪千山，浪花白头，有缘人相会也不过一霎，却惹来了一世的心伤，却又是不得不离开。因为徽因晓得，她和徐志摩，爱便爱了，可是若要在一起，便是逆天。现在时人对于"婚外恋""小三"的话题已经见怪不怪，甚至乐此不疲，好比泥猪癞狗在烂泥塘里打滚，舒服得直哼哼，丝毫不觉自身的龌龊、猥琐和卑劣，但是徽因不肯。她冰雪聪明，绝不肯因自身行为不端被悠悠众口把清誉撕裂，是以清洁如雪，宁可银牙咬碎，强忍离殇。

停驻原地的那个人，心空了，夜静枭啼。

没有哪一个人拥有一颗空洞的、可以让穿堂风畅通无阻地穿过的心还能够淡然处之。所以徐志摩说："我将于茫茫人海中访我唯一的灵魂伴侣。得之，我幸；不得，我命，如此而已。"

21 她，最爱他

灵魂是一种很玄的事。接触到一种很玄的理论，说的是人的身体和灵魂的关系，并不是身体包着灵魂，而是灵魂如同空气，并无边界，它包着人们的身体。也许几个人共用一个灵魂，所以有的时候，真的会有一见钟情这回事，那是因为，这两个人虽然有着不同的身体，却共用着同一个灵魂；而有的时候，虽然未必一见钟情，却惺惺相惜，渐次熟悉，渐至无法分离，也是因为有着同一个灵魂的缘故。

那么，我们是不是可以猜想，徐志摩前世与林徽因，便是渊源极深，此生便也共用一个灵魂，所以才会如此投契，他对徽因，如珠、如玉、如宝、如金。

那么，他与张幼仪的前生，又是怎样的一个约定？两个人是不是曾经如寇、如敌、如仇、如恨？今生缠夹在一起，本意是想结为夫妻，把前世纠缠化解，相亲相爱；却是难逃前生命定，志摩待幼仪，仍旧如寇、如敌、如仇、如恨，于是才逼幼仪离婚，恢复成自由身，从此蛟龙摆尾入海去，与发妻做了陌路人。

一九二二年三月，徐志摩终于与张幼仪离婚。他自由了。却是林徽因与梁思成虽未定聘，却是婚事"已有成言"，春消息晚了半步，从此柳丝摇漾在别家院。

我无意为徐志摩解脱，也不肯说他是为了解脱身陷封建包办婚姻家庭中的两个人的悲剧，才与张幼仪分了手。一个旧式的、以夫为纲的女子，好比老式八仙桌上摆着的一个老式提梁的茶壶，比不过美人耸肩瓶里插着的一枝桃花。她自认是败了，没有人知道暗夜里她有没有抛洒过珠泪，有没有觉得心口被插了一把荆棘，没有人知道她是怎样耐受下她所受的委屈，也不知道她是怎样让自己变得更坚强起来。她甚至在离婚后都没有说过徐志摩一句不好的话，纵使志摩对她百般苛待。

　　然而，谁也不能说这个世界到底是谁亏负了谁，谁又拯救了谁。按理幼仪的同意离婚拯救了徐志摩，可未必又没有救了自己。

　　离了婚好比死过一次的张幼仪，从此，开始过自己当过的日子。此后的每一年、一月、一日、一时、一刻、一分、一秒，都不必再委屈自己。

　　离婚之后，张幼仪仍旧按月收到徐父汇寄的二百美金，她凭此雇了保姆，自己学习德文，并进入裴斯塔洛齐学院，专攻幼儿教育——一个爱孩子的单身母亲，也是一个苦命的母亲，一九二五年，三岁的彼得死于腹膜炎。一周后，徐志摩抵达柏林，见到张幼仪。这是这对怨偶离婚之后，第一次见面。彼时的徐志摩已经如蜂儿又爱上另一朵花，他正在热烈追求陆小曼，而他的孩子的母亲却因为丧子之痛，既瘦小，又憔悴。

　　许是少了牵绊，少了纠缠，少了爱恨情仇，心得到自由，徐志摩对于张幼仪不再如寇如仇，能够进行客观的评价，他写信给陆小曼，说："C（张幼仪）是个有志气有胆量的女子……她现在真是'什么都不怕'。"他却不知道，一个曾经被抛弃过的女人，一个又禁受丧子之痛的母亲，还有什么害怕失去的呢？当至宝被夺、被毁，心中已一无恐惧，自是"什么都不怕"，张幼仪自言："在去德国之前，我什么都怕，到德国之后，我无所畏惧。"因为最害怕失去的已经失去，实在没有什么再值得害怕的。而这"什么都不怕"里面，又包含着怎样的泪水和哀痛？

此后，她说着流利的外语，在异国他乡过着属于她的日子，这张当初看起来略有些木讷的脸，越往后看，越看出来淡定、平和，甚至我在她一张大约四五十岁的照片的脸上，看到了一圈淡定的佛光。在那样"将暮未暮"的岁月，那样回望前尘却平静如常的表情，我却只愿意揭开那层平静的面纱，还原一个被辜负和被伤害的妻子的伤痛。

没有办法。

我不是徐志摩。

我是一个同样曾经遭受过背叛与辜负的女人。这一点说起来很丢人，但是却是实情。一个禀性要强的女性，相信世界是美好的、人心是美好的，却被硬生生挖开一角，强迫看到华服下面包着的败絮，面具下面的鬼脸，那样的胆裂心寒，偏偏又不欲人知，夜半的哭声只有自己听见，也只肯让自己听见，真真如裂帛一般，把心撕碎成了一片一片。

那样的苦，那样的难。

一九五三年，孀居守节逾三十年的张幼仪在香港与医生苏纪之结婚，婚前她特地写信到美国征求儿子的意见，尚自秉承幼训"出嫁从夫，夫死从子"，她说："因为我是个寡妇，理应听我儿子的话。"儿子回信："生我抚我，鞠我育我……综母生平，殊少欢愉，母职已尽，母心宜慰，谁慰母氏？谁伴母氏？母如得人，儿请父事。"

一九六七年，张幼仪六十七岁，和苏医生一起到英国的康桥、德国的柏林，此番故地重游，不知做何感想，站在当年和徐志摩居住过的小屋外，却是没办法相信自己曾那么年轻过。

是的，最好的时光，最深长的爱恋，都给了这个短命的诗人。

有这样一种理论，说的是"平行宇宙"这个概念，每个人其实都不是只在此时、此地、此生来过这一次，而是作为一个灵魂，转世投生过无数次，而且还不是线性的时间观念。好比说孙悟空拔一把猴毛，变无数仙身，每个人都活过了和正在活着无数种的可能。

那么，有被徐志摩冷待、嫌弃，被逼离婚的张幼仪，便在平行宇宙里面，有一个爱她的、善待她的、给她幸福的徐志摩，而她，则必将如花儿生长在不同的土壤，开出另一番不同的模样。她会是低眉顺耳的，温柔似水的，遇事全无主见的，一切听凭夫君做主的，贤惠的，满足的，标标准准的，小女人。

至于哪一种结局更好，不是当事人，谁也说不清。

而她对徐志摩的感情，还是用她自己的话来作答：

"你总是问我，我爱不爱徐志摩。你晓得，我没办法回答这个问题。我对这问题很迷惑，因为每个人总是告诉我，我为徐志摩做了这么多事，我一定是爱他的。可是，我没办法说什么叫爱，我这辈子从没跟什么人说过'我爱你'。如果照顾徐志摩和他家人叫作爱的话，那我大概是爱他吧。在他一生当中遇到的几个女人里面，说不定我最爱他。"

是的，说不定她最爱他。

31 他，再次出现

看戏。《牡丹亭》。

杜丽娘爱上柳梦梅，自言为"痴情慕色"，于是一梦而亡。

不由慨叹，汤显祖的文笔确够毒够辣，直直戳到人的心里去，对这份生生死死的爱情一点都不加粉饰，其因由就直接给出了四个字："痴情，慕色。"痴慕的，不过就是两个字而已：一个是情，一个是色。

所以我们常说爱上的未必是哪一个人，不过是爱上了爱情本身。我们又常说"酒不醉人人自醉，色不迷人人自迷"，说到底，爱上了别人，恰便似临水照镜，爱上的不过是灵魂深处的自己。自己看自己，哪里有不美、不好的呢？

而这样的爱，很难说是缘是劫。好比花开一定会有花谢，六出花飘挡不住阳光融化、春水潺潺、繁星如沸，到头来也落一个夜静山空，甚至虎也不啸、猿亦不啼，寂寞如同雪水，渗进每一寸骨缝，每一寸发丝。

可是，那正在爱的时候，是何等的美好，好比鹤顶红、罂粟花，有着致命的毒和吸引力。所以，才会不惜一切代价要见到那另一个"自己"，把所有的时光都投在长相厮守里。在爱中，体味着爱人和被爱的销魂滋味，汉阳草色、晴川历历，哪里都有着无限的美。爱人的绵绵情话可以饱腹，即使不说话，也能感觉到刻骨的爱与相思——是的，相思。哪怕面对面站在一起，仍旧在思念不已，那样一种既甜蜜又痛楚的滋味，让人心悸，如饮毒汁。

《玻璃之城》里，港生为了读书，在巴黎过得无比艰难，韵文想去看他，拼命努力地挣钱，才能存够打三分钟电话的钱，然后打给港生。港生不说话，她在那端无奈地说："港生，你别不说话呀，你不说话是浪费钱哪！"

钱用完了，电话里传来"嘟嘟"的忙音，她还握着电话不肯放，说："等我存够了钱，我再打给你。"

这就是爱。哪怕艰辛，仍旧甜蜜；哪怕粗朴，仍旧秀丽。茶无好茶，饭无好饭，饮水即饱，因为有"情"。

可惜到最后，不知道多少的情，都如落花随了流水。而《诗经》里的那个"抱布贸丝"骗得美人归的氓，对于爱人的辜负，以及心意的浪费，让人觉得可耻、可惜。今天的相逢，竟然是来日离别的伏笔；今日的甜蜜，竟然是来日背叛的起章；今日的春风得意，竟然预示着来日的劳燕分飞；今日的你侬我侬，忒煞情多，竟然隐含着分剖两半，你仍是你，我仍是我。雁来雁去，月圆月缺，花开花谢，叶落叶飞。世上事，总逃不过一个由圆满到缺憾的轮回。

林徽因和徐志摩演绎了一场康桥之恋，一幅凄美画幅的画中人，一个长衫儒雅，一个白衣飘飘。而我们，不过是那赏画的人，纵使指甲掐入掌心，心里呐喊着"不要走，不要走，不要分离"，他们照旧会分离，全然不管会不会有人从旁替他们叹息。这，便是命运的轨迹。

看客们的意见，实在是无足轻重，可是我们仍旧是挂心，仿佛看着一场津津有味的戏，一个女主角，三个男主角。若为这场戏起一个恶俗的知音体的名字，那么应当是"冰清玉洁的女主角哇，你的心到底属于谁"。

是的，到底属于谁呢？才气纵横的徐志摩？稳重扎实的梁思成？执着深情的金岳霖？恐怕林徽因终其一生，也未必明白自己到底更加钟情钟意于谁。

世上事，真是说不得"钟情"和"专情"这么两个词，情，不知何起，一往而深。待到淡了，又如云如水，如响渐逝。而赏花的人，也许爱牡丹、爱芍药、爱郁金香，凡是花，都爱。世人若是原本便是灵魂包着身体，那么一个大大的灵魂，未必只包着两个身体，会不会包着三个身体，包着四个身体？那么，一个人会不会凭着一颗心，同时喜欢着A、喜欢着B、喜欢着C、喜欢着D？

这个世上，有两种人，一种人喜往前看，一种人喜追思往昔。我喜往前看，哪怕是平时再熟悉至极的景致，一旦改变，马上便忘了它的昔日容颜。就这一点，我觉得林徽因也有些类似。她冷静、理智、云消水逝，她把过往藏起，好比她的心里有一个精致的橱柜，里面珍藏着昔日的言笑、昔日的温存、昔日的四目相对、昔日的执手相看，当昔日真的成为昔日，她把这些珍而重之地封存起来，锁上，甚至扔掉钥匙，然后面对生活在自己面前展开的一幅新的画卷，把自己化身成一根金丝银线，在接踵而至的时光里，继续精心织绣自己的日子，无一笔马虎，无一笔苟且。

林徽因，是一个活得很认真的人。

而在她未来的日子里，以前曾经见过一面的大哥哥梁思成，再次出现。

当初的林徽因，如乳莺初试啼声，虽然美丽，终归青涩有余，此时经历了一场爱情的调理，好比一朵鲜花经历了风的吹拂、露的滋润，懂得爱情的女孩，眼里自带风情，让梁思成对她再见倾心，爱慕顿起。

世上事最怕的是一个巧事，多少祸事由一个"巧"字得来；世上事又最喜的是一个"巧"字，多少喜事如树头花，也赶在"巧"字上头开。巧的是梁思成对林徽因倾了心的爱，巧的也是两家的长辈其实早有联姻的想法，好比有根的花、有根的水，好风好水一夜之间可以催得众花开。所以，难保思成此时想的不是：这个才是我的妻。

当然，相识未久，友尚未及，更且不要说恋人满与不满，所以他看不到林徽因眼中偶然流露出的落寞与哀伤——即便是熟，又能怎样？就算是友，又能怎样？林徽因肯把伤痛展览在人前吗？她的灵慧、她的净洁、她的隐忍与要强，她多年良好家教造就的温婉，她游历国内与海外凝成的对人对世界的独特的看法与智慧，这些，就形成了林徽因这样一个人。

这个人，值得人为她情伤。所以徐志摩会对林徽因说："如果有一天我获得了你的爱，那么我飘零的生命就有了归宿，只有爱才可以让我匆匆行进的脚步停下，让我在你的身边停留一小时吧，你知道忧伤正像锯子锯着我的灵魂。"

41 | 一切大局已定

张爱玲与胡兰成订一生之约，白头之愿，说唯愿"岁月静好，现世安稳"，这是多少夫妻爱人一生最奢侈的企盼。世人爱"静好"、爱"安稳"，却是一颗心动荡如波，把摇落在水波里的月影也动荡得七零八落；一个人妄想左右逢源，双美甚至多美兼并，把安稳时光也如水银的镜，打碎在地，露出尖角，扎痛人心。林徽因恰是仙子，亦是尘世中人，爱的也便是这八个字的意境，可是她却知道，有的人天生适合安稳，有的人天性如同水银，滴溜溜随处滚动，徐志摩，给不了别人静好，也给不了别人安稳。甚至他也给不了自己静好，给不了自己安稳。这一点，徐志摩是一个典型中的典型，就算是死，他也给自己选择了一个轰轰烈烈的触山而亡，如同一首乐曲正奏行到半途，戛然而止，演奏者仓促退场，只给世人留下一个促狭的袅袅余音。

对这一点的认知，再没有谁比林徽因更清明。徐志摩的爱情，适合别人和他一同燃烧灵魂，却不适合别人同他一起步入安稳。他和她，一个热情，一个理性，一个如火，一个似水，这两个人的命运其实是相克，不是相生。所以林徽因凭着直觉选择了转身，至于此后这段爱情瞬间风化成尘，却不是她所能操心的事了。

不过，爱，也是真的爱。这份心痛不见得会比别的人少几分，只是林徽因从来不说，我们就不用去问。世上事总归是要用新事压过旧事，用黎明盖过黑夜，用新人忘却旧人。梁思成的出现，如同药，可以疗愈林徽因的心痛。所以此时纵使徽因不如思成对她的心动，她却也未曾拒绝，因梁思成如同急苦之时的一帖清凉药剂。

所以，梁思成约她去北海公园，她便同他一起去游玩；约她一起逛太庙，于是太庙留下了他们二人的身影；当思成参加音乐演出，林徽因也去清华学堂赏鉴。梁思成如竿青竹，不失挺秀，略失厚重，可是他的学识、心性、思智，都是稳重可靠的学者型。这样的人，给得起别人一个岁月的静好、现世的安稳。所以，林徽因的心也便由潮湿的雨笼雾罩之下逐渐挣脱，从朦胧暧昧的一钩新月里逐渐焕出笑颜。徐志摩的脸，在她的心中，由浓逐渐转淡。

遗憾不遗憾？

凡是谈过恋爱的人都知道，最怕的不是失恋，是失恋之后，残酷的时光把旧日恋人的容颜给掩埋，把刻骨铭心的爱情给磨得经稀纬断，那样似乎自己也是死了一次一样。有的时候，甚至更多时候，对于过往，以及过往的恋人，不是不能忘，而是不敢忘、不肯忘，怕忘了，便是意味着此前的一切都没有了，自己的一段生命曾经是白活，是不值得。

所以，大家爱看《牡丹亭》，爱看那种生生死死的爱情。"昏鸦尽，小立恨因谁？急雪乍翻香阁絮，轻风吹到胆瓶梅。心字已成灰。"那小立生恨的人，哪怕心字成灰，也要念念不释地怅恨下去、怀想下去，期盼下去，因为若是连"恨"也烟消云散，如滴水逝入大海，徒留下无限空虚的光阴，那么，自己这份"小立"的情怀，又还有哪里可以安排？

所以，哪怕梦总归会醒，爱终归会淡，世人也愿意让这场梦做得久一些，爱，来得浓一些、再浓一些。所以，对志摩的感情渐转渐淡，徽因的心里未必就感觉不到遗憾。只是，她的理性救了她，她很明白这一切都是势出必然。

但是，同样一件事落在徐志摩的身上，就很难办。

因为徐志摩是诗人，他的心一旦燃烧，便不肯让它熄灭。他不肯轻易把这份情缘归结为做了一场华美的梦，也不肯把这个梦写成诗之后，就当梦已做醒。

所以，徐志摩回来了。

一九二二年九月，徐志摩乘船回国，十月份抵达上海，不久即北上来到北京。

此时，他再无"家事"拖累，可谓无家一身轻，唯一所想，便是寻找可以让自己猛烈燃烧一回的爱情。而爱情的载体，林徽因是人选中的第一人。这一点，和现时现世那些抛妻弃子追求自由和爱情的男人，其实并无多少区别，我也并不会因为他是一个杰出的诗人就对他过分偏爱，笔下加以偏待。

反正他是回来了。

反正他是见到了林徽因。

可是，他得知林徽因和梁思成处成了一对，且有双方父母的首肯。而梁思成，稳重温厚，对人的责任感，胜过他十重山。

他不甘。他明明晓得这个女子的诗性，晓得这个女子的玲珑，晓得这个女子的柔弱，分享了这个女子的才气纵横。如今他单身只影，如同孤鸿，本想共舞双翼，结局却是这样伶仃。他不甘心。

他来到了林府。

林家住在北京景山西街雪池胡同7号，一条依傍北海公园的胡同，稍一举目，便能望见洁净的白塔。老院里连空气都透出一份清幽宁静。林长民已剃去长髯，越发干练。他热情接待了这位小友，徐志摩并没有见到林徽因，却在书房里读到一首诗，是壬戌十月福建老诗人、当时名流陈石遗赠给林长民的《宗孟留饭索诗纪之并约作姁解语》，内容如下：

> 七年不见林宗孟，剃去长髯貌瘦劲。
>
> 入都五旬仅两面，但用心亲辞貌敬。
>
> 狂既胜痴瘦胜肥，目之于色亦论定。
>
> 纵谈政学无不有，引观内室评图镜。
>
> 小妻二人皆揖我，常服黑色无妆靓。
>
> 长者有女年十八，游学欧洲高志行。
>
> 挚交新会梁氏子，已许为婚但未聘。
>
> ……　……

就读到这里吧，虽未聘，但已许婚。一切大局已定。

这就是前差后错、阴错阳差的命运。

5 | 康桥，再会吧

那么，徐志摩大约是一厢情愿了。也许他以为他和林徽因之所以劳燕分飞，不过是一纸婚书构成了万重山，如今他做了那移山的愚公，林徽因也当重新回到他的身边。这是一个理想主义者的典型的思想模式和架构。他不知道这个世界是不那么理想的，不是所有的一加一都会等于二，花谢了，即便再开，也不再是从前那一朵，而满天满地的阳光灿烂，亦不过是曾经的海涸河干的悲伤过后，命运给予的报偿。

林徽因和梁思成开始郎才女貌，相携相伴。而寂寞的徐志摩，又开始经常跑到恩师梁启超的家里。哪怕内心再惊涛骇浪，脸上仍旧是一脸的轻舟已过万重山，似乎曾经的倾慕和心动不曾有过，曾经的泪水与离别不曾发生。

而聪明的林徽因，则采取的是同样的行动。

所以，外人看到的，是三个年轻人在一起愉悦相处，并没有时下流行的那种弱智连续剧中为了一个女主角，两个男人的剑拔弩张。林徽因也不会再和徐志摩看星星看月亮，不过倒是仍旧可以谈人生谈理想，既然两个人都是诗人，那么，也便能够对着一首首的旧诗新诗谈谈讲讲。

大家都明白，当两个人情分已断，其中一人别有所属，然后再坐在一起的时候，纵然可以掩饰表面的尴尬，但是，眼神间的交会骗得了别人，骗不了自己的心。那已经走开的一方，不会再和你对视；偶然的对视，也会如水银轻巧滑过，带着一丝他或她自己都察觉不到的、冷酷的漫不经心。

敏感如徐志摩，不可能感觉不到。好比悬丝诊脉，他在寸诊林徽因的心，而诊断的结果，令他丝毫也感觉不到乐观，甚至不会有勇气抬起头看她一眼。若是不看，那便还有一个梦，梦里还是那个爱他恋他的徽因；若是看了，他怕这个假象也化作飞灰，心就会变成一个大大的死海果子，外表光鲜，内里腐朽成灰。

那康桥的柔波呢？那伦敦的雨雾呢？那燃烧着熊熊火焰的壁炉呢？林徽因还在，但是，她又已经不再是那时的她了。这一点，真是令人绝望。

我以前写过一篇文章，是为了追念我那少年时代的爱情，现在原封不动地拿来，竟然可以套在这两个人的身上：

> 《半生缘》里有一句话叫人伤感："世钧，我们再也回不去了。"是的，再也回不去了。"紫藤挂云木，花蔓宜阳春；密叶隐歌鸟，春风流美人。"那是少年时代的爱情，纯美得无法复制，洁净得不容玷污，让人不忍心再有进一步接触。有些人只适合做朋友，有些人只适合做情人，而有些人什么也不适合做，最合适的地方就是在心底悄悄藏着，偶尔想起，微微痛过，也就罢了。我没看过王家卫的电影《2046》，只知道这是一列开向未来却装满回忆的列车。我们这趟列车，不到2046。

罢了，徽因和志摩，这趟列车也开不到2046。

徐志摩短暂一生，命中并不缺粉红爱情：除了发妻，还有徽因；没有徽因，还有小曼；就算除了小曼，据说还有凌叔华和韩湘眉。以他的才气，即使到了国外，也会有金发碧眼的女子爱慕。可是他这一生，最念念不忘的、最拿来当心头的床前明月光的，不是别人，是林徽因。

如果他是张幼仪的情劫，那么林徽因便是他的情关。生关死劫谁能躲，情关情劫也没有谁能全身而退，有伤仿似无伤。诸多的阴错阳差，看起来活像命运导演的一出出笑话，而其中的歌哭笑泪，不是身在其中，又有几人能懂。好比一只蜻蜓掠过一片花瓣，此后蜻蜓终归是蜻蜓，花也终归是在远离了蜻蜓的地方，独自香。

康桥，再见吧。

6 | 我不知道风向哪个方向吹

公主和王子的故事，总是少不了公主被囚禁，王子勇于屠龙；灰姑娘和王子的故事，又总是少不了灰姑娘被迫害，王子坚守爱情；小人鱼和王子的故事，又总是离不了小人鱼鱼尾化形、双脚着地，如在刀尖行走；梁山伯与祝英台的故事，少不了棒打鸳鸯、化蝶殉情。

我不喜听《梁山伯与祝英台》大结局中的"化蝶"的曲子，哪怕它真的很美，也真的有两只蝴蝶在花海中翩翩飞。我喜听的是祝英台扯下吉服，满身重孝，在梁山伯的墓前痛哭号啕：

> 啊梁兄啊，
> 不见梁兄啊见坟碑，
> 呼天抢地哭号啕。
> 楼台一别成千古，
> 人世无缘同到老。
> 梁兄啊，
> 实指望天从人愿成佳偶，
> 谁知晓喜鹊未叫乌鸦叫；
> 实指望你笙箫管笛来迎娶呀，

谁知晓未到银河就断鹊桥；

实指望大红花轿到你的家，

谁知晓白衣素服来祭祷。

　　世上总是悲剧最震撼人心，所以朱丽叶会真的死去，罗密欧会真的殉情。若是大团圆，却是削减了戏剧的力量。之所以悲剧最震撼人心，是因为人自从诞生，便在与整个世界抗争。电闪雷鸣、海涸河干、无衣无食、炮火连天、亲人离散，于是从第一代的人开始，便种下了一种"悲剧"的基因——一种和既定命运抗争的悲剧性命运。

　　另外，还有一个原因，便是人生其实很庸常，在庸常得令人喘不过气来的日子中间，穿插进一点对于他人的悲剧命运的观感，会刺激自己探查一下自己的内心，看到它仍旧在活泼泼跳动，还有激情，泪也没有干。

　　但是，当命运让自己选择的时候——事实上，我固执地认定，每个人的命运，都是他或她在降生世间之前，他或她自己的灵魂都已经事先选好的一种范型。而这个庸常的世界告诉我们，绝大部分人，还是宁愿哪怕庸常，也要选择安稳。

　　安稳到，饿了有人送饭，渴了有人喂水，下雨的时候有人送一把伞，风雪夜归人，也有柴门内的犬吠和屋里的油灯。人最怕的既不是富，也不是穷，怕的就是不安稳。尤其女子，我见过多少好女子，配的都是明明配不上自己的夫君，而和俊男靓仔可以谈恋爱，却不肯结婚，因为不能安稳。为什么人们要慨叹这年头好白菜都让猪给拱了，就是因为白菜不希望自己的日子被雪欺霜压，也不希望整日里波涛动荡。哪怕就是一棵白菜，也愿意在冬天的田野上，能够享受到安定的、温暖的阳光。

　　这其中也包括林徽因，因她也降生凡尘，因她也有一颗天下女子都有的心。"作女"从来不是一个好词，只不过被一股内在的生命力激荡得不肯安稳，于是胡作而已。到最后烟尘散去，一颗心最终安稳下来，方算修成了正果，晓得了一杯白水也有白水的滋味，一碟咸菜也有咸菜的滋味，咸也好，淡也好，心的安稳与平静，乃是最好。

世上也有作女如毒如药，如艳丽的罂粟花，一生不肯安稳，惹得世间男子为了她神魂倾倒。比如邓肯。这样的女人如火一般热情，有着充沛的生命力，以及对于常规生活的本能的厌倦。所以她会燃烧、会跳跃、会超出常规地舞蹈，甚至就连死亡，也像是刻意选择的一样：以一种突兀而离奇的方式奔赴天堂，给自己动荡不停的人生，画上一个完美的、动荡的句号。

当然，还有陆小曼。一个风情万种的女人，往往对于游戏人间乐此不疲，不愿意束缚自己的天性，要的，便是一种生命熊熊燃烧的乐与痛。她同样能歌善舞，同时又个性散漫，对于爱人和家庭毫无责任感，只一味随着自己的性子，打牌、听戏、跳舞、饮酒、吸鸦片。

而徐志摩吃的却是这一套，好似一个乐于施虐、一个乐于受虐一样，他可以为了妻子陆小曼的花销而四处拼命讲课，待到回家，看到的却是小曼和一个男人吸饱大烟，昏沉地歪睡在桌旁。此时的诗人，生命的活力似已消耗殆尽，他只是走过去，把爱人平放床上，拥抱着她睡去，疲倦、忧郁而平静。

我们再也看不到那曾经拼死拼活爱过的残影。陆小曼为了爱情，不顾一切闹离婚，甚至连肚里的孩子也不要了，在她心中，做母亲远不如嫁给爱情。当火遇见了火，除非把彼此都燃成灰烬，否则便如寇如仇，至死不休。而此时徐志摩却已经疲倦，他的心事怎样，没有人知道，我们只能从他的诗里，窥见一缕颜色：

我不知道风/是在哪一个方向吹/我是在梦中/在梦的轻波里依徊

我不知道风/在向哪一个方向吹/我是在梦中/在梦的悲哀里心碎

是的，他梦里也许重回了康桥，可是重回康桥，也不过重新在梦里经历一次离别；他也许在梦里和昔日的快乐觌面遭遇，可是，梦里的快乐，也有一种明知无路的悲哀。

悲哀是林徽因给的，是陆小曼给的，亦或说是他自找的。可是，自找的是罪吗？谁又能做得了自己的心的主呢？

相较而言，林徽因显然是一个冷静的、理智的、知道自己在要什么且得上天宠眷、又一定能够要得到、遂了心的幸福和幸运的女子。她晓得她要什么，所以她舍弃了方生方死的情爱，转而选择那份静好与安稳。

7 | 际遇草草，缘分奇妙

一九二三年春天，徐志摩和胡适、闻一多、梁实秋等人成立了新月社，林徽因也参加了。所谓新月社，社名来自泰戈尔的诗集《新月集》，为它起名字的就是徐志摩，用意是在以"它那纤弱的一弯分明暗示着、怀抱着未来的圆满"。至于这种圆满，有没有包含着想要重新和徽因"破镜重圆"的意味，后人有此附会，我却不敢苟同。说到底，徐志摩已经失去追求林徽因的资格，哪怕他已经抛妻弃子，但是，毕竟不是生活在真空，毕竟不是人人都能够打着爱情的名义原谅他，而林徽因如此清明理智的人，又怎么会不考虑这样一个诗人，他的爱能够有多长，能不能永恒？

所以，徐志摩对林徽因的热望，到最终，只能注定是一场无奈的幻灭。徐志摩要的是风花雪月，林徽因要的，却是清粥白饭。

所以，林徽因假装看不见徐志摩回国后贪恋地看着她的深情目光，而是和梁思成开始约会："他们常常选在环境优美的北海公园幽会，那里坐落着新建的松坡图书馆，梁启超正是馆长，梁思成近水楼台。礼拜天图书馆不开，但思成衣袋里有钥匙。林徽因又跟随梁思成去清华学堂，看他参加的音乐演出；和他一起逛太庙，刚进庙门梁思成就失了踪影，她正诧异，梁思成已爬上大树喊她名字。那段时光对于林徽因来说是灿烂温暖的。"（《莲灯微光里的梦》）

是的，既灿烂，又温暖。而且，没有阴云雾霾，占据天时、地利、人和。是一桩得到祝福的婚姻，人人都看好他们，人人都期望这两个人能够修成正果，成就姻亲。人的念力是有力量的，当正面力量拧成一股向前和向上的绳索的时候，当事人便会接收到它的强大念力，而随之向着这个方向共同努力，好比花儿都向着太阳开。

只是这朵恋爱之花，总归是开得慢了些。毕竟徽因曾经经历过那样一场刻骨铭心的初恋，此时心已半空，没有那么多激情可以燃烧，好比花瓶里清水半空半满，没有办法漫溢出来。而有时，就连林徽因自己，也未必读得懂自己的心思。在梁思成和徐志摩之间，他们究竟谁更重？她未必不曾有过迷茫。

想不到的是，加速这场恋爱进程的，竟然是一场车祸。

一九二三年五月七日是国耻日，梁思成骑摩托和弟弟思永上街要参加示威游行，摩托行至长安街时，被国务院权贵金永炎的汽车撞倒，思成满身染血。

祸事临头，林徽因才发现人命危浅、朝不虑夕，而自己当做的，不是追忆、不是怀思、不是衡量，而是珍惜眼前人，不待花空空折枝。所以当梁家两弟兄住院治疗，林徽因每天都去医院服侍，那样的年代，那样的男女授受不亲的大环境、大氛围，她给梁思成揩面擦身，无微不至。

我见过许多女子为了爱人无私奉献的例子，也见过许多男子为了爱人无私奉献的例子。有一次，在电视上见一五十余岁的男子，身背几根长长的枝条扎成的开屏的孔雀尾一样的东西，在跳舞，在旋转。原来，这是他为植物人的妻子自创的舞蹈，在病床前为妻子起舞。也许，人心本善，每个人都期望自己不单有接受的机会，也有付出的机会。因为借此，可以看清自己心底的善与美。

我平时虽是大小姐脾气，受父母娇惯，竖草不肯拿、横针不肯拈，却是十几年前，丈夫出了车祸，右腿膝盖受伤，不能动弹，每日里我洗衣做饭，伺候他大小解，虽忙得如同陀螺团团转，仍旧乐此不疲。因为发现自己于人是有用的，所以觉得自豪。因为觉得这样是值得的，所以觉得温暖。当你觉得自己乐意为一个人做诸般琐碎的事的时候，那么，这个人，就已经走进你的心里。

于是，虽然这起车祸使得梁思成落下些微残疾，左腿比右腿短了小小一截，不过，却是因祸得福，使他彻底走入徽因的心。林徽因彻底明白，她愿意成为梁思成的洗手做羹汤、携手度一生的妻。

命运就是这么奇特的东西。也许林徽因曾经举棋不定，也许林徽因曾经把梁与徐多番比较，始终拿不定主意，于是吁求上苍和神明，替她做下一个决定。那么，上苍便布了这样一个局，让她看清自己的内心。

林徽因决心已定，梁思成最终赢得芳心；而徐志摩，最终，只能变成一个记忆里淡灰的影子。

于是，原本梁思成计划一九二三年赴美留学，因为车祸推迟一年，而恰好便等到了林徽因在培华女中毕业，而且还考取了半公费留学，于是，两个人又一同漂洋过海，在异国他乡，身如彩凤双飞翼。

在际遇的安排里，缘分就是如此奇妙地布下情关，不知道谁在等候着谁的召唤，也不知道谁等来了谁的召唤，谁没有等来谁的召唤。只是没有等来召唤的那一个，我们似乎已经把他遗忘，任由他一直站在那里，痴心等候，不肯有怨。

第四卷

两袖红尘两袖烟

1 | 人面红花相映红

小时候看戏，《追鱼》，张珍与金牡丹幼订婚姻，张来投亲，牡丹父金宠不招白衣婿，令张夜读于碧波潭。潭中金鲤幻化成牡丹，夜夜与张相会。一次，张游园遇真牡丹，误与倾谈，牡丹惊呼，金宠怒逐张出府。金鲤追至，与同观灯，又被金宠所见，将二人拘回，才发现真假牡丹二人。请包拯来判明真假，龟精助金鲤化为包公，与同审案。包拯知金家势利，不予深究，打道回衙。金又请天兵施法，金鲤携张珍同逃。天兵布罗网围困金鲤，观音出面劝金鲤随己修炼，金鲤不肯，宁愿放弃一千年的修行，下界为人，观音令她"剥下金鳞三片，打下凡间受苦"。

如今想想，鼓点响起，金鲤在地上团团打滚，痛不可当，最终化为凡人、坠入凡尘，终与张珍成佳偶。戏是大团圆的结局，却是看得人心中惨然，金鲤剥金鳞，我替她痛。

读了不少玄幻小说，凡物修炼化妖化人，有花草树木，有鱼鸟虫蛇，甚至在纪晓岚的《阅微草堂笔记》里还见到一个扫帚精，出门买花未给钱，那卖花的人追进门来讨，却见花插在一把扫帚上。把扫帚火焚，火中传出呻吟。

凡是修行，必是要忍耐日复一日的寂寞，一百年、两百年、五百年、一千年……而修来的，无非是一个能走、能动、有口能言的人身，想在人世间谋一个位子，占一份红尘。

而占了红尘、谋了烟火光景的最终结局，又能怎样？白蛇被小情小义的男人出卖，结了婚生了娃还被永镇了雷峰塔。就算平安到老，无仙凡人圣打扰，能不能熬得过这柴米油盐的平凡光景？那金鲤和白衣的张珍，若是张珍中了状元，自有三妻四妾围困；若是张珍仍旧白衣，又要操心自家的柴米油盐。世上谁见万全法，不负红尘不负仙。

那么，这场红尘中的良缘，也可以看作一场修行，一次劫难。

是的，修行就是劫难。过得去碧水长天，过不去黄沙漫漫。

人也如妖、如仙，也因前世思慕红尘，于这世里下界为人，要用一生的时间，来完成一份属于自己的修行。而修行的主功课，便是怎样爱人。

近来大家于"爱"之一字上，把这门"爱人"的功课学得极精，连爱情也要讲究三七开，哪怕再怎样心动，也只拿七分来爱他，给自己留三分。怕的是全力付出，将来会输得灰头土脸，渣都不剩。

可是，真正爱了的时候，一颗心便情不自禁全然交付，哪里还计较得那么许多？好比神仙下视尘寰，可以指点苍生；若是换了自己，仍旧会五迷三道，找不着北。

有哪个人不愿意和一个人在茫茫人海中不期而遇，四目相对，一刹那间怦然心动？有哪个人不愿意长途跋涉，终于归家，未及进门，便看见自家的窗口亮着的一盏灯光？有哪个人不愿意心情如诗，遇见了另一个人，能够和自己平平仄仄地押了韵？

当这个人出现的时候，他，或者她，便成了你的信仰。

你爱上了这个人，也爱上了爱情本身。好比冰天雪地却有一树桃花盛开；好比蔚蓝的天空有鸽哨吹响；好比青灰的路面纷纷扬扬下起了槐花雨；好比抬头见到明月，低下头，满地的秋霜。

是的，爱情是干净的，爱情又很圣洁。爱情不能被一点俗物点染，心中有爱的人，眼睛里，都闪耀着来自天堂的光，不再彷徨。

是不是真的千世万世地等，如今才终于得以相逢？是不是真的我是你的果，而你，是我的因？是不是真的我是你的那碗饭，你是我的那杯茶？沧海桑田哪，你是不是真的是我永远的家？心中有疑问，这疑问却无人可解，连天上神仙也不能解答。

可是谁管它？

爱了就是爱了。

沉浸在爱中的人，好比在做着一个美梦，那种心悸的感觉，即使几十年的光阴过去，回想起来，仍旧艳艳地生动。只是可惜，一梦做醒之后，你还在惆怅着的时候，那个人已经转身；你还在怀念着的时候，那个人已经遗忘；你还在留恋着的时候，那个人已经和另一个人携手并肩，共同面对未知的红尘。

深夜独坐，收到一条短信："看见你笑我也美滋滋的，好像我们又能回到从前了。"而正在寂寞中挣扎的我，毫不犹豫地回了一条短信："抱歉，回不去了。"是的，回不去了。哪怕对方再怎样的贪恋甚至纠缠，回不去就是回不去。抱歉，是真的抱歉。也是真的回不去，且不遗憾。我自己的脾性我晓得，面对一段将逝未逝的感情，会不舍、会抓紧，如同紧紧攥住沙；而面对实在握不牢、抓不紧、在指缝间窸窣流逝的感情，会转身、会不怀念，最好终生不相见。

她虽然最终选择了梁思成，但是和徐志摩做了朋友。

梁思成出车祸导致出国时间延后，最终和林徽因双双漂洋过海。在此之前，印度诗坛泰斗泰戈尔来华访问，好比一根银线，又把林徽因和徐志摩牵系在了一起。

比起《新月集》，我更偏爱泰戈尔的《吉檀迦利》，因其中处处充盈

90

的，是对于爱、美、善、真、幼儿、神明、生命与慈悲的敬畏：

你已经使我永生，这样做是你的欢乐。这脆薄的杯儿，你不断地把它倒空，又不断地以新生命来充满。

这小小的苇笛，你携带着它逾山越谷，从笛管里吹出永新的音乐。

在你双手的不朽的安抚下，我的小小的心，消融在无边快乐之中，发出不可言说的词调。

你的无穷的赐予只倾入我小小的手里。时代过去了，你还在倾注，而我的手里还有余量待充满。

我生命的生命，我要保持我的躯体永远纯洁，因为我知道你的生命的摩抚，接触着我的四肢。

我要永远从我的思想中屏除虚伪，因为我知道你就是那在我心中燃起理智之火的真理。

我要从我心中驱走一切的丑恶，使我的爱开花，因为我知道你在我的心宫深处安设了座位。

我要努力在我的行为上表现你，因为我知道是你的威力，给我力量来行动。

请容我懈怠一会儿，来坐在你的身旁。我手边的工作等一下子再去完成。

不在你的面前，我的心就不知道什么是安逸和休息，我的工作变成了无边的劳役海中的无尽的劳役。

今天，炎暑来到我的窗前，轻嘘微语：群蜂在花树的宫廷中尽情弹唱。

这正是应该静坐的时光，和你相对，在这静寂和无边的闲暇里唱出生命的献歌。

　　这样一位才华横溢的诗人来到中国，赏过龙华的灼灼桃花，游过柳丝飘拂的西湖，十里秦淮留下他的足迹……来自神秘佛光笼罩的恒河河畔的他，尽情领略着黄河和长江的悲壮与寥廓。

　　而他在一路访古与讲演的过程中，徐志摩一直全程陪伴。他不单翻译泰翁的讲稿、精心安排泰翁的行程，两个诗人凑在一起，更能引起心灵的碰撞。诗人是崇尚自由的种族，"不自由，毋宁死"；诗人以热血为燃料，以世情为洪炉，在天地洪荒中锻炼一颗心，在世情变幻中坚持自己的理想。他们谈创作，谈自由，无话不谈；说普爱，说教育，无话不说。而诗，更是他们无法忽略的语言。在陪泰戈尔游西湖的时候，徐志摩竟诗兴大发，海棠树下，作诗达旦。梁启超集前人词句作联句夸他：

　　　　临流可奈清癯，第四桥边，呼棹过环碧；
　　　　此意平生飞动，海棠树下，吹笛到天明。

　　而北京前门火车东站的月台上，蒋百里、林长民、陈源、林语堂、张逢春及北京大学、北京师范大学师生，各团体代表和英、美、日等驻华人士——林徽因也在其中，四五百人在等候一列载着泰戈尔的墨绿色列车。

　　林徽因白衫黑裙，上着青坎，手捧红色鲜花。人面红花相映红。

21 一戏一生

车门打开，诗人头戴绛色的软帽，身着青色的长袍，鹤发童颜，长髯飘飘，出现在众人眼前。顿时鞭炮化作满天梅红的花，花瓣纷纷扬扬地落下。那一天，是一九二四年四月二十三日。

泰戈尔在京一共进行了六次讲演，尤以在日坛的草坪上的讲演传为美谈，其时，人如弱柳的林徽因在旁边搀扶他上台，担任翻译的是风度翩翩的徐志摩。当时媒体有此评价："林小姐人艳如花，和老诗人挟臂而行，加上长袍白面，郊荒岛瘦的徐志摩，犹如苍松竹梅的一幅三友图。"

而生性浪漫的老诗人因偏爱徐志摩，更看得徐与林是天造地设、金童玉女、天上神佛钦点的璧人一对，是以对林徽因为何属意于梁思成殊为不解。世上那些爱浪漫的人，对这一点也殊为不解，觉得诗人对诗人，才是真正的丁丁对对；而林徽因这么一个浪漫的诗人，怎么会和一个理工科的高才生混在一起？

其实我们只看到了林徽因浪漫的一面，而她的冷静和理智却是她生命的根，因为在和徐志摩的相恋中，她先转身。而她转身之后，徐志摩对她苦苦留恋，她始终不肯把心思如同黄鸟立花枝般让花枝颤摇颤动。

写到这里想起一句很不靠边的话，叫"他强任他强，明月拂山岗"，又有一句"随他谤，任他诽，把火烧天徒自疲"。林徽因不是在和徐志摩较劲，自然徐志摩也没有对她因爱生怨、口出诽谤，只是说林徽因很清醒、很坚定。她想要的是什么，她明白，她知道，她晓得。

反观我们，很多人自己想要什么，却是不明白、不知道、不晓得，于是各种作。作到后来，自食苦果。

再看徐志摩，我们且来读一读他的诗《你去》吧：

你去，我也走，我们在此分手；

你上哪一条大路，你放心走，

你看那街灯一直亮到天边，

你只消跟从这光明的直线！

你先走，我站在此地望着你，

放轻些脚步，别教灰土扬起，

我要认清你的远去的身影，

直到距离使我认你不分明，

再不然我就叫响你的名字，

不断的提醒你有我在这里

为消解荒街与深晚的荒凉，

目送你归去……

不，我自有主张，

你不必为我忧虑；你走大路，

我进这条小巷，你看那棵树，

高抵着天，我走到那边转弯，

再过去是一片荒野的凌乱：

有深潭，有浅洼，半亮着止水，

在夜芒中像是纷披的眼泪；

有石块，有钩刺胫踝的蔓草，

在期待过路人疏神时绊倒！

但你不必焦心，我有的是胆，

凶险的途程不能使我心寒。

等你走远了，我就大步向前，

这荒野有的是夜露的清鲜；

也不愁愁云深裏，但须风动，

云海里便波涌星斗的流渎；

更何况永远照彻我的心底；

有那颗不夜的明珠，我爱你！

是的，诗里的"你"指的便是林徽因，他要在原地等着林徽因走远了，他才肯走，且不要林徽因为他担心，因为"永远照彻我的心底，有那颗不夜的明珠"，最后更是不顾诗歌当含蓄，如白荷含露，而是直抒胸臆，在爱人的背影渐行渐远的时候，大声表白："我爱你！"

两个人之所以走不到一起，归根究底，恐怕就是对待爱情的不同的态度。林徽因冷静、理智，而徐志摩却爱火一起，如野火燎原，全然没的救。他自己坦言："须知真爱不是罪（就怕爱不真，做到真的绝对义才做到爱字），在必要时我们得以身殉，与烈士们爱国，宗教家殉道，同是一个意思。"（《志摩日记》一九二五年八月十九日）

泰戈尔访华，徐志摩和林徽因又有了在一起共事的机会，虽然梁思成也在其中，也做接待工作，但是徐志摩却选择性地无视，再度加紧对林徽因的追求。

五月八日，泰戈尔六十四岁诞辰，为了给他祝寿，新月社的成员们用英语编排了他的诗剧《齐德拉》。林徽因饰公主齐德拉，徐志摩饰爱神玛达那。

　　戏如人生，最容易勾起人心底的情愫。两个陌生人尚且能够因戏为媒成就夫妻，更何况曾经有过情愫，且又彼此尚未远离的前情人？他们投入各自角色，用英语把这出戏演得动人心弦，台下掌声不断。至此二人方都明白，平时刻意压抑的相思一直都在，平时刻意疏远的空间距离也从未让两颗心疏远。好比天高月小、水落石出，迷茫的潮水退去，他们，以及台下的人们，都惊觉了事情的真相。

　　这其中也包括不懂英文的梁启超。虽然不懂他们说的是什么，但是在这两个人年轻的脸庞上，有一种莫名的光辉在荡漾，而两双秀目都在熠熠闪光。这是世界通用的语言，它只有一个名称，叫作"爱"。

　　梁启超看得懂，梁思成就更没有理由看不懂。也许这便促成了几个月后梁思成和林徽因的美国之行。爱情一事，赶早不赶晚，尽早把徽因拉离徐志摩的身边，才是爱情上上签。

　　一场戏演下来，好比过了一生。万水千山看遍，原来你还在我身边。这一晚不知道各自当事人怎么思怎么想，因史实无载，徒留我们这些看客千般猜测、万般推断。我们所只能知道的，是林徽因再次显示了她冷静、理智、决绝的一面。

　　五月十七日，林徽因单独约见了徐志摩。

　　薄暮落梅黄昏，月上柳梢头，人约黄昏后，想必徐志摩喜滋滋赴约，以为可以终可守到云开、见到月明。可惜林徽因再次给他兜头浇下一瓢凉水，诗人最怕是离别，此次偏又是离别。

　　在这场爱的修行中，林徽因终于再次决定，提早退场。

　　一个优雅转身，换来曲终人散，秋来风凉。

　　泰戈尔离京去太原，徐志摩陪同，林徽因在人群中送别。徐志摩写下下面的话：

我真不知道我要说的是什么话，我已经好几次提起笔来想写，但是每次总是写不成篇。这两日我的头脑只是昏沉沉的，开着眼闭着眼都只见大前晚模糊的凄清的月色，照着我们不愿意的车辆，迟迟地向荒野里退缩。离别！怎么的能叫人相信？我想着了就要发疯，这么多的丝，谁能割得断？我的眼前又黑了！（《徐志摩全集》）

　　是的，他的爱情的灯又灭了，他的眼前又黑了。他的生命的荒原狰狞地张开大口。

　　而紧接着，比这一次离别更残酷的离别，也到来了。几个月后，林徽因和梁思成双双赴美留学，此后万里迢迢，银汉难渡，青鸟殷勤也难探看，天各一方，长达数年，思此更要摧心肝。

　　徐志摩恋上了朱砂痣一般艳丽魅惑的陆小曼后，还对于那次离京向西之时的离别痛伤情念念不忘，忍不住在《爱眉小札》里向小曼倾诉：

　　我倒想起去年五月间那晚我离京向西时的情景：那时更凄怆些，简直的悲，我站在车尾巴上，大半个黄澄澄的月亮。在东南角上升起，车轮咯的咯的响着，W还大声地叫"徐志摩哭了"（不确）；但我那时虽则不曾失声，眼泪可是有的。怪不得我，你知道我那时怎样的心理，仿佛一个在俄国吃了大败仗往后退的拿破仑，天茫茫，地茫茫，叫我不掉眼泪怎么着？

　　而这一切，林徽因或许知道，或许不知道，就算知道，就算恻隐，也是隐隐痛过，便作罢了。让她重新回头，是不能了。梁思成亦是青年才俊，又出身名门，虽诗才不及，却工科胜出，且性情温厚，不刻薄，这一点即远胜徐志摩多矣。

人的一生，不如意事十八九，如己意者无二三，谁的爱情里没有过被别人转身遗忘，谁在爱情里又没有转身遗忘过别人？所有的遗憾都情不自禁托付来生，说"下辈子我们再次相见"，殊不知这一句话，又为下辈子的情缘情劫埋下了丝、牵上了线。谁又晓得，林徽因和徐志摩上辈子曾经有过怎样的恩怨牵缠，结果注定了这一场苦痛的情劫情缘。

而能够把这一场鲜血淋漓如桃花盛开的情劫掩盖，需要多长时间？

不过不要紧哪不要紧，我们有足够多的生命，这一生不够，还有来生，还有再一个来生……

31 | 各自安好

语言是一种很奇怪的东西，有人说它是"思想的噪声"，可是我们又能够用这种"噪声"编织出一件件精美的华服。一个一个字连缀成一个一个的词，一个一个的词连缀成一个一个的句子，一个一个的句子连缀一件一件的精美的衣裳。而这些陈列出来的衣裳，也如同真正用布匹织出来的服装，各有它的特色和模样：有的华丽，有的端庄，有的沉稳，有的跳脱，有的佻达，有的伶俐，有的深沉，有的绝望。

而织成华服的句子亦有它自己的风格与色彩，而织成句子的词语，也各有它的面目与情绪。比如，同样意思的两个词，听起来，给人的感觉，就不一样：

两个恋人最终扛不过种种的隔阂或者压力而分手，可以叫作"天各一方"，也可以叫作"各自安好"。

如果"天各一方"听起来让人恐惧、悲伤和绝望，那么"各自安好"听起来便能够给人一些些苦中带甜的安慰，毕竟在自己不知道的地方，那个人，还是"安好"的，哪怕那个人的笑容自己再也看不见，那个人的心声，自己也再也听不到。

那么，我愿意各自分手的恋人们，都能够在天各一方的地方，各自安好。

我也一直坚持以为，我们各自的命运不是上苍安排的，不是因果轮回的，而是自主选择的。好比黛玉还泪历劫，那是她自己的选择；那些陪她下界体验生活的，也都是自己的选择。而所谓的历劫和体验生活，其实不过是好比灵魂在这个广大的无边无际的宇宙的永生不死的课堂之上，上的一堂又一堂课，每上一堂课，便多一重修行，直到最终，无爱无惧、无忧无怖，最终达到"无挂碍故，无有恐怖"的境界。

　　只是这个修行的过程，灵魂知道，被灵魂派下来下凡历劫的人关注尘世的显意识却并不知道，于是才会有诸多的质问和无奈。一天凌晨两点多，其时我被人辜负，被人瞒骗，最终发觉，痛不可当，伤心绝望，无法入睡，泪流满面，对上苍控诉道："上天我爱你，为什么你不爱我？我写文章教人真善美，可是你为什么赠予我假恶丑？"

　　其实，就算知道了又能怎样？耶稣明明知道自己下界是为拯救众生，最终要捐弃生命，被钉上十字架，他在被钉死的前夜，仍旧唏嘘感叹，哀哀呼求："我的神，我的神，为什么离弃我？"

　　所以，人在急苦之际，最容易埋怨的是命运；进退两难的时刻，最容易把责任推脱给上帝和诸天神佛。而当自己修成了正果，却又谦虚不肯领功勋，一定要说是上苍眷顾，家门有幸，如何如何。

　　其实不哇。

　　其实万般命运都是自己创造，离合际遇都是自己的选择。

　　何止是人，世间万物，山石草木，莺啼虫舞，都有它们各自的命运，而落到哪一种境地，都出自自身的选择。也许哪怕一块石头，都与某一个生灵有过不止一次前世今生的邀约。

　　既然如此，我们也都便能够晓得，此生未完成的心愿，可以留得来生继续走完；这个世界里没有走到一起手挽手、肩并肩，另一个世界里，也可以走到一起手挽手、肩并肩。既然如此，聚散寻常，缘分自定，即使分离，又有什么好怨尤？

不过，徐志摩和林徽因不是我们这个时代的人，自然也不会有这样离奇古怪的想法，于是，这种分离于他们就变得格外的不可忍受。

五月二十日夜，泰戈尔离开北京去太原，之后再从香港经日本回国，泰戈尔还作了一首小诗送给林徽因：

> 蔚蓝的天空
> 俯瞰苍翠的森林
> 他们中间
> 吹过一阵喟叹的清风

谁是森林？谁是天空？谁在喟叹？诗人没有明指，后人不好妄加揣测，只是既是送给林徽因的，那么，有资格和有心情看着与梁思成并肩站立的林徽因喟叹的，就当是徐志摩了吧。好比鱼爱上了鸟，好比云爱上了草，好比一道亮光投影在波心霎时消逝，此后天高地阔、时地两隔，既是天各一方，只好各自安好。

徽因是徐志摩的缘，也是徐志摩的劫，"与其如今得而复失，不如当初不曾得"。世上多少情殇都坐实在这一句话上，所谓既然如今分离苦，未如当初不相见。可是见都见了，若非和林徽因的一段爱情，徐志摩也不会写下流传千古的《再别康桥》。一首诗让历史记住了这个诗人，而他心中记得的，却只是林徽因。

有时设想，若是徐志摩当初不曾爱过林徽因，甚或不曾见过林徽因，那么，他日后会不会爱上陆小曼？陆小曼和林徽因是风格完全不同的两个人，一个是妖艳的罂粟，一个是清洁的白荷；一个是名妓做派，一个是仕女风格；一个是薜荔女萝，一个是弱柳瘦竹。而若非徐志摩在林徽因这里碰了一个大钉子，心被划开一个大口子，从此对林徽因这样的女神一般的人物退避三舍，进而为了疗伤，干脆走向反方向，那么，陆小曼和他的姻缘，怕也未必能够成就。

所以说这个世界上没有什么事情是偶然的，一切的发生都正当其时。张幼仪的出现为林徽因的被爱上做了铺垫，而林徽因的出现为陆小曼的被爱上做了铺垫。而情路种种，众亲们，谁又为你的被爱上做了铺垫，你又为谁的被爱上做了铺垫呢？

不过，无论是谁为谁做了铺垫，总归是曾经相爱过、相拥过、相识过、相知过，一念及此，便是不满足，也当满足了。

一九二四年夏天，徐志摩和泰戈尔在日本分手，回到北京与陆小曼结识。最终，陆小曼和她结婚四年的丈夫离婚，与徐志摩在一九二六年结婚。徐志摩的生活基地原在上海，一九二九年胡适邀请徐志摩到北大教书，北总布胡同的房子就成了徐志摩的第二个家。

梁思成出车祸的次年，携林徽因一同赴美留学，七月七日抵达伊萨卡康奈尔大学。林徽因选修的是户外写生和高数，梁思成选的是水彩静物画、户外写生和三角。

胡兰成的《今生今世》里讲到一出绍兴戏《渔樵会》："朱元璋起兵，与元朝的兵对阵，秃秃丞相扮渔翁探看地形，这边徐达亦扮樵夫探看地形，两人恰巧相值，一个口称老丈，一个叫他小哥，心里都已经知觉，遂话起天下事来。徐达笑那秃秃丞相可比老丈涧涧垂钓，枉费心机，秃秃丞相援引姜尚来回答，徐达道，只闻姜尚兴周，不闻姜尚存商。秃秃丞相亦笑那徐元帅可比小哥斫得柴来，皆成灰烬，徐达答以他所斫的是月亮里的婆娑树，为新朝建造天子的明堂。秃秃丞相道，要如小哥所说，除非日月并出也。翌朝朱元璋的兵打起'明'字大旗，果然是日月并出。"

林徽因好比黄鸟爱鸣啭，梁思成是一棵不轻言语的月亮树。一个活泼热情，一个稳定深沉，看似各自在两极，两颗心却越来越近。这两个人齐齐并列，也好似并出日月。

九月，康奈尔大学暑期课程结束，原本两个人要一同前往宾夕法尼亚大学就读，可是，在这个节骨眼上，梁思成的母亲病重。徽因那场和徐志摩的"绯闻"让她深恶痛绝，明白表示："至死不能接受林徽因。"要不是梁母病故，林徽因很可能会和梁思成分道扬镳，金乌东升、玉兔西坠，永不见面。

你看，这世间事就是如此的奇怪。若以"缘"字论交，那林徽因与梁母之间，就算得上是无缘吧。

所以，在被梁母嫌弃的这段日子里，林徽因再次怀想起徐志摩。他们曾经那样的浪漫，志摩曾经那样的柔情，往昔的一切挣扎与泪水而今都蒙上一层温柔的珠光，敛了寒光闪闪的棱角锋芒，反而对比得现实是那样的令人断肠。

所以，情之所至，无由阻之，她不由自主提起笔，给远在北京的徐志摩写了一封信，信里尚存理智，把志摩称呼为"我的朋友"：

"我的朋友，我不要求你做别的什么，这会儿只求你给我个快信。单说你一切平安，多少也叫我安心……"

往往一个人思念旧情人，是因为在新情人身边受了委屈，若是春风得意马蹄疾，怎会留恋昔日昏黄褪色的诗酒华年。而徐志摩不愧是徐志摩，诗人亦不愧为诗人，那颗因为受了冷待而寂灭成灰的心瞬间又熊熊燃烧起来，他抖着手写了一封信，又嫌这青鸟的翅膀飞得不够迅疾，跑到邮局发电文。急切之间，词不达意。

可是不要紧。

林徽因能懂，他晓得。

电文到达的时候，林徽因正发高烧，病躺在床。原本春闺弱质的小女子，又满心灰冷，如今收到昔日爱人的电文，那样的安慰，远胜过药剂良方。

可是，也只能如此。

世间万物，势同流水。

到来的终归会过去，过去的终归会被遗忘，被遗忘的终归会有时被想起来，而想起来，也终归只是一刹那。

青春就是在这样的一个流程中，春水无声，默默逝去。只留下无数的回忆的花瓣，凭那有心的后来者片片捡拾。

41 | 何处是心乡

昨夜梦中，把一个欺骗和辜负了我的人反反复复打了又打，只觉越打越不解气，越打自己的心反而越疼。及至醒来，虽然已经事过境迁，所受的委屈都有了报偿，所受的瞒骗也都得了公义，可是，心头仍旧闷痛，宁愿一睡不醒，睡中无梦。那种明明花开霎时花落的心痛，和原本信任与托付如土崩塌的惶恐，像往水里深钻的芦苇的根，一寸一寸，寸寸都痛。

所以人做了噩梦会盼醒，做了美梦又愿意一梦不醒。可是一枕黄粱，无论美梦还是噩梦，终归醒来面对无边无涯的孤寂和一身如萍的飘零。都愿意岁月静好安稳，可是静好在哪里，安稳又在何处，何处是心乡？

因为情伤，跑去昆山投奔朋友，朋友带我和女儿去上海散心，偌大个外滩，华灯初上，灯火辉煌，游人如织，游轮缓缓从黄浦江面驶过，东方明珠塔如发光的珍珠。女儿开玩笑说："妈妈我不走了，我要在这里过夜。"我笑着说："好哇。"凡是来的人，都流连忘返，可是它终归也不过是一首美丽的歌，一个美好的梦。灯火阑珊，一切终归寂灭，醒过来的，仍旧是一颗颗彷徨无依、犹豫无靠的灵魂。面对这个纷繁复杂世界的，仍旧是一个人。

林徽因不是病过一场吗？不是在病中给徐志摩拍过一封电文吗？徐志摩不是激动得立马就回了一封电文回去吗？可是，即便如此，他们之间，梦已做醒，只有在各自的世界里独对变幻的风云，难道，还能回到昔日的时光吗？

待到徽因病好，原本灰暗的天空似随着病体的痊愈，又重新明亮起来，原本曾经受到困扰的感情世界，也因为身朗气清，好像跨过了一道难关。而且，事实上，林徽因也确实跨越了一道难关。

说起来，世上的人和事，也真是要分有缘与无缘。林徽因和她的准婆婆，也真可以说是无缘的。想当初梁思成出车祸，林徽因不避嫌，为梁思成洗脸擦身，就因为不符合淑女和男士之间"男女授受不亲"的行为准则，大招准婆婆的嫌厌。

林徽因的准婆婆，梁启超夫人李蕙仙，出身名门，前清礼部尚书的堂妹，由做礼部尚书的堂兄做主，嫁给梁启超。这位大家闺秀比梁启超年长四岁，有着与她年龄相符的果断和坚决，而且对于梁启超这个"小丈夫"的事业十分支持。只是长年累月如此，养成性情有些说一不二，对于林徽因还没有进门就这么不顾闺门礼数照顾自家儿子，心中大是不悦——这不悦中，是不是还有儿子要被抢走的原因？这甚至让我想起了《孔雀东南飞》里的焦仲卿和刘兰芝，那个婆婆，不就是嫉妒小夫妻恩爱，才赶兰芝走的吗？若非不久之后病故，梁母恐怕还真的要做了拆散思成和徽因这对鸳鸯的无情棒。

可是，李夫人虽病故，好比一波刚平、一波又起，长女梁思顺又为这对恋人设了路障。梁启超和李夫人少年夫妻，二十年得长女思顺，昵称"大宝贝"。"大宝贝"还有个书房名曰"艺蘅馆"。艺蘅馆主不负其名，如兰若蘅，颇具文才，她编选的《艺蘅馆词选》被时人传诵。

其母病故，二夫人王桂荃如同大观园里的李纨，一味老实厚道，梁思顺便有点探春的味道，精明干练，便成为家里内政的顶梁柱。因是长姐，也就是俗称的"大姑子"，在封建时代，那也是一个了不得的角色，说话也是很有分量的，她也同样反对梁思成和林徽因的婚姻。

两个人留学美国，思顺随驻外使节的丈夫在加拿大，就近看护，大约因见不惯林徽因如花香飘四方，吸引蜂蝶无数，是以和林徽因发生正面冲突。当然这只是后人臆测。梁思永求助梁启超，写信回国，请他劝说长姐，竟然搞得梁启超这个做父亲的也是左右为难。好比一根柳枝一边是蝉鸣、一边是蜂舞，到底站在哪边，教人颇费思量。

幸而数月后，冲突化解，做父亲的喜不自胜，写长信给子女，长信长达数千言，大谈梁与林："思顺对于徽音感情完全恢复，我听见真高兴极了。这是思成一生幸福关键所在，我几个月很怕思成因此生出精神异动，毁掉了这孩子，现在我完全放心了。"（《给孩子们的书》）

这叫人想起一句话：可怜天下父母心。

刀山剑树上步履维艰，好比赤脚踏过火炭，好在总算历经万千磨难，迎来一段安好静稳的光阴。一切的快乐都是快乐，一切的悲伤都能够淡忘，一切的喜悦于命运的转角与自己相逢，一切的忧烦都如日照下的云雾丝丝缕缕消散。直到生命走到后来，人们才会发现，原来自己当时浸淫其中而不觉的，是一生中曾经最美的时光。

一九二五年，林徽因二十一岁，正是人生最美的年华，青涩稚气已经退去，若说十几岁尚如青桃青杏，如今则毛已渐褪，桃已染了红晕，杏也渐透出黄熟的消息。而此时天气也恰当其时，既没有北风烈烈，一味催逼，也没有骄阳烈日，炙得人舌焦口干。秋风既不曾起，雾霾亦不曾笼住人间。平静的日子如同一阵带着微微香味的风吹过来吹过去，在这样温柔的疼护里，好似她已经淡忘了当初无所依的无助与无奈，而徐志摩经此一次召唤，此后便又和林徽因两相隔开，好比一条参差荇菜、左右流之的河，隔开了钟情的君子和曾经心动过、怀春过的淑女。

而一刹那的心动已成遥远的梦境，君子和淑女各自走上自己的人生轨迹，纵不忘前尘，终不能延续前尘。哪怕如同两片花瓣，在同一条时空的河流里漂浮，到最后，也各自有了自己的方向。

思之令人倍觉惆怅。

5 | 甘为卿狂

人往往就是这样，未曾相见想相见，既已相见怕分离，总觉得分离之时如同溪山壑水，一刀分劈，痛也痛得来要死。可是，及至别离真的到来，却发现人间滋味如同一杯苦茶，未喝之前千怕万怕，及至真的喝到嘴里，苦也是它，甜也是它。

而所谓的分离，有的时候，不过就是另一场相遇的契机罢了。

所以，当林徽因和梁思成在宾夕法尼亚大学蝴蝶双双飞的时候，徐志摩邂逅了他此生心口的一点朱砂。

林徽因是徐志摩的床前明月光，也是梁思成的一杯清香缭绕的绿茶；而陆小曼，则是勾走徐志摩魂魄的妖精，烈焰红唇，可口诱人。同样寂寞的灵魂散发着同样寂寞的芳香，同类总是格外容易发现同类，所以徐志摩和陆小曼的相逢，不是山和水的相逢，而是烈酒和红唇的相遇。彼此的寂寞发酵着各自的渴望，散发着勾魂摄魄的醉香，让懂其中味的人一闻辄醉，一旦入口，不惜醉死以酬。

据考证，徐志摩初识陆小曼，当是在泰戈尔六十四岁诞辰的那一天。不过，那一天，真正吸引眼球、紧紧抓住众人目光的是林徽因和徐志摩，他们共演了一场诗剧。而陆小曼，不过是一个暗夜里小小的孤独的灵魂，在台下做了一个事不关己的看客。

不过，事实怎样，早已经如同暗夜里的花朵，没入历史的烟尘，想看也看不清楚了。无论如何，陆小曼和徐志摩相恋，既不辱没陆小曼，也未曾辱没徐志摩。

　　生活的滋味真如同嗑瓜子，瓜子仁是黑是白、是苦是香全凭自己舌尖的味蕾去感觉、去评判，万千滋味，如同丝缎云锦，只缠裹住此一人，即便想对另一个人描述其中滋味，也总归是要经过语言的粗筛过滤，到最后，剩下的，也不过或"香"或"苦"之字。而留给后人的，则香也无，苦亦无，只剩一地黑黑白白的瓜子皮，大部分又早都被风吹翻卷飘飞，不知道零落到了哪里。就如同我们现在看陆小曼，也不过看到昔日惊鸿留下的一点残影。

　　我们现在评价陆小曼，说她是近代女画家，又说她"擅长戏剧，曾与徐志摩合作创作《卞昆冈》五幕话剧。她谙昆曲，也能演皮黄，写得一手好文章，有深厚的古文功底和扎实的文字修饰能力。"

　　其实只用八个字，便能概括她的才气：善画能诗，歌舞双绝。

　　若是不嫌唐突佳人，再用四个不大尊重的字，便是"色艺双绝"。

　　小曼幼时读的是上海幼稚园，略长即入京，一直在北京接受教育，年仅十六七即能通英、法语，且能弹钢琴，长于绘油画，在学生时代即被称为"皇后"，"皇后"出行，无论看戏还是游园，自愿拎包、拿衣服的男人无数。

　　这样一个娇花软朵一般的女子，这样如同罂粟花一般散发魅香的女子，正当炫目盛放，却于十九岁即奉父母之命嫁与王赓。若丈夫解风情，不失为一桩好婚姻，偏偏王赓又是那样如木如石的品性。结婚半年二人即已失和，陆小曼却打落牙齿和血吞，人前仍旧笑靥明媚，如花绽放。

　　而一朵花的朝露，不相干的人看着它好，赞它晶莹剔透，谁又知道，这其实是它凝结的夜泣？

总之，徐志摩和陆小曼爱了起来。两个同样寂寞、同样孤独、同样需要燃烧的灵魂，两颗同样跌宕起伏的诗心，好比火遇到了火，同类遇到同类，此一恋上，便拆解不开。

陆小曼不是林徽因，她不会衡量、考虑，不会以前途为事，一切随心所欲，只要爱上，爱便是唯一的道义。所以，在那样的年代，她不惜"闹离婚"，而比"闹离婚"更严重的事，是在那样一个医疗条件极不发达、打胎会死人的年代，毅然打掉肚子里的王赓的孩子。而这件事引发的后果，除了社会上的天摇地动，就是小曼此生身体受损，终生再未有一丝一苗的子息。

若她晓得会引发这些后果，她还会不会做这样的举动？会，还是不会？前人已经埋进黄土，后人根本无从得知。不过，任何选择都是自己做出来，她只是一步步按照自己的心意，活成自己的样子，活出自己的命运轨迹，在世人的艳羡、爱慕、唾骂、指点、怀念、赞美中，娉娉婷婷，走进属于自己的历史。

若论人只为自己活、只值得为自己活这点，我又羡妒她的明慧。

有人说她和徐志摩走在一起，是因为"同是天涯沦落人"，所以才会惺惺相惜。其实，不尽然。徐志摩固然是没有通过林徽因的筛选，陆小曼也固然是婚姻说不上幸运，可让两个人轰轰烈烈大爱一场的原因，却是因为同类相吸。不是海水遇到火焰，而是火焰遇到火焰。两个都寂寞的人，心里都埋藏着一座尘封土埋的活火山，都渴望能够尽情燃烧一场，都渴望遭遇到传说中的爱与痛，就像荆棘鸟，必得把胸膛穿进尖锐的棘刺，它才能歌唱，才肯歌唱。

所以，他们歌唱。

一九二六年十月，徐志摩终于如愿娶到陆小曼。在婚礼上，梁启超对自己的学生说："徐志摩，你这个人性情浮躁，所以在学问方面没有成就。你这个人用情不专，以致离婚再娶……你们两人都是过来人，离过婚又重新结婚，都是用情不专。以后痛自悔悟，重新做人！愿你们这次是最后一次结婚！"

次月，两个人回到徐志摩的家乡海宁硖石。在徐志摩给张慰慈的信中，我们对这一段生活可以窥见一斑：

> 上海一住就住了一月有余，直到前一星期，咱们俩才正式回家，热闹得很哪。小曼简直是重做新娘，比在北京做的花样多得多，单说磕头就不下百次，新房里那闹更不用提。乡下人看新娘子那还了得，呆呆的几十双眼，十个八个钟头都会看过去，看得小曼那窘相，你们见了一定好笑死。闹是闹，闹过了可是静，真静，这两天屋子里连掉一个针的声音都听出来了。我父在上海，家里就只有妈，每天九点前后起身，整天就管吃，晚上八点就往床上钻，曼直嚷冷，做老爷的有什么法子，除了乖乖地偎着她，直偎到她身上一团火，老爷身上倒结了冰，你说这是乐呀还是苦？

此后好比一首爱情的乐曲奏到了最强音，渐渐节奏转为舒缓。激情和心动渐成余响，剩下的，是日复一日的时间。

陆小曼抽上了大烟，又性喜奢靡，徐志摩只好辗转奔波，讲课赚钱来供其挥霍。他的心情此时已经由激情奔涌的状态，转为忧郁与平静。即使他回到家中，看到妻子吸饱大烟昏昏沉沉歪睡在桌旁，也只是走过去，轻轻抱起，放平在床上，然后拥着她，疲倦入眠。

不是不再爱，只是不再痛。

谁也别说自己是铁石心肠，到头来终有一人要让你甘为卿狂。

61 大事定矣

　　没有人晓得林徽因得知徐志摩娶了陆小曼，会是怎样的心情。她不会主动说，别人也不会主动问。原本也许是她与徐志摩的心灵最合拍，最接近，可是，林徽因是一个冰雪聪明的"社会人"，她晓得她想要什么，也晓得在得到自己想要的东西的同时，需要弃掷什么，于是她便这样做了。

　　她放了手。任凭那颗深爱着她的心在暗夜里孤独地漂流。如今那颗心已经上岸，和另一颗心携手相牵，她的心里，是欣慰，还是怨？还是如同水晶般的清澈与淡然？

　　终究，这个男人，没有和自己相守一辈子呀。

　　也是，这个世上山盟海誓，非君不嫁、非卿不娶的爱情宣言，又有几句能够当得了真？瓜田里花开无数，并不是每一朵花都能结出一个瓜。谎花朵朵，徒占春光。

　　在这里，我们都遗忘了一个人，就是徐志摩的前妻张幼仪。她与徐志摩的缘分不是良缘是孽缘，到最后仍旧是一片深情。她不怨怪陆小曼，却是怨怪林徽因，因为林徽因既然出现并且拆散了她与徐志摩的婚姻，又为什么不能代替她站在徐志摩的身边，两个人紧紧相牵、密密相恋？

　　世上本自有情痴，此恨不关风与月。关的，不过就是一颗真爱不减的心。

至于林徽因是不是深爱徐志摩，这个谁也说不清，史料记载说不清，就连她自己的话也做不得准。不过，他们之间曾经有过深深的爱情，这一点，应该不会有多少人提出反对意见。只是每个人对待感情的方式不同。有的人爱上了，便要以那所爱的人为纲、为天、为神明；有的人则视那所爱的人为夫、为父、为长兄、为一个投入怀里尽情撒娇的人；有的人，把那所爱的人视为床前明月光和低头的地上霜，宁可为一方红尘，在心中守住一份纯洁和清冷。前者是张幼仪，第二种是陆小曼，而林徽因则是第三种。

所以，她和徐志摩，注定错过，有前因，无后果，"洛阳亲友如相问，一片冰心在玉壶"。

一九二五年十一月，林长民在参加反张作霖打内战时被流弹击中身亡。孤女失怙，学业危倾。梁启超致信儿子，嘱他转告林徽因："我和林叔的关系，他是知道的，林叔的女儿，就是我的女儿，何况更加以你们两个的关系。我从今以后，把他和思庄（梁启超的二女儿）一样地看待，在无可慰藉之中，我愿意他领受我这种十二分的同情，渡过他目前的苦境。他要鼓起勇气，发挥他的天才，完成他的学问，将来和你共同努力，替中国艺术界做点贡献，才不愧林叔叔的好孩子。"（《与思成书》）

后来又说："徽音留学总要以和你同时归国为度。学费不成问题，只算我多一个女儿在外留学便了。"（《与思成书》）

可是，当时梁家的经济也陷入窘境，梁启超甚至说了这样的话：只好对付一天是一天，明年再说明年的话。即便如此，也倾尽全力相助。梁启超是一个大"人"，对尚未真正嫁过来的林徽因也有一份慈祥兼具仗义的舐犊之情。

一九二七年九月，林徽因结束宾大学业，得学士学位，后转耶鲁大学戏剧学院，十二月十八日，梁启超在北京为梁思成、林徽因的婚事"行文定礼"。

至此，大事定矣。

世上男男女女，千千万万，如同参天古树上的树叶，如同满天繁密的星辰，可是真正能够和自己相伴一生的，终归只是特定的那一片叶子，那一颗星星。徐志摩和陆小曼娶嫁在先，林徽因与梁思成嫁娶在后，各自都有了归宿，从此倒也不是两不相关，只是两颗心都算得上尘埃落定。浊流滔滔，彼此冲散，到最终居然还能够彼此守望，偶然相见，已经值得感谢上天……

7 | 为什么是我?

读日本清少纳言的《枕草子》,里面有一段"不相配的东西":

> 头发不好的人穿着白绫的衣服;卷缩着的头发上戴着葵叶;
> 很拙的字写在红纸上面;穷苦人家下了雪;年老的男人昏昏贪
> 睡;满面胡须的人抓了小孩子才喜欢吃的椎树的子尽吃;牙齿也
> 没有的老太婆,吃着梅子,装出很酸的样子;美丽的男子有着很
> 是难看的妻子……

中国人也有自己觉得不相配的东西,好比说一群人在月光下大口地喝
酒,一个面目清纯的少女跷着二郎腿抽烟,还有"十八新娘八十郎,苍苍
白发对红装。鸳鸯被里成双夜,一树梨花压海棠"。

没有人不爱圆满,甚至沈从文有一日见到小桥上有大胖女人经过,心
里"十分难过",因为他觉得细柳微雨小桥,走过的,只当是有着酡红脸
颊的少女的身影窈窕。世人爱看的是张生与莺莺的眉目传情,诗文唱答,
更爱看宝黛共读《西厢》,却不乐见淫贼西门庆在雪夜听潘金莲弹琵琶,
亦不乐见香菱被许配给薛蟠薛大傻,因为实在不相配,不圆满。

人们总爱说世上事不如意者十之八九,却又总是期望自己一生过得

圆满，哪怕是在别人的故事里，过程无论怎样曲折悲欢，也乐见一个大团圆。可是维纳斯尚且断了一臂，《红楼梦》也不过流传下来前八十回，这个世界总归是有缺憾，所以人们才会在追求圆满的执念中，给自己反反复复琐琐碎碎地念：美丽，有的时候代表缺憾。而一些思维超前的大德和远见卓识的传法者，反反复复对一代一代世情里行走的俗人言讲：一切随性，一切随缘，一切随遇，方能一切皆安。

而在一切随性、随缘、随遇的过程中，修炼到了安闲随分的心性的人，已经忘记当初曾经怎样荒径跋涉，和多少人擦肩而过。柳丝风片、烟波画船，淡忘了昔日曾经刻骨铭心的容颜。

这就是为什么旁观者念念有词"好汉无好妻，赖汉娶花枝"，而那"好汉"和"花枝"，却是自我感觉满足甚至荣幸，那必是那"赖妻"和"赖汉"有着旁人没有的长处，好比暗夜里悄悄点亮的灯烛，照亮了孤寂前行者步步迈进人生深处的脚步。所以，不要轻易判定别人不幸福。

世人离不得的是烟火红尘，柴米油盐，也离不得砖瓦木石，森罗宫殿，这些都是物质层面；但是世人更离不得的，则是风花雪月，梦里伊人。所以有人的地方就有房屋，屋里有人，屋后养猪；有人的地方更是有梦，哪怕是遥远的年代人们打夯喊出来的号子，持弓背箭射猎野兽时发出的啸叫，都让人觉得是诗。现实越是酷冷阴狠，越需要诗意的遮饰，否则岂非了无生趣？

所以站在文学的角度说，站在心理层面的角度说，人们比起乐见两个建筑学家的结合的心理期待程度，要远低于见到才子佳人的结合的心理期待。林徽因和梁思成难道不是郎才女貌？难道不是志同道合？可是，却总有人执意乐意把林徽因派给徐志摩，或者把徐志摩派给林徽因。

可是林徽因明白，东篱黄菊和酒栽，终究还须荷锄戴笠种豆来。琴棋书画诗酒花永远是生活的点缀、诗意的生发，而柴米油盐酱醋茶方能构建整个生活的大厦。而与她过现实中的光景的人，不当只是吟风弄月，把感情当劈柴，轰轰烈烈烧起来，哪怕是天上飞翔的天使，也要收起翅膀，盘算每天所挣的钱财与耗费的花销。没有办法，既不会餐风饮露，便得要向生活妥协。

其实，又需要什么告诫呢？爱了、痛了、哭了、忘了，好比发烧发过了，头脑自然就清明起来了，对于岁月安放在双肩的责任和义务，自然就越发明显地感觉到了，而思想，自然也就会越来越深刻。这时候若爱上了哪一个，这份爱不是漫天飞舞的柳毛，一团团逐队成球，而是沉下来，哪怕飞上九重天的软翅子大凤凰的风筝，也能感觉到线牵在身上的踏实与沉重。

而这只凤凰飞在天上，也只遥遥地把昔日曾经爱过的人偶然想一想。晓得他或者她虽远在天边，却一切安好，那么一切便足够，昔日伤痛与哭泣与今日忆念与怀想，便都有了报偿。至于那个人爱上了谁，又娶了谁或是嫁了谁，有什么关系呢？心里，只是想要他好哇。

所以，林徽因已经和梁思成发展出一段新恋情，自然便不会对徐志摩爱上陆小曼不宽容。而徐志摩被陆小曼稳占了心神，爱也爱得痴，犯傻也犯得深，那也大概是因为晓得林徽因过得好，不需自己再劳心。山穷水尽，柳暗花明，若有前生，是否他们曾经真的结缘太深，以至要想分开，便要再搭上今生做一首乐曲的袅袅余韵？

不过，毕竟是余韵而已，大势已定，彼此各属他人。一九二八年三月，林徽因二十四岁，终于和梁思成结为连理。

说起来有意思得很，当初和林徽因不合的大姑姐，如今竟然一手操办起这对新人的婚姻。结婚场所就设在她那在加拿大温哥华的家。现在广为流传的林徽因的结婚礼服的照片，要按现在的风尚与奢华来看，其实蛮简约。不过通俗却也着实说不上，看起来好像戏曲舞台上的戏装。头饰两旁垂下长长的飘带，映着清瘦的脸庞。人们常常幸福临头，又喜又惊，可是林徽因的照片上她的脸竟是一派平静。因为这样的结局早已预料，当初的路程也已完成，此时人生一件大事毕矣，经历情伤、丧父，一颗漂泊的心终于靠了堤岸。

梁启超作为父亲，安排了这一对新人的新婚行程，他们遵命赴欧洲参观古建筑，然后在八月十八日回到京城。紧接着梁思成受聘担任东北大学建筑系主任，林徽因则同时受聘担任东北大学建筑系教授，在一个初创的大学中初创的建筑系里，认认真真开起了"夫妻店"。

婚前，这两个人曾经有过一段美丽的对话，每次读到，都心生感动。林徽因追求者众，梁思成问："有一句话，我只问这一次，以后都不会再问——为什么是我？"

是呀，为什么呢？为什么是我呢？相信哪一个被幸运之箭射中的人，都会有这样的好奇与惶恐。而对方通常会说："因为你勤劳""因为你善良""因为你爱我""因为我们投脾性"……

可是林徽因却讲："答案很长，我得用一生去回答你，准备好听我了吗？"

是呀。你准备好听我用一生的光阴给你一个答案了吗？你准备好听我用一生的光阴给你吟诵一首用岁月连缀成的情诗了吗？你准备好用一生的时间和我长相厮守了吗？我若是一个谜面，你准备好用一生的时间来揭开我的谜底了吗？

如果准备好了，长日如染，岁月如流，那，我们就一起上路吧，沿路处处黄花。

这是一个多么风情、狡黠、灵慧的女子呀！

第五卷

平生相思无以酬

1 | 陌上花开，缓缓归

此后，便是林徽因与梁思成的茶清水浅。现代人一边享受灯红酒绿，一边叫嚣着怀念山水田园，而真正通晓山水田园之乐、有林下之风的，是林徽因和梁思成这样的人。且他们的山水田园之乐，是山也不瘦，水也不寒，因他们有深刻而丰富的精神。既深刻，又宁静；既丰富，又简单。这样的生活才是真正适合林徽因的，你可曾见过一枝白莲生长在波峰浪谷、摇曳不定、起伏无端的大海中？

想起这个横跨文理两端，诗与建筑并重的林徽因，又总让我想起江边天上一轮明月，想起张若虚的诗："春江潮水连海平，海上明月共潮生。滟滟随波千万里，何处春江无月明。"是的，"何处春江无月明"。

而千山有月，我却不敢抬头去看，因我名叫"凉月"，却此月非彼月也。

我还喜欢这首长诗的下面四句："江流宛转绕芳甸，月照花林皆似霰。空里流霜不觉飞，汀上白沙看不见。"读到此，我又觉得林徽因如芳甸花林，有一种披上了白纱一般的朦胧美艳。

却带着一线寂寞。

那几乎是她灵魂深处的底色。

若是有前生，若是命运由自己规划，那么她在此世投生之前，想必已经下定决心，要赤足走入红尘，与时人世人一起苦、一起痛、一起品尝红尘艰辛。好比莲花化身，自坠红尘，可孤高与清绝陪她一生。

没有哪个时代是真正的干净和清净，也没有哪个时代真正崇高到人人都不慕色、不拜金，所以林徽因在那样的时代，也是一个孤绝的个例，她美丽、洁净、风雅而寡情。她的一生是被深深思慕的一生，是被忠心陪伴的一生，是被追随保全的一生。也许宏大的历史觉得自己没必要感谢金岳霖、梁思成和徐志摩，但是，代代的痴男怨女都该感谢这三个男人，他们为他们保全了林徽因的寂寞和洁净。

但她又不同于黛玉的"质本洁来还洁去，强于污淖陷渠沟"的孤绝，不同于黛玉的"凭尔去，忍淹留"的无依飘荡，不同于黛玉的"秋花惨淡秋草黄，耿耿秋灯秋夜长"的寂寥凄凉，她虽也是草木弱质，前生好比一株只叶头带一点红色的绛珠草，却是比黛玉来得通达、透脱。便是下凡历劫吧，世间种种劫难，都不是来要她的命，而是促使她的灵魂成长。

所以她活得清醒，一路向前，既不高歌猛进，也不彷徨悲悼。因为没必要。

她只是梦醒之后，在万丈红尘步步踏莲，又像一只朱红翅膀的蜻蜓，掠过柳烟轻雾的水面，只偶尔在水面点一点，荡起涟漪一圈圈。岁月的远方有她的灵魂久候，等着她带着弱质肉体经凡历劫，缓步归来。

陌上花开，缓缓归。

梁启超是一个了不起的人，也是一个了不起的父亲。他的舐犊深情惠及徽因。但徽因和思成结成连理后不久，一九二九年一月十九日，梁启超即因病去世。墓碑便由这对小夫妻设计。八月，林徽因诞下一女，取名再冰——因梁启超书房雅称"饮冰室"，兹以纪念之。

这就是平凡世俗的人间，这就是人与人的亲情友爱，这就是开枝散叶的凡俗人生。张爱玲只想跟胡兰成"岁月静好，现世安稳"，却是静好也未曾静好、安稳也不曾安稳，胡兰成如一只花蝴蝶处处留情，到最终辜负了爱玲。爱玲心意已定，要与他离分，抱他恸哭哽咽，说"兰成"，思之令人痛。林徽因神清智明，不肯低入这样的埃尘，开出这样卑微的花，所以她选择了另一种平实的人生，和另一个平实的男人。

这，方是最现实与最美好的岁月静好，现世安稳。说到底，不过四个最俗的字：幸福，美满。

一个女子若是心怀丘壑溪山，即使身在幸福，也不会彻底坠落到只为柴米油盐。在那样的年代，有自己的事业，是林徽因最大的亮点。陆小曼嫁给徐志摩，她本是能书善文，却是一切荒废如暮草衰烟，当一个曼妙的躯体榻上横陈，吞云吐雾，她留给世人的，只是一个颓废不愿醒来的荒疏背影。而林徽因却在张学良以奖金形式征东北大学校徽图案时，设计"白山黑水"而一鸣惊人。

世上多少好女子，生命如同繁花开放，有的却只霎时一现。若只是风吹雨打还算情有可原，却是许多甘心情愿自我萎谢。有的虽不甘萎谢却描红涂丹，妄想以一张外皮延缓渐逝的青春，可是落花有意，流水永远无情。倒不如像林徽因那样，虽秉绝世姿容，却不恃容而骄，因容而怠。明知花开总会花落，可是，精神高原的深处，却可以花开不败，花香弥散九天。

情来情去，缘深缘浅，没有宿命这一说，不过是前生的一次次约定。放弃的同时总会得到，有代价也便会有酬报。林徽因牺牲了一段才子佳人的标配情缘，得到的，是凡尘世俗里可以寓目，可以即时采摘的从容、幸福与平安。

21 静养的时光

长日风花暗阡陌，又是一个寂寂无人的午后。刚从江南回返，那里的绿树、白花、黄蒲卢似乎还近在眼前，此身已经是在河北了。江南的朋友家是幢别墅，远离市嚣，养一条长一身长长白毛的狗，还有一个乖得不行的小孩，户外是大片大片的绿树和青草，推开窗，绿风如箫，不远处的阳澄湖面映着日光。湖岸上有朋友手种的小菜园，青辣椒、绿茄子、嫩嫩的红薯秧。

每天的早晨由听到鸟的鸣叫开始，朋友叫着"鸭鸭鸭鸭"，一边去给养在湖边的八只小鸭喂食；每天傍晚看着太阳通红的光线渐渐收敛，朋友又提着小菜篮去摘瓜掐菜尖，做成晚餐。

日子过得单纯而又快乐。身处寂寞却不寂寞。

现代的人世有多繁华，人心就有多凄凉。现代的人世有多伪诈，人心就有多寂寞。没有人不想过一种单纯而简洁的生活，可是每个人都像是穿上了世俗的红舞鞋，明明不想跳舞，却又停不下来。布衣简装不好吗？可是谁又不爱锦绣呢？菜饭蔬食不好吗？可是谁又不爱鱼翅燕窝？而人的心，就在这为一世繁华拼命打拼的过程中，老了、衰了，烟雾迷离，看不清本来面目了。也许，真要有一天躺在病榻，回想一生，方想起来有多少光阴曾经被虚度，而生命的本真，恰似在意识一片朦胧，如同一片轻纱披下的当口，才显露那么一霎，而转眼，又不见了……

所以，还是做一棵树、一朵花、一片流云、一只狗、一只猫的好。因为生长在人世间，唯有它们能够不慕虚荣、不羡繁华，风来雨来，安静美好。人的心却总是要行到水穷处，才肯坐看云起时。总以为一生还长，总觉得行色还不够匆匆，总想着不需要去问那么多"为什么"，答案就在前方，只要走到，便能得到，可是，有多少人真的能够走到那自以为的前方？有几个人真的能够得到此生乃至前生甚至生生世世都在追寻的答案呢？

就算真的有今生、有过往、有来世，但是今生总归只有这一次，而每一个人都以为自己的今生如同纺车里的棉线、织布机上的丝绸，长得看不到尽头，可是待缠绵病榻，方晓一生短暂、光阴倏忽。就如此刻，方才还是亭午暗阡陌的午后，而今，已经是月上了柳梢头。

生命的大幕，正在渐渐落下，而水穷处的歌吹，渐渐寥落。有一种树，据说密密地长在冥河边，枝条细长柔软，随风轻摆之间，带起隔世的离愁，这树的名字，叫作离恨长。

有时候想一想，身如蒲柳，说的也就是林徽因吧，她的身体实在说不上强健。让人担心纵使姹紫嫣红开遍，不晓得何时便会付与断井颓垣。

而事实上，也果然。

梁思成和林徽因不是都接受东北大学的聘任了吗？那个时候，东北大学虽成立了建筑系，且招收一班学生，但连一个专业教师都没有，学些什么也不知道，一块白布绘牡丹，一笔一画皆要从头草创。思成一到即被任命为建筑系主任，既是主任，又是主力教师，既是学者，又是勤务员；林徽因则被聘为教授，当丈夫的助手。整个建筑系只有这两人，典型的夫妻店。

整个建筑系开设的课程基本上与宾夕法尼亚大学的建筑系课程相同，

图案、图画、营造法、应用力学、铁石式木工、图式力学、营造则例、卫生学、炭画、水彩、雕饰、图式几何、阴影、透视学、宫室史（西洋）、宫室史（中国）、美术史（西洋）、东洋美术史、营业法……不一而足。

思成严格，规定凡建筑系学生不论月考、期考，如查有夹带或互相通融情事，立即开除学籍，永不得回建筑系受课，严格施行，决不宽贷。

林徽因授课直观、形象，上美学与建筑设计的第一堂课时，就把学生带到沈阳故宫的大清门前，让大家从这座宫廷建筑的外部去感受建筑与美的关系。大家说崇政殿美、大政殿美、迪光殿美，也有说大清门才美，林徽因让大家看八旗亭：

> 它没有特殊的装潢，也没有精细的雕刻，跟这金碧辉煌的大殿比起来，它还是简陋了些，而又分列两边，就不那么惹人注意了，可是它的美在于整体建筑的和谐、层次的变化、主次的分明。中国宫廷建筑的对称，是统治政体的反映，是权力的象征。这些亭子单独看起来，与整个建筑毫不协调，可是你们从总体看，这飞檐斗拱的抱厦，与大殿则形成大与小、简与繁的有机整体，如果设计了四面对称的建筑，这独具的匠心也就没有了。

她的说话功夫了得，上课爽利如展匹练。多年后，学生们忆起她来仍言犹在耳。

一九二九年夏天，梁思成和林徽因邀请他们在宾大留学时的同学陈植、童寯和蔡方荫，也来东北大学任教，建筑系更加生气勃勃，每到周末即齐聚梁家吃茶聊天。一九二九年八月，林徽因生下女儿再冰，他们还着实为她贺了一贺。

几个老同学商量成立"营造事务所"，事务所建立不久即接到两项设计任务：一是吉林大学的整个校舍，一是交通大学在锦州建的一所分校。林徽因自始至终参加了设计，还和梁思成设计了沈阳区的肖何园，替沈阳一些有钱的人设计了私宅。

可惜东北的气候损害了徽因的健康，她肺病发作，日趋严重，不得不离沈回京。思成坚持到一九三〇至一九三一学年结束，也到北京去会合徽因。

二十七岁的林徽因在协和医院的大夫的建议下，到香山双清别墅静养。

静，真是一个好的词语。单单是读到它，便觉得整个世界都在朦胧中渐渐清晰，好比拂去世俗浮游的尘埃，露出花瓣艳丽柔软的底色。只有静中，你才会发觉——哦，原来天这么蓝；哦，原来草这么绿；哦，花儿如此红；哦，空气中浮动着蜜的香。

而山中的静，更是让人觉得形与神相亲，似乎空气中浮动的每一粒分子和原子，都诉说着宇宙的传奇。

真的，这一点也没有言过其实。刚读一本叫作《塞莱斯廷预言》的书，发现真有人也这样认为：

我看着远处的群山，发现白天的天空仍然挂着月亮，眼看着就要落下。月亮看上去只有平时的四分之一，像一只倒扣的碗悬在地平线上空。我一下就明白了，为什么月亮会是那种形状。因为太阳离我好几百万英里远，这时刚好将阳光照射到西沉的月亮顶端。我可以清楚地看出，太阳与月亮表面之间那条线。而这一知觉好像又将我的意识延伸到更远地方。

我可以想象出，月亮已经沉到地平线以下，我还想象出，月亮对居住在西部的人所呈现的折射形状。此时他们还可以看见月亮。然后我又想，当月亮移到我脚底下星球的那一边时，会是什么样子。对那边的人来说，月亮已经圆了，因为我头顶上空的太阳不再为地球所挡，而是直射到月球上。

……我坐在石头上，周围的一切又显得那么贴近。我正坐着的高低不平的岩层，山坡那边高大的树木，还有地平线处其他的山脉。在我看着树枝在微风中轻轻摆动时，我得到的并非是一种视觉体验，而是一种切肤之感，那些迎风摆动的树枝就好像我身上的毛发一样……我产生这样一种感觉：我的肉体只是一个更大肉体身上的头颅，而这个更大的肉体就是我看到的万物。我体验到，整个宇宙都是通过我的双眼来观察的。

当年释迦牟尼坐在菩提树下，头顶漫漫星光，看到的，是不是比这更璀璨、更神奇的景象？他是不是看到了时间的流逝，宇宙的运转？看到了无数美好的灵悟如同发着荧光的蝶，舞姿翩翩？他的脸上是不是有笑容由衷绽放？众生如蚁群聚，如蝇争利，历不尽的万水千山，烦扰纷繁，转回身去，便可见那一朵笑于暗夜光华流转。

31 前尘书页

　　静便有这般妙处，尽管人声喧闹、市声如沸，现实是逃避不了的粗糙与灰暗，可是只要肯静、能静，便有一颗无上无下、无左无右、无遮无挡、自由飞翔的心。苏轼是一个活得热闹的人，可是，他却格外地能静："月出于东山之上，徘徊于斗牛之间。白露横江，水光接天。纵一苇之所如，凌万顷之茫然。浩浩乎如冯虚御风，而不知其所止；飘飘乎如遗世独立，羽化而登仙。"而李叔同于静中得见"华枝春满，天心月圆"——一群人说闹歌笑时所见之月，不过是一张枯纸，唯有灵魂从热闹中抽离，真正注在它的身上，它才能明亮如青痕剑光，剖开涤净俗世的心脏。

　　只有静中才有百花齐放，暗夜里能听见闲花飘落，碧日下可聆听鸽哨声声，于无声处有惊雷大作。

　　如今的林徽因，终于不用再孜孜于各种事务，一颗灵秀的心终于在波澜动荡中静下来。静下来，而她久埋心底的诗情画意，就这样像一朵水中的蓝莲花，一瓣一瓣地绽开，绽开，又绽开。她终于可以捧读文学作品，也终于可以落笔千言，把心头的花落实成纸上如花的文字。就在这个阶段，她以灵透的文笔创作了许多的诗歌和小说，在刊物上发表，惊艳了一个时代。

　　林徽因不是不自恋的。这一点恐怕是世间所有女子的通病吧，或者说不是自恋，而是自爱？有一回，她着一袭白睡袍，焚香插花，凭几而书，说："看到我这样子，任何男人都会晕倒吧。"梁思成说："我就没有晕倒。"

有时候，夫妻间就真的有这种"斗一斗"的闺房之乐。梁思成嘴上说他没有晕倒，是因为这朵花已经为他所有，他可以朝朝暮暮陪伴在侧。而对于别人来说，恐怕就真的有"晕倒"的危险了。

林徽因本惯于热闹，一九三〇年秋，梁思成把林徽因、小女儿再冰和徽因的妈妈都接到靠近东城根的北总布胡同三号。这是他们此后七年的家。

这是一处典型的北京四合院，高墙方院，四面皆屋，灰瓦铺顶，木格门窗糊了漂白透光的稻草纸。院里几株开花的树。院北头是起居室，面朝南，徽因把糊窗的稻草纸换成玻璃，院里的花草树木就可以生气逼人来，阳光也可以照入。

一九二四年夏天，徐志摩和泰戈尔在日本分手，回到北京与陆小曼热络起来。最终，陆小曼和她结婚四年的丈夫离婚，两个人在一九二六年结婚。徐志摩的生活基地原在上海，一九二九年胡适邀请徐志摩到北大教书，北总布胡同的房子就成了徐志摩的第二个家。

就算徽因在山上静养，朋友们也常来常往。冰心、沈从文、金岳霖、韩湘眉等，都是常来之客、座上嘉宾。

啊，无聊的人们哪，不要乱猜，不要拿我们现代人常见的暧昧的三角恋，来猜疑志摩、徽因和思成，湮灭在历史的烟尘中的那一代人中的人中龙凤，光风霁月，不劳费心。

虽然其时，徐志摩已经在婚姻中感觉到了疲惫，甚至已经和深爱的小曼发生了不息的争吵，可是，他们毕竟深爱，始终深爱。而在这种大前提下，他和林徽因之间，就只剩下纯净的友情，互为知音。

林徽因不挥霍、不饮酒、不跳舞、不唱歌、不轻佻、不做作，对徐志摩不指使、不抚弄、不挑逗、不折磨。若说陆小曼是一颗红尘艳痣，林徽因则是月下一棵桂花树，悠娴贞静，有一种苍茫天色中一任云色变幻，我自不动的安好。每当徐志摩在陆小曼给他造就的甜美有毒的人间炼狱里享乐到无福消受的时候，想来也会来到林徽因的身边，让她一身的雅洁清凉，镇一镇自己心中的毛毛的刺痛与浮躁。

徐志摩说："看来，我这一生不再有幸福了！"

也是，谁来到世上，不是追求幸福呢？所以，当一个人对自己那看起来还漫长得看不到尽头的一生下如此的论断时候，好比是自断了征途中的希望，说的人和听的人，都心头一片荒凉。

那么，林徽因的《仍然》，又是怎么回事？是在安慰这个彷徨失据的友人的灵魂吗？

你舒伸得像一湖水向着晴空里
白云，又像是一流冷涧，澄清
许我循着林岸穷究你的泉源：
我却仍然怀抱着百般的疑心
对你的每一个映影！

你展开像个千瓣的花朵！
鲜妍是你的每一瓣，更有芳沁，
那温存袭人的花气，伴着晚凉：
我说花儿，这正是春的捉弄人，
来偷取人们的痴情！

你又学叶叶的书篇随风吹展，

揭示你的每一个深思、每一角心境，

你的眼睛望着我，不断的在说话：

我却仍然没有回答，一片的沉静

永远守住我的魂灵。

康桥多情，志摩多情，林徽因由当年那个叫"徐叔叔"的稚气小女孩，如今亦一步步长成一个成熟而有风韵的美妇人，时光如此荏苒，全不管红颜与蓝颜曾经私闯过爱的边境，而如今，在生活中两个人已经走上岔道，各有所爱，各有自己的分内所属，彼此相安，对坐论诗，云淡风轻。

这样一种感情，平生不能多有，多一次便多耗一番心神。只要曾经有过一番便好了，曾经美丽过、绽放过、爱恋过、思慕过、哭过，笑过、拥抱过、离别过、深深地爱过，青春便算不曾虚过，而后世读者，翻开他们，如翻读前尘书页，心中也便替他们没有遗憾了。

41 | 爱如苦咖啡

"谁翻乐府凄凉曲，风也萧萧，雨也萧萧，瘦尽灯花又一宵。不知何事萦怀抱，醒也无聊，醉也无聊，梦也何曾到谢桥。"在萧萧风雨里瘦尽灯花，对我来说已经不是什么新鲜事情。耿耿秋灯里，经常会大睁一双不眠的眼睛。

一灯荧荧，四壁昏黄，茕茕孑立的影子投在墙上，寂寞大得盖住了这间房子。总觉得这样的境界，不适合铁马冰河，不适合共倚西窗，不适合古佛青灯，只适合昏昏默默，独对相思。

瘦尽了灯花的，若是女子，必有一双哀怨朦胧的眼睛，和袅袅婷婷的身段，还有缕缕微风一样的叹息绕着此屋旋转。

若是男子，必是一杯薄酒浇遍离愁，一梦醒来不见伊人，醒醉皆无凭靠，越见得相思深重，忧伤无限。这样一个束巾顶帻的男子，这样一个吟风弄月的诗人，这样一个风雪满江的旅者，刻骨相思处，百炼钢也化成了绕指柔。

最初知道这首词，还是一位朋友轻吟慢咏而来。记住了他，也记住了瘦尽灯花又一宵的落寞，记住了醒也无聊、醉也无聊的清愁。这个朋友有家有室、有妻有子、年近不惑，什么都有了的时候却夜夜在那里瘦尽灯花，形影相吊。

想来当初也是烛影摇红，红袖添香，温香软玉，耳鬓厮磨。到了现在，相携的手不晓得什么时候分开了，交缠的目光不晓得什么时候分开了，胶漆一样的爱不晓得什么时候分开了，越活得大，心里的空间也越来越大，像一颗漏空的牙齿，空得人心里发慌、发痛。于是会有那样多的人走遍千山之后仍旧一个人在暗夜里孤单地漂流。

　　什么都成了习以为常的时候，总有一片模糊的影子或者云彩，投影在自己心湖的波心，倒映出当初的感动和投入。多少人在孜孜不倦地追寻理想中的爱人；多少人在未来里寻求过去的一种仿真；多少人夜深不眠，高烧银烛，点燃自己的思念；多少人在瘦尽灯花，独对春宵。

　　当一个一个明朗得不留余地的白天和身边人无知无觉地度过，就剩下这暧昧的秋夜，秋虫唧唧里，靠着床头或是靠着椅背，贴住白墙或是斜倚花窗，静待相思一朵一朵暗夜里静静绽放。多少往事前尘，轮回不尽，刻骨铭心，在暗夜燃烧的灯花里静静复活。

　　也许会为当初的孟浪轻狂后悔，也许会为当初的轻易舍弃难过，也许会在痛到极致时乞求命运再来一次，可是，人的感情真如流水，这一刻不知道下一刻的事情。特定情境、特定心绪下产生的爱，离开特定环境，面目全非。所以说，其实没有什么爱可以重来。所谓重来的爱，其实只是一些碎片，在僵硬失真的岁月里充满缝隙地假扮久别重逢的感动。

　　曾经为了伊夜夜的瘦尽灯花，真的盼到做了自己的身边人，却发现滋味也不过尔尔。理想化的爱情终究抵不过现实生活的磨砺，感情越变越粗糙，甚至夫妻做久了，彼此连对看一眼都不肯。无论怎样爱过，怎样投入过，怎样曾经沧海难为水过，怎样非卿不嫁非卿不娶过，做了身边人，好像就没有了让人为自己瘦尽灯花的资格。

　　而且，也没有哪个人可以让人为了自己永远瘦尽灯花。再痛的痛也会平复，再伤的伤也会愈合，再浓烈的感情也会平淡如水，再鲜明的面容也会逐渐成为背影。形式上的夜夜瘦尽灯花，包容着不同的内容。时光不断流转，对象不断变换，今宵我为侬瘦尽灯花，明夜侬为他瘦尽灯花。到底谁爱着谁呢？这个世界暧昧得让人费解。

小时候，听过一个笑话：一个挑着剃头挑子的戏迷在戏台下看戏，看岳飞被十二道金牌急召入京。这个戏迷从头担心一直担到尾，然后看到白脸奸臣秦桧，再也按捺不住，一个箭步蹿上戏台，拿挑子尖尖的担尖竟然把这个倒霉的演员给捅得一命归西——真是迷人不醒，忘了台上唱的，不过是戏。

到了现在，经常看到这样的故事。一个女子，爱上一个感伤、恍惚、优雅的男人，然后，开始彻夜地等待。她说：你来吧，你不来，我就在这个酒吧坐上一夜。然后，她在她的文章里写道："我不知道度过了多少这样的一个人的黑夜。"于是我就着急，想象自己大叫一声：不要哇，不要这样！没有什么是真的，手心里哪里能握得住风，有谁能够把握得住感情。

有时也会想，在一份真幻难明的爱恋面前，如果是我，将会怎样。

结果我不知道会怎样，我只知道睁开一双眼睛看到的这个世界，日光和月光下竟然如此不同。而我仍旧在夜夜地瘦尽灯花，不知道是为了什么，而且我也不知道自己活着是为了什么，不知道什么才可以填补那种难忍的空虚和寂寞，也不知道什么可以让自己恒久地温暖一世，无欲无求，轻身走过。

现在想来，当初那位先生念来的那一句"瘦尽灯花又一宵"，竟然真成了一谶。注定了此后的苍烟落照，无法超拔身心。所以，会格外地爱那土夯的城墙上连绵的、银白的秋草。再怎样的芳华繁盛，秋来了也会褪去华裳，在凉风里瑟瑟成一道没有前路的风景。

到底什么才是我温暖的壳？好像我能做的，只能是躲在老歌里，把自己想象成一尾一天到晚游泳的鱼，觉得累，也觉得疲惫，却无法停泊登岸，开始另一种人性化的生存。

而那些曾经痴迷过纳兰词的人，都曾经有一颗纳兰一样的心。春花秋月，朱红阑干淡褪了颜色，灿若春花的脸颊蒙上一层秋霜，到了此时，不知道还有多少人有资格对一个人说一句："我爱你。我仍然爱着你。"

就像金岳霖，对林徽因。

金岳霖，生于一八九五，死于一九八四，字龙荪，浙江诸暨人，中国现代哲学家、逻辑学家。一九一一年考入清华学堂。一九一四年考取官费留学生。一九二〇年获美国哥伦比亚大学博士学位。一九二一年到英国学习。一九二五年回国。历任清华大学、西南联大、北京大学哲学系教授。一九五五年后任中国科学院哲学研究所一级研究员、副所长、哲学社会科学部学部委员，从事哲学和逻辑学的教学、研究和组织领导工作。金岳霖是把西方现代逻辑介绍到中国的主要人物，他把西方哲学与中国哲学相结合，建立了独特的哲学体系，培养了一大批有较高素养的哲学和逻辑学专门人才。著有《论道》《逻辑》和《知识论》，只凭三本著作，金岳霖就奠定了他在中国哲学界的地位，其中《知识论》更在中国哲学史上首次构建了完整的知识论体系。

"百年中国文化史分为五代，胡适、金岳霖、冯友兰、陈寅恪等为第二代之中坚，钱钟书、费孝通等为第三代之重镇。"（毛学文语）金岳霖就是这么一个学界泰斗，文化中坚。都说徐志摩和林徽因的爱情浪漫，那是因为两只黄鹂鸣翠柳，一问一答，一唱一和；而金岳霖的爱情更浪漫，而且是一片孤城万仞山，这片孤城独自浪漫。前者是奶糖，后者是苦咖啡。

51 平生相思无以酬

有谁比他爱得更理智？

有谁比他爱得更深情？

有谁比他爱得更沉厚？

有谁比他爱得，更令人想落泪？

有谁能一生一世守着一朵花目不旁顾、心无旁骛？而这朵花，却是种在别家的土地？有谁能在这一朵花谢后还日日思念、悲悼、眷顾，而这朵花，早已经零落成了泥土。

一九五五年，林徽因去世，金岳霖在办公室，他的一个学生去看他，回忆当时情形："他先不说话，后来突然说：'林徽因走了！'他一边说，一边就号啕大哭。"

在林徽因的葬礼上，金岳霖和一个朋友送上一副挽联："一身诗意千寻瀑，万古人间四月天。"

后来有一年，金岳霖在北京饭店请客，邀请许多老朋友参加。朋友们到了之后，宾主入座，金岳霖才宣布："今天是徽因的生日。"

我泪湿。因为在这个世界上，处处都有通奸、多角恋、瞒和骗，再也找不到这样纯净、深情、真切如同金玉水晶的爱。这是一个时代的悲剧，是整个人心在道德层面上的节节败退。而我，也把瞒和骗的苦酒痛饮入喉，暗夜饮泣，不教人知。

那么，林徽因爱过金岳霖吗？

金岳霖也是常到"太太客厅"的一分子，我们都曾听过日久生情，我们都晓得相濡以沫，我们都知道"友达以上"，便会自然步上恋人的台阶，那么，想来，林徽因对金岳霖也是动过情的，所以她才会在有一天，当梁思成从外地回来，对梁思成说："我苦恼极了，因为我同时爱上了两个人，不知道怎么办才好。"

梁思成是至诚君子，也是西式绅士，当下虽晓得林徽因说的是谁和谁，心头如闻惊雷，却不气怒头上有所作为，而是一夜辗转，冷静下来，方才对林徽因表态："你是自由的，如果你选择了老金，我祝愿你们永远幸福。"

我佩服他的这一句："你是自由的。"结婚不是藩篱，姻缘不是绳索，给所爱的人自由，这样的爱，才有最深最真的情意。好比一只蜻蜓放一朵花别开他院，一只黄鹂放另一只黄鹂飞上青霄。

而林徽因的反应，也并不出我们大家的预料。

若是梁思成情绪激动、言辞激烈，谴责她的朝秦暮楚、朝三暮四，试图从道德层面把她束缚地和自己在一起，那么，她也许真的可为自由拔剑一战；可是如今梁思成直接解缚，使她丧失了情义与道德的硬性冲突，这个时候，她也便冷静下来，重新选择了结发的丈夫。

说起来真是险。

徐志摩从主观意愿上要抢林徽因，金岳霖从客观效果上要抢林徽因，而最终林徽因陪伴一生的，却是梁思成。第一次她选他，是因为他的温厚、可靠；第二次她选他，则是因为他对自己的疼与宠。世上男子若都能做到如同梁思成一样，有学识、有智慧、有气度、有修养、有细致、有忠诚，何愁名花倾城不能两相欢？

事实上，林徽因的选择既是正确的，也是可以理解的。就像她当初会为了柴米油盐酱醋茶放弃琴棋书画诗酒花，而今，她也不会为了另一个看似温暖的怀抱，放弃一砖一瓦筑就的爱巢。这样一个清明理智的人，不会放任自己熊熊燃烧，因为无法面对燃烧后的冷灰、歌调后的寂寥。

所以，她把梁思成的话转述给了金岳霖。而金岳霖的回答是："看来思成是真正爱你的，我不能伤害一个真正爱你的人，我应该退出。"

林徽因真幸运。

她遇到的人，都是君子。就连徐志摩也不敢在她面前造次。一个清洁的人，自然就能够退散恶灵，让人动心却不妄动欲念。

自此金岳霖和林徽因、梁思成一生为友，直到命终。

金岳霖说："梁思成、林徽因是我最亲密的朋友。从一九三二年到一九三七年夏，我们住在北总布胡同，他们住前院，大院；我住后院，小院。前后院都单门独户。三十年代，一些朋友每个星期六有集会，这些集会都是在我的小院里进行的。因为我是单身汉，我那时吃洋菜。除了请了一个拉东洋车的外，还请了一个西式厨师。'星期六碰头会'吃的咖啡冰激凌，冰激凌和喝的咖啡都是我的厨师按我要求的浓度做出来的。除早饭在我自己家吃外，我的中饭晚饭大都搬到前院和梁家一起吃。这样的生活维持到七七事变为止……"

就这样，金岳霖用理智为篙，在自己和林徽因之间，画了一道肉眼看不见的银河。银汉迢迢暗度，他却甘于在对岸止步，乐于在对岸守护。林徽因于他来说，是一朵彼岸花，但是这朵花开在哪儿，他就在何处的附近安居。一直觉得"你若安好，便是晴天"是一句奢侈的情话，世上有哪一个人真的能够做到爱的那个人安好了，自己便觉得是晴天？谁没有对爱人独占的欲念？但是金岳霖没有，他用一世的光阴，写就了这句诗："你若安好，便是晴天。"

人的一生，如枝叶交缠，谁也不敢说此生只有一次爱情、只拥有一个爱人。越是丽人，困扰越深。林徽因月明花艳，是百分百的丽人，所以一生情缘深浅不论，围绕在她身边的男性好比飞来飞去采花蜂，其中最突出的三位男士是徐志摩、梁思成、金岳霖。好像她总是在同时爱着两个人，不是徐志摩和梁思成，便是梁思成与金岳霖。

而如何在两个男人中求取平衡，则是一门学问。在这方面，林徽因是幸运的。因徐志摩和梁思成竞争的时候，徐志摩虽有些胶皮糖，却也最终不是死缠烂打的人；而金岳霖和梁思成竞争的时候，金岳霖和梁思成根本就都采取了君子的姿态。所以最终林徽因仍能保持她的干净、清洁，而不是电影电视中常演的那种交际花的妙目生春、左右逢源——若是如此，还会是林徽因？

那么，此时的徐志摩在林徽因的活色生香的、活泼的日常生活中，影子渐渐淡薄，林徽因对他还爱吗？也许吧，只是这份爱，从此便如发黄的旧相片，永存在记忆的箱底，甚至阳光烈烈，冬衣暖被皆拿出来晒，也忘了要把它拿出来；而金岳霖则是一个投入其中的旁观者，看着这对情投意合的神仙眷侣：

> 在三十年代，一天早晨，我正在书房研究，忽然听见天空中男低音声音叫'老金'，赶快跑出院子去看，梁思成夫妇都在他们正房的屋顶上。我早知道思成是'梁上君子'。可是，看见他们在不太结实的屋顶上，总觉得不妥当。我说你们替我赶快下来，他们大笑了一阵，不久也就下来了。

金岳霖此时的话，其实是对永逝的往昔的追述。伊人已逝，惊鸿不在，他独守寂寞，空自苍老，和记忆一起步入深宵。晚年的金岳霖被称作

"金爸"，唤他的，是林徽因的孩子。

　　这就是他。有的人一旦求爱不得，心空一块，马上猴急猴急，要找别样的东西来填补；而有的人求爱不得，心空如野，却安坐其中，静享孤独。

　　柴可夫斯基和梅克夫人相互爱慕，却又从未谋面。梅克夫人是一位酷爱音乐的富孀，柴可夫斯基最著名的《第四交响曲》和《悲怆交响曲》都是为她而作。他们的居地仅有一片草地之隔，之所以永不见面，是不愿意被现实冲淡了心中的那种朦胧的美和爱，因相爱容易相守难。

　　不过，一个夏天，柴可夫斯基和梅克夫人各自乘坐的马车却在大街上遭遇，他们彼此凝视，然后柴可夫斯基一言不发地欠了欠身子，富孀也同样回欠了一下，两个人各自继续命令马车夫往相反的方向赶路。柴可夫斯基一回到家就写了一封信给梅克："原谅我的粗心大意吧，维拉蕾托夫娜！我爱你胜过其他任何一个人，我珍惜你胜过世界上所有的东西。"

　　在他们的一生中，这是他们最亲密的一次接触。

　　柴可夫斯基在生命的最后时刻，把身边的所有近亲好友都赶出了房间，因为他不愿被人看见自己被霍乱痛苦折磨的情景。亲人们把耳朵贴在房门上，听到了柴可夫斯基的临终遗言。他万分痛苦，反复呼唤梅克夫人的芳名："纳杰日达，纳杰日达……"最后咬着牙，悸痛地喃喃："冤家……"

　　以前一直不相信柏拉图的精神恋爱，可是，西方有这样的故事；而东方，金岳霖也对此做出了完美的演绎。

　　只是这样的完美，总透出世事苍凉，平生相思无以酬的酸楚。曲不成曲，歌不成歌，调不成调。

　　令人想哭。

61一马平川，突现深渊

一九三一年，林徽因因病养静。人心似火，世情如炉，没有谁不向往清凉盛境，平日喧嚣的世俗生活离自己越来越远，连天烟幕渐渐消散，好比动荡的水波渐渐平静，映出天上一弯上弦或下弦月。那份诗情画意从月牙的弯钩升起，从水边的柳丝升起，从绕水的沙堤升起，从芳甸池草鸣蛙中升起，被她连缀成诗。

只是久静思动，林徽因又不是一个一味只顾风花雪月的人，她当初之所以选择梁思成，便已经做好了和梁思成一起做一番事业的准备，哪怕可能会因累致病。是以如孙悟空在山中修炼，连吃七次饱桃之后，便思下山，这年的九月，她和夫君梁思成一起应朱启钤的聘请，离开了东北大学，开始供职于中国营造学社。

在这里，梁思成任法式部主任，林徽因为"校理"。夫妻相随，仍像是开夫妻店。

在中国，法式这片领域是不毛之地。国外倒是有几部关于中国建筑史的书，作者是日本学者，语焉不详。我国宋代建筑家李诫的《营造法式》埋没多年，虽经重印，但当时思成与徽因还在美国，收到之后如读"天书"，几乎完全不知其所云。

泱泱大国，千年传承，无数宫殿、庙宇、塔幢、园林，它们或光鲜亮丽，或灰头土脸，有的地方供神供佛，被万人瞻仰，有的地方娃娃赶牛赶羊进去放牧。廊柱厅庑里，有光阴缓缓流过。它们的结构有什么奥秘？它们的造型和布局体现遵循了什么样的美学原则？世界不知道，中国也不知道。

思成和徽因之所以学建筑，本来也不是因为自己土木形骸低格调，倒是怀有鸿鹄之志。早在留学时思成就曾写信给梁启超，表示要写成一部《中国宫室史》。眼下的中国古建筑如三春花事无收管，一片大水漫灌，还没有谁替它扒畦整垄、条分缕析，思成和徽因夫妻就挑了这么一个大题目来做。按做文章的行话，思成是要寻找和发现中国建筑的"文法"——木框架是中国建筑的基本形式，他要做的，就是了解中国木框架建筑的建造原则以及过去三千年来这种建筑方法的演变过程。

那么，徽因心里怎么想？在她心头搁着一架天平，左边是建筑，右边是文学，哪头轻，哪头重？

徽因当初学建筑，是出于"大庇天下寒士俱欢颜"的理想，且研究的时候还带了文学意味很浓的眼光，如同把阳光打在桃花片上，花也娇艳，光也鲜亮，相得益彰。在建筑上她能够得到的是两角俱全的欢颜，而文学却只不过是闲暇时的一种消遣。两者相比，一个如同日常衣食，柴米油盐；一个却是案头瓶花，点缀几案婷婷幽。

但是，天生如此，她就有本事把建筑也当成文学来爱，又把文学当成建筑来经营，结果就形成两个原本互不相通的门类的"通感"。如同梁从诚在《倏忽人间四月天》所言：

> 作为一个古建筑学家，母亲有她独特的作风。她把科学家的缜密、史学家的哲思、文艺家的激情融于一身。从她关于古建筑的研究文章，特别是为父亲所编《清式营造则例》撰写的《绪

论》中，可以看到她在这门科学上造诣之深。她并不是那种仅会发思古之幽情，感叹于"多少楼台烟雨中"的古董爱好者；但又不是一个仅仅埋头于记录尺寸和方位的建筑技师。在她眼里，古建筑不仅是技术与美的结合，而且是历史和人情的凝聚。一处半圮的古刹，常会给她以深邃的哲理和美感的启示，使她禁不住要创造出"建筑意"这么个"狂妄"的名词来和"诗情""画意"并列。

好在那个时候，那是一个还没有来得及订出条条框框的行业，学术报告怎么写都没有人斥为异数——估计就算被人斥为异数，她也会我行我素。于是，她的论文里面就充满了奔放的文学语言，这使得她在基本功上的薄弱得到抵消，正好和梁思成形成互补：梁思成长于精确的测量和绘图，以及系统地整理资料，徽因长于融汇资料，见人之所不见，然后发表极高明的议论。梁思成的论文和调查报告多由她加工润色，添加"文眼"。他们夫妻就好像一体的两面，契合之好，叫人绝望地艳羡。

假如说徽因的学术报告里的文学意味如同丝绸蘸上胭脂，顷刻洇开，晕染得一塌糊涂。她的诗歌里又处处以古建筑做了意象，又像一汪水里浸了一枚月亮，水波荡漾，月亮也时圆时长。

在她的诗《深笑》中，人们就可以读到这样的句子：

是谁笑成这百层塔高耸，
让不知名鸟雀来盘旋？是谁
笑成这万千个风铃的转动，
从每一层琉璃的檐边
摇上

云天？

在写于抗日战争初期的《昆明即景》中，她又把当地民居底楼高八尺、二层高七尺的典型制式也纳入了自己的诗句：

> 那上七下八临街的矮楼，
>
> 半藏着，半挺着，立在街头，
>
> 瓦覆着它，窗开一条缝，
>
> 夕阳染红它，如写下古远的梦。

在建筑的领域里她凭着文学才能一帜独树，在诗的园地里，她又走了一条由建筑打底，旁人没有走过的路，这条路将来也无人能够再走。

只是，这个将寻常的土木艺术与灵透的语言魔术奇妙结合在一起的妙人儿呀，浑然不知道，她将要经历一场什么样的劫难。

这场劫难的主角不是她，而这场劫难带给她的悲痛，不比任何更有资格悲痛的人的悲痛来得浅。好比一马平川，突现万丈深渊。

7 | 生死契阔，无以成说

"生死契阔，与子成说。执子之手，与子偕老。"明明是求爱，是下定，是表决心，是说我爱你，与你生死不离，白首偕老。可是，"生死契阔"这四个字，好悲伤。

光阴滔滔，将人相隔两岸，我处生你处死，死去的人已经一无所觉、一无所知；而那活着的人，经历的是怎样搜肝挖肺的痛。想到此，真是死亡比活着更仁慈。

因为，后会无期。

听越剧《红楼梦》，宝玉哭灵，一声声"林妹妹，我来迟了，我来迟了"，已经让人悔痛不堪，"林妹妹，林妹妹，如今千呼万唤唤不归，上天入地难寻见。"到最后见一见遗物也是好的，所以一声声又问紫鹃："妹妹的诗稿今何在？""妹妹的瑶琴今何在？""妹妹的花锄今何在？""妹妹的鹦鹉今何在？"却是诗稿焚灰、瑶琴断弦、花锄冷落、鹦鹉缄口不肯言。

汉武帝思念李夫人，作《落叶哀蝉曲》："罗袂兮无声，玉墀兮尘生。虚房冷而寂寞，落叶依于重扃。望彼美之女兮，安得感余心之未宁？"又命术士招魂，袅袅身影渐渐显现，又袅袅消散，他只能在远处立观，心中凄然："是邪？非邪？立而望之，偏何姗姗来迟。"不问是与不是，只问为何姗姗来迟。

人生一世，生死别离。生本如幼苗破土，种子花开，若逝亦如云消水逝，余韵徐绝，总还算让人心里好受一些。怕的是突如其来。大洪水、大地震、火山爆发、龙卷风、车祸、坠机、难产、遇劫……

邻近村里一个年轻男孩，第一天到城里打工，为正盖的一座楼房搬砖，未及开工，先兴冲冲来到这座楼下，仰头观望，一块砖从天而降，男孩立仆，不治身亡。其父头发一夜之间白了大半，突发脑梗阻，自此半傻半呆，每天唯一固定要做的事，就是拄着拐杖，跌跌撞撞来到儿子坟前，脸埋进萋萋荒草，呜咽声冲上九霄。

还有一个傻姑娘，嫁了一个老鳏夫。丈夫不嫌她傻，每天牵她手到处走，晚上辛勤耕耘，一年后媳妇即将临盆，不幸难产死亡。此后老鳏夫仍旧笑嘻嘻地不显伤心，却被人撞见他晚上不肯睡在家里，却趴在媳妇坟头睡着。被叫醒后还在笑，说："虽然傻，却是个伴儿呀。"

写到这里，泪盈于睫。世上事生死离别，怎不能生便快快乐乐生，死便徐徐缓缓死？为什么要如一把钢刀兜头劈下，生生斩断人心里期许一世的繁华？

说起来，死，人人怕，让人想起李密在《陈情表》里说过的一句话："人命危浅，朝不虑夕。"这八个字感觉直入人心，超出了特定情境，成了一种普遍的人生规律。

想想的确是这样子。有哪个人可以千秋万代地活？有哪个人可以预先准确知道自己何年何月死？有哪个人事前预见到自己和生命解除约定的方式？人的性命如同一杯水，被不知道哪只手端过来端过去，不定什么时候，就会倾侧翻覆、覆水难收。

人活一世，歌哭笑骂，争斗算计，千般计较，万种思虑。到了最后，两眼一闭，一切成空，只剩下活着的人承受思念和回忆。在死亡这件事里，当事人反而最轻松。

孙子荆高才，一生不曾服人，只敬服王武子。那个农耕社会里畜影不离人左右，鸣声只在耳东西。王武子颇爱听驴鸣，想来平时孙子荆也经常演练给他听。至交之间，命尚且能为对方舍，又有什么不肯做的？结果王武子去世，孙先生在葬礼上洒泪说："卿常好我作驴鸣，今我为卿作。"当着满屋吊客，他的"啡啡"驴鸣"体似真声"，结果招来一阵耻笑。孙子荆真是愤怒："使君辈存，令此人死！"

最凄凉是王徽之、王献之兄弟。二人同时病重，结果献之先亡。王徽之强扶病体去奔丧，坐在灵床，想要弹献之留下来的琴，结果弦音不调，王徽之叹一声："子敬！子敬！人琴俱亡。"恸绝良久。一个月多一点，他也死去。写到这里，我好像看到徽之身后飘零的黄叶，被风卷到这里，又卷到那里。祭人也是祭己，生命尽头竟是如此悲哀。

人的生命，由无中来，经过长长一段有，再走向虚无，本来是自然规律，无可抗拒。只是这有知有识的一段日子，有七情，有六欲，有至亲骨肉，有外戚朋友。自己死去不觉得，徒留下生人无限思量，终成空想。不尽悲哀，对景难排。

一九三一年十一月十九日，林徽因要在北平的协和小礼堂为外国使者举办一场中国建筑艺术的演讲。为了赶赴她的演讲现场，徐志摩本在南京，匆匆搭乘中国航空公司的邮政飞机"济南号"北上。林徽因和梁思成派车去接，可是人没来，飞机也没到。

"飞机抵达济南南部党家庄一带时，忽然大雾弥漫，难辨航向。机师为寻觅准确航线，只得降低飞行高度，不料飞机撞上白马山（又称开山），当即坠入山谷，机身起火，机上人员——两位机师与徐志摩全部遇难。"

就这么简单。

遇难，一个多么奇刻的词语，昭示一种多么残忍的命运结局。和灾难猝然相遇，觌面相见，来不及讨价还价，命运不管你在生命的尽头如何地惨呼挣扎，也不管你心中有多少未竟未了的心愿。它给了你结局，你只有承受。

可是我不相信。

我不相信世间的人的死亡方式，真的有"遇难"这一种。难道不可以这样想：每个人，不，每颗灵魂，既选择了自己的出生，也选择了自己的死亡。

一个朋友，半生操劳，突逢车祸，司机当场死亡，他在副驾驶上，身受重伤，捡回一条命；结果伤未养好，又呕吐不止，去医院检查，查出胃癌。是不是可以这样理解：他的灵魂本来想要在车祸中让身体死亡，好离开这个世界，重新开始另一次轮回；而身体不肯，于是在车祸中幸存；而灵魂非常执着地选择了这种疾病，以确保自己这次可以离开？

读到一整套书，据说是一个已经去世的灵魂，叫作赛斯的，透过一个叫珍妮的人说话，再由珍妮的丈夫把这些话记录下来，编纂成书，十年间，足足攒了十多本。整套书的内容极致奇妙，无法赘述，其中关于死亡，这个叫作赛斯的人便持有如下论调：

每个人都为了自己的理由，选择死亡的时间和方式。没有一次死亡"不请自来"。有许多天灾人祸的罹难者若不如此的话也许会死于长期的疾病，而其他人则在天灾人祸中完成他们的挑战。"他们想要死而在寻找一个借口——一个保全面子的方法。然而，那些选择这种死法的人想要以戏剧性的方式死去，死于他们活动之际，而以一种奇怪的方式，甚至在临终时也充满了对'生命力量'之欢欣鼓舞的内在知识，在最后他们与那仿佛毁掉了他们的自然力量认同了。"

这，是不是在说徐志摩呢？这样说来，哪里有什么命运的定数好讲？

这个人，他活也活得随性、死也死得干净，甚至连残骸都不肯剩。而他的死就像一个戛然而止的休止符，活着时全不管爱自己的人怎样难过，死去时也不管别人的悲痛怎样绕梁。

8 ｜ 最心痛的是红颜

有人追溯前因，说是徐志摩死是因为林徽因，要不是急忙忙赶去听她讲座、给她捧场，何来如此下场？有人又说徐志摩死是因为陆小曼，因临走前和陆小曼有过争吵，陆小曼太奢侈、太挥霍，拿徐志摩挣来的银子当鹅毛，片片大雪漫天飘。

这些都不是前因，徐志摩触山而亡也不是这些事情的必然结果。他不是自杀，若不信有神灵，那便是一切皆偶然；若相信有神明，那便是一切皆劫数；若不信有灵魂，那便是一切皆偶然；若相信有灵魂，且灵魂生死皆能做得自己的主，那便是一切皆自定。

就便是自杀，又有什么道理好讲？有什么人好怪？若事事这样追究怪罪下来，好比是"安史之乱"把罪过硬安在杨贵妃的身上；"烽火戏诸侯"又说是褒姒的过错。国亡了，诗人怪罪"商女不知亡国恨，隔江犹唱后庭花"，可是国又不是商女唱亡的！世上事，男人担得起就担，担不起也不要随随便便怨怪红颜。

只是，最心痛的，却是红颜。

林徽因的《悼志摩》作于徐志摩去世四周年，因篇幅太长，没有办法全部录入，只好节选一二：

突然地，他闯出我们这共同的世界，沉入永远的静寂，不给我们一点预告，一点准备，或是一个最后希望的余地。这种几乎近于忍心的决绝，那一天不知震麻了多少朋友的心？现在那不能否认的事实，仍然无情地挡住我们前面。任凭我们多苦楚地哀悼他的惨死，多迫切地希冀能够仍然接触到他原来的音容，事实是不会为体贴我们这悲念而有些许更改；而他也再不会为不忍我们这伤悼而有些须活动的可能！这难堪的永远静寂和消沉便是死的最残酷处。

　　我们不迷信的，没有宗教地望着这死的帱幕，更是丝毫没有把握。张开口我们不会呼吁，闭上眼不会入梦，徘徊在理智和情感的边沿，我们不能预期后会，对这死，我们只是永远发怔，吞咽苦涩的泪，待时间来剥削这哀恸的尖锐，痂结我们每次悲悼的创伤。那一天下午初得到消息的许多朋友不是全跑到胡适先生家里吗？但是除却拭泪相对，默然围坐外，谁也没有主意，谁也不知有什么话说，对这死！

　　谁也没有主意，谁也没有话说！事实不容我们安插任何的希望，情感不容我们不伤悼这突兀的不幸，理智又不容我们有超自然的幻想！默然相对，默然围坐……而志摩则仍是死去没有回头，没有音讯，永远地不会回头，永远地不会再有音讯。

　　志摩，我的朋友，死本来也不过是一个新的旅程，我们没有到过的，不免过分地怀疑，死不定就比这生苦，‘我们不能轻易断定那一边没有阳光与人情的温慰’，但是我前边说过，最难堪的是这永远的静寂。我们生在这没有宗教的时代，对这死实在太没有把握了。这以后许多思念你的日子，怕要全是昏暗的苦楚，不会有一点点光明，除非我也有你那美丽的诗意的信仰！

陆小曼的《哭摩》写自得知徐志摩飞机失事后，也因篇幅太长，无法全部录入，只好节选一二：

我深信世界上怕没有可以描写得出我现在心中如何悲痛的一支笔，不要说我自己这支轻易也不能动的一支。可是除此我更无可以泄我满怀伤怨的心的机会了，我希望摩的灵魂也来帮我一帮，苍天给我这一霹雳直打得我满身麻木得连哭都哭不出。几日的昏沉直到今天才醒过来，知道你是真的与我永别了。摩！漫说是你，就怕是苍天也不能知道我现在心中是如何的疼痛，如何的悲伤！从前听人说起"心痛"我老笑他们虚伪，我想人的心怎会觉得痛，这不过说说好听而已，谁知道我今天才真的尝着这一阵阵心中绞痛似的味儿了。你知道吗？曾记得当初我只要稍有不适即有你声声的在旁慰问，咳，如今我即使是痛死也再没有你来低声下气的慰问了。摩，你是不是真的忍心永远的抛弃我了么？你从前不是说你我最后的呼吸也要连在一起才不负你我相爱之情么？你为甚么不早些告诉我是要飞去呢？直到如今我还是不信你真的是飞了，我还是在这儿天天盼着你回来陪我呢，你快点将未了的事情办一下，来同我一同到云外优游去罢，你不要一个人在外逍遥，忘记了闺中还有我等着呢！

………………

事到如今我一点也不怨，怨谁好？恨谁好？你我五年的相聚只是幻影，不怪你忍心去，只怪我无福留，我是太薄命了，十年来受尽千般的精神痛苦，万样的心灵摧残，直将我这颗心打得破碎得不可收拾，今天才真变了死灰的了，也再不会发出怎样的光彩了。好在人生的刺激与柔情我也曾尝味，我也曾容忍过了。现在又受到了人生最可怕的死别。不死也不免是朵憔悴的花瓣再见不着阳光晒也不见甘露了。从此我再不能知道世间有我的笑声了。

…… ……

苍天如何给我这样惨酷的刑罚呢！从此我再不信有天道，有人心，我恨这世界，我恨天，恨地，我一切都恨。我恨他们为甚么抢了我的你去，生生的将我们两颗碰在一起的心离了开去，从此叫我无处去摸我那一半热血未干的心。你看，我这一半还是不断地流着鲜红的血，流得满身只成了个血人。这伤痕除了那一半的心血来补，还有甚么法子不叫她不滴滴的直流呢？痛死了有谁知道？

徐志摩的前妻，也是发妻幼仪，平生不善文字，可是，我始终相信，她是最爱他的那一个。爱到，爱到徐志摩对她冷情冷心、口狠意狠，逼她离婚她便离婚，他想抛弃便可抛弃，抛弃了，甚至他死掉了，还为他一守三十年。那么，得知志摩死讯，这个不善动笔的女人，她的心里的痛，绝不会比林徽因和陆小曼少一分。而她没有文字流传，也便少了供后世人咂摸味道的橄榄，她的痛便是她一个人的，如暗夜孤独开放的花朵，夜夜明艳，没有救赎。

还是回到林徽因吧，徐志摩死后，她让梁思成取回一块失事飞机的残骸，逝者已矣，睹物思人，只好如此。梁思成懂她、理解她，由着她把此不祥之物挂在卧室，上面缠绕着死者黑色的灵魂。

日日里抬头即可望见，林徽因不知会做何感想，只是她说过一句话：死不一定比生苦。是的，很多时候，我也有这种感觉。有的时候，真的是死亡比存活更慈悲。逝去的灵魂解脱了沉重的肉体，可以自由地飞翔，可以将尘世间一切缠绕轻轻拂去，如同对待蛛丝，可是生者不能。

生者永远怀念。

如同怀念照夜的流萤，如同怀念取暖的柴薪，如同怀念诗的长河中，永远逝去的波光柳影。

生者中，也包括我们。而他的那首《再别康桥》，就此成为文学史上的绝响：

> 轻轻的我走了，
> 正如我轻轻的来；
> 我轻轻的招手，
> 作别西天的云彩。
>
> 那河畔的金柳，
> 是夕阳中的新娘；
> 波光里的艳影，
> 在我的心头荡漾。
>
> 软泥上的青荇，
> 油油的在水底招摇；
> 在康河的柔波里，
> 我甘心做一条水草！
>
> 那榆阴下的一潭，
> 不是清泉，是天上虹；

揉碎在浮藻间，
沉淀着彩虹似的梦。

寻梦？撑一支长篙，
向青草更青处漫溯；
满载一船星辉，
在星辉斑斓里放歌。

但我不能放歌，
悄悄是别离的笙箫；
夏虫也为我沉默，
沉默是今晚的康桥！

悄悄的我走了，
正如我悄悄的来；
我挥一挥衣袖，
不带走一片云彩。

9 | 浮花浪蕊都尽

浮花浪蕊都尽，从此性命相知。

昨晚和朋友吃饭，人声喧嚷，最无诗意，却突然想起这句似诗不似诗的话，只觉一下子心被击中，发空发痛，连周围的人声亦不再听见，好像脑海里在放电影，却又说不上来什么影像，只觉得悲凉与情深。

是的，浮花浪蕊都尽。

人活世间，怎么可能。

张爱玲不是不爱胡兰成，今人看得张爱玲千重万重，胡兰成也看得她千重万重，且跟她下婚帖，只求"岁月静好，现世安稳"。殊不知在此之前，先有发妻；发妻已死，再娶王氏；王氏尚在，又勾爱玲；虽因爱玲而离婚，却又现放着爱玲，勾上小周；然后做了汉奸外逃，孰料惶惶然到处存身不稳，居然还有心思勾搭别人的妾，当初称得个"范先生"，后来就直叫人家的名字：秀美；后来中土待不住，逃奔东瀛。先恋有夫之妇一枝，娶其不成，又娶别人的遗孀，佘氏爱珍……

可怜了爱玲这个"民国时代的临水照花人"。岁月静好，他胡兰成及不上；现世安稳，竟然也是虚比浮词。爱玲千里万里奔到温州去，他早已娶了别人为妻，只好黯黯转身，春愁生无际。断绝便断绝吧，还给他寄来三十万元的稿费；断绝便断绝吧，偏偏胡兰成又思之不足，要去撩拨，寄书去，寄信去，腻腻痴痴，缠夹不清，叫人看他不起。

　　且对小周，亦是如此。在时恩深义重，临别赠言好不让人唏嘘："此番离别，譬如人家出门做生意，三年五年在外，亦是常事，家里妻子也安心等待。好花总也看不尽，又如衣裳不可一日都着尽，要留着慢慢着，我们为欢方未央，亦且留到将来，我们还有长长的日子。"孰料脚一离开，就把她抛闪了千里万里，娶了秀美。对着秀美亦赞道"只是好像春色恼人，却没有名目得不可以是相思。女人矜持，恍若高花，但其实亦是可以被攀折的，唯也有拆穿了即不值钱的，也有是折来了在手中，反复看愈好的。"可惜赞也赞过了，转头又远远抛开，逃奔东瀛。接着他又恋上一枝，起意要折到自家房里："春天电车路边樱花开时，我在车站接着了一枝，两人步行到我的住处。她穿的鹅黄水绿衫裙，走得微微出汗，肌体散发着日晒气与花气，就像她的人是春郊一枝花，折来拿进我房里。"最后一枝花开在别人家里，他却又勾上同样逃亡东瀛的伪南京政府中吴四宝之妻佘氏爱珍——他真是把自己当成贾宝玉，见了女子便"好哇！好哇！"地赞，想起自己身世便"悲呀！悲呀！"地叹，全天下都是他的大观园，此是袭人，此是晴雯，此是宝钗，此是黛玉，就连五儿，都占有一席之地。可惜他又没有宝玉钟情一人的贵气与坚执，或可与"浪荡子情遗九龙佩"的贾琏一比，哪怕是千年万载都尽，依旧不过浮花浪蕊一支。

　　这人真如龚定庵的一首戏诗：

　　　　偶赋凌云偶倦飞，
　　　　偶然闲慕遂初衣。
　　　　偶逢锦瑟佳人问，
　　　　便说寻春为汝归。

且后面有胡兰成的一句按语："龚定庵这首诗，被王国维评为轻薄，但王国维是以尼采哲学附会《红楼梦》的人，他不知汉文明是连楚辞都嫌太认真。"果然这个人是连《楚辞》都嫌太认真的人，所以才会挑花诱朵，处处留情。只是不知，汉文明里，是否遍地都是他胡兰成？

读《神雕侠侣》，看到这样一段：

> "十年生死两茫茫，不思量，自难忘。千里孤坟，无处话凄凉。纵使相逢应不识，尘满面，鬓如霜。"这是苏东坡悼亡之词。杨过一生潜心武学，读书不多，数日前在江南一家小酒店壁上偶尔见到题着这首词，但觉情深意真，随口念了几遍，这时忆及，已不记得是谁所作。心想："他是十年生死两茫茫，我和龙儿已相隔一十六年了。他尚有个孤坟，知道爱妻埋骨之所，而我却连妻子葬身何处也自不知。"接着又想到这词的下半阕，那是作者一晚梦到亡妻的情境："夜来幽梦忽还乡，小轩窗，正梳妆；相对无言，惟有泪千行！料想年年肠断处，明月夜，短松岗。"不由得心中大恸："而我，而我，三日三夜不能合眼，竟连梦也做不到一个！

无论是诗人词客，侠人武士，情之一字，种之在心，种子里是一个人，开出花来也没有变成另一个人，及至花谢，仍旧是她，那便是浮花浪蕊都尽，唯留下性命相知。

只是，这"浮花浪蕊都尽"，却恰如一句咒诅，要爱人的那一个或者被爱的那一个死去，方算得真正的"浮花浪蕊都尽"，唯留下"性命相知"。为什么这人间这么复杂，这世界这么凉薄，这命运这么冷落，这结局这么悲哀。

所以，当有人轻轻巧巧说人生如诗如画，我却看到一蓬蓬纠缠不息的乱麻；当有人看到人生像一篇沉静优美的散文，我却看到人生好比大锅，锅里沸腾着欲望，锅下燃烧着柴薪；当有人看到人生像一篇跌宕起伏的小说，我却看到哇，我却看到迎头拐角处，命运险恶的微笑。

是真的险恶。

五年前，我和丈夫去五台山参拜，然后四处游玩，行至人迹罕至处，更有些提心吊胆，却偏偏见远远有四五个大男人迎上前来。那一刻心都提到嗓子眼。我说我跑不快，真有什么事情，你快点跑，然后找人来救我。丈夫说你说的什么话，我不跑，咱们死都死在一起。

——真希望时间定格。

——真希望我在那个时候死去，或者他在那个时候死去。

因为那个时候，我们彼此相爱。

而现在，丈夫在外面养外室，处心积虑瞒了我三四年，及至发现，剑拔弩张，声声质问："你为什么给我实施家庭冷暴力？""你为什么不给我温暖？""因为你的原因，我才走上出轨的道路。"

他看不见我熬白的头发，他看不见我怕自己早死之后，他生活无着，拼命为这个家打拼所做的努力，他看不见我因为勤奋创作落下的腰病、颈椎病，也看不见我的寂寞、我的孤单，夜夜只有一只猫相伴，夜夜瘦尽灯花。

> 周公恐惧流言日，
> 王莽谦恭下士时。
> 若是当年身先死，
> 一生真伪有谁知。

我倒宁愿当年身先死，强如而今辨清真伪，五雷轰顶。心里塞进一团荆棘，痛到无法呼吸。这个世界上，真的是要浮花尽、浪蕊尽，性命亦尽，若无反目，方敢称相知。

曾想过把自己低到尘埃，再在尘埃里因为爱煞了尘世开出一朵花来，可是再怎样强自淡定，却仍旧做不到宠辱不惊。流年似水滔滔过，世事如棋局局新，人最怕清寂，因会有许久未曾晾晒的情绪沉渣泛起，而往事如烟如雾，撩拨上来，排解不开。

有一种说法，叫作人生如梦。其实人生不是如梦，它就是一场梦。梦醒后，灵魂真正苏醒，才会发现原来尘世所历，一切皆幻，而每个人，都在假作真时真亦假，无为有处有还无。真正的高人，却是可以做到半梦半醒，入尘出尘。

就像林徽因。

从某个角度看，她就是一个十分入世的人，明目秀颜，慧黠宛转，吸引目光无限。而她又十分擅长自我保护，不肯一掷孤注，是以人生所托亦不非人，不会痴傻如我，落下满心伤痕。

可是，从另一个角度看，她又是一个十分出尘的人，世人总爱质疑她对徐志摩的感情，说她走也走得利落，轻而易举转身，徒留下惆怅吟咏《再别康桥》的才子诗人。可是，她任你猜疑，她只是做了她自己。徐志摩活着时各自虽无浪蕊，却各有浮花；而徐志摩死后，她却与他性命相知。

徐志摩触山而亡，林徽因在致胡适信中说道："这几天思念他得很，但是他如果活着，恐怕我待他仍不能改的。事实上太不可能。也许那就是我不够爱他的缘故，也就是我爱我现在的家在一切之上的确证。志摩也承认过这话。"

是的，我理解。若徐志摩活着，她仍旧是与他若即若离的一弯上弦或是下弦的月，一颗若隐若现的星。因为纵使她爱他，她却更爱她的家。可是志摩死了，好比一个提坠着自己不馁坠红尘的人离开了红尘，剩下自己，与万丈红尘为伴，时时思念。

而思念的结果，便是这朵瘦荷再度去香山养静、养病。安静了，文学细胞又奔跑跳跃，逼着她去捕捉那些光影一样变幻不定，又泡沫一样会轻易消失的记忆与情绪。一首熟悉的曲子，会让她想起自己做小女孩的时代，坐船穿过印度洋回家，月光、舞蹈、热带的星空和海上的空气，"那一小片被称作青年时代的东西，和一首歌里短暂的轻快片断一样，像梦幻一样地迷住了我，半是忧愁半是喜悦，我的心中只是茫然若失。"

第六卷

人间净莲冉冉开

1 | 你为什么不在

徽因的肺病已属沉疴痼疾，后来死也是死在这个上面。肺病啊，并不真的如鲁迅先生所讲，吐半口血，侍儿扶起，去看白海棠。那样的诗意，背后却是心头无限的哀伤。

志摩死后，徽因的心情一直落雨、漫阴，少有放晴。这是旧疾复发的根。即便是在山中养病，所思所想，也不离那个已早逝的人。

这，大概就是命定，就是前因。

前世里也许他们真的曾为夫妻，曾为爱侣，曾为寇仇，不死不休；今生甫一遇见，便遭沉陷。而徐志摩决定触山而亡，不晓得是不是为了验证那些哀悼他的人们，有没有人真正为他流泪。

那么，林徽因哭过吗？谁知道呢，她的诗里没有写，这样一个女子，又怎么肯在人前显露自己的哀伤。林徽因是风雅的，徐志摩也是风雅的，两个风雅的人，演绎了一出深情的康桥之恋。她是他心中的灯，他是她心中的梦，她渴望生于红尘、活于红尘，尊重红尘一切游戏规则，而他却渴望生于红尘，高于红尘，一切能够所欲随心，所以两个人才最终分开。而林徽因却不能不愧，虽然徐志摩不曾像世上一些小男人那样质问："你怎么可以离开我？难道不知道我为了你，都抛弃了结发妻子吗？"也不曾死后魂魄来托梦，说："你怎么可以不想我，难道不知道我为了你，痴心不改，从未曾悔过有当初？"

　　她愧，所以她希望徐志摩幸福。徐志摩娶了陆小曼，那样恩爱，那样缠绵，又那样疲惫，那样忧伤，她也许晓得，也许不晓得，可是无论如何，她总归是盼望着徐志摩好的。也许她自己也晓得，她是徐志摩的药，徐志摩是火里莲花，她便是雪山下的溪泉。徐志摩是动荡不安的瀑布，她便是月光下一株恬静的桂花树。他的不稳定和不快乐在遇见她的时候，便会悄悄消散。

　　有时候想，"情"这个字，真让人莫名所以，又难以承当。还不如不识情、不懂情、不动情，方能免得一生苦痛的不了情。黛玉若能遵嘱不离家门，不见外人，一世不闻哭声，此心如木如石冰冷，也许便不会有日后和宝玉纠葛的苦难与伤痛。林徽因对徐志摩的情，好比一盏莲灯：

莲灯

　　如果我的心是一朵莲花，
　　正中擎出一枝点亮的蜡，
　　荧荧虽则单是那一剪光，
　　我也要它骄傲的捧出辉煌。
　　不怕它只是我个人的莲灯，
　　照不见前后崎岖的人生——
　　浮沉它依附着人海的浪涛
　　明暗自成了它内心的秘奥。
　　单是那光一闪花一朵——
　　像一叶轻舸驶出了江河——
　　宛转它飘随命运的波涌
　　等候那阵阵风向远处推送。

165

算做一次过客在宇宙里，

认识这玲珑的生从容的死，

这飘忽的途程也就是个——

也就是个美丽美丽的梦。

是的，说到底，它不过是一个美丽的梦。林徽因对徐志摩，也许不是不爱，而是不敢。哪个女人不希望和需要被人呵护与疼宠，可是她终归理智大于热情，做不到徐志摩付出一斤，她便也能付出一斤。徐志摩敢于燃命为烛，为一个"爱"字付出全身心，她要的却是眉不移目不瞬的安稳。她是春鸟，愿意在春光里的软柳条上啼鸣，却更愿意营造一个窝巢，窝巢里有几只小鸟，一个爱人。

只是时光如水，掀起惊涛骇浪，软柳条炙焦成了火炭，春鸟再想扒着柳条打秋千，何可得矣？若是不想扒着柳条打秋千，心里又是不肯忘，不能忘，舍不得忘。

别丢掉

别丢掉

这一把过往的热情，

现在流水似的，

轻轻

在幽冷的山泉底，

在黑夜 在松林，

叹息似的渺茫，

你仍要保存着那真！

一样是月明，

一样是隔山灯火，

满天的星，

只使人不见，

梦似的挂起，

你问黑夜要回

那一句话——你仍得相信

山谷中留着

有那回音！

　　徐志摩死后，林徽因次年写下这首诗，几年后发表出来。林徽因没有提别丢掉什么，可是她自己晓得她不想丢掉什么。世间事，最怕情伤，最怕怀想。尤其天人两隔，情伤难愈，怀想难见。为什么罗密欧会自杀以殉朱丽叶？为什么贾宝玉会掷玉而出，出家为僧？只是不想怀念，不愿去想，这样的疼痛真是难挨。清风还在，明月也在，康桥还在，柔波也在，可是你为什么不在？

21丨山河日月，春风牡丹

可是，再怎样的忧伤和怀念，也阻挡不住林徽因执着于事业的一颗心。

"出山"后，她经常和思成出去考察古建筑。他们到了龙门石窟，那九座庞大的佛像或立或坐，徽因说，"他们都瞪着我"。她被这种盛大场面催逼出恐惧来，也只好瞪着他们，连眼珠都不敢错开。

然后又去开封，并准备到山东的二十三个县。到处都有艺术和人文的美，也到处都有吃住地方的脏与臭。

而且，有知识的上层阶级和贫苦农民之间，横隔着怎样一道天堑样的鸿沟！老百姓没饭吃可以到城里干苦力、拉洋车、烤白薯、打把式卖艺，要不然就是把自己家里树上结的梨、苹果、桃、柿子，和自己家里应时赶节包的粽子赶到城里来卖，"小粽子大枣儿啵——"但是，很少见到城里的知识分子下乡去。没有方便的交通工具，小客栈里都是大盘炕，虱子乱爬，厕所里满是蛆。而且，说不定还会碰上土匪，打劫绑票都有可能。梁思成在一篇调查日记里写道："六月二十八日……行三公里雨骤至，避山旁小庙中。六时雨止，沟道中洪流澎湃，不克前进，乃下山宿大社村周氏宗祠内。终日奔波，仅得馒头三枚（人各一），晚间又为臭虫蚊虫所攻，不能安枕，尤为痛苦。"

这里，我要特别说一说思成和徽因对河北省正定县的考察——我是正定人。

正定，原名真定，三国名将赵子龙的故里。至清朝雍正元年（公元一七二三年），因避世宗皇帝名讳，始改真定为正定。自北魏皇始三年（公元三九八年）起，它就一直是郡、路、州、府的所在地，一九九四年被国务院命名为国家历史文化名城。

一九三三年四月十六日，梁思成第一次考察正定，徽因未随行。思成和绘图员莫宗江老远就看见"正定菩萨"，一个"有四十二只手的观音铜像，大约七十英尺高，站立在一座漂亮的大理石宝座上"。覆盖佛像的三层楼已不存在，观音就站在露天中。梁思成在其整理的《正定古建筑调查纪略》中写道："今春四月正定之游，虽在兵荒马乱之中，时间匆匆，但收获却意外的圆满。"

同年十一月，梁思成偕徽因进行了第二次考察，"留定旬日，得详细检正旧时图稿，并从新测绘当日所割爱而未细量的诸建筑物。"这次考察"成图盈箧"，满载而归。

后面还有第三次。梁思成他们的多次考察，除形成了《正定古建筑调查纪略》的考察总结，还绘制了大量的古建筑结构图，拍摄了许多建筑结构图片，为后来大批文物的"修旧如旧"提供了翔实资料和科学依据。除此之外，更确定了不少重要建筑的建造年代——正定古城历千年，这些古物蒙着历史烟尘，看不清头脸，直待他们来到，才有了各自的名目与身份。好比孙悟空初炼人身，蒙师傅赐名，圈盘腿拐呀拐地礼拜谢恩，我代它们欣幸不尽。

就这样，思成和徽因出山入野，发现湮没在历史尘埃中的一砖一瓦，一根立柱，一处斗拱，一尊雕像，"无论哪一个巍峨的古城楼，或一角倾颓的奠基的灵魂里，无形中都在诉说乃至歌唱时间漫不可信的变迁"。

后来，林徽因在一次聚餐时结识了美籍学人费正清、费慰梅夫妇。一九三四年，费正清、费慰梅夫妻和梁思成、林徽因夫妻到山西联合考察。四个人各有分工，费正清和费慰梅负责丈量等较简单的工作，思成拍照和做记录，徽因从寺庙的石刻上抄录重要的碑文。就这样一路考察，租汽车、乘驴车、雇渡船、人力车，露宿门楼，和早就住在那里的兵士们为占地方争吵。又累、又饿、又疲乏，却一直坚持着。

徽因美丽而不温婉，这一点恐怕环境越艰苦，就表现得越明显。而他们的环境一直是艰苦的。这一点在她给思成的妹妹思庄的信里有生动表述：

　　……出来已两周，我总觉得该回去了，什么怪时候赶什么怪车都愿意，只要能省时候。尤其是在这几天在建筑方面非常失望，所谓大庙寺不是全是垃圾，便是代以清末简陋的不相干房子，还刷着蓝白色的'天下为公'及其他变成机关或学校。每去一处都是汗流浃背的跋涉，走路工作的时候又总是早八至晚六最热的时间里，这三天来可真真累得不亦乐乎，吃的也不好，天太热也吃不大下，因此种种，我们比上星期的精神差多了。

徽因连神经末梢都是敏感的，当她休息好，精神饱满，就欢天喜地，爱山爱水，爱一路上的小困难和小遭遇。一旦累了或是情绪低落，就会像个刺猬一般扎手，火球一样难对付。环境搞得大家都不好受，可是别人都默默忍受，她却要"大声咒骂"，这一点对费慰梅刺激很大，她开始怀疑：林徽因面对现实的大声抗议，和自己消极地等待这种情况过去，究竟谁对？

也许都对，也许都不对，反正徽因不管对不对，就是要不管不顾地发泄。这一点跟我们通常对于美人儿的理解可不大相似。这也就是她之所以成为她，而不是别的什么美女的原因。个性鲜明、强烈到让人无法忽略。

其实，营造学社是搞文字工作的，把学术研究建筑在平面上，徽因和思成们原本可以待在好好的家里，过自己好好的小日子，是他们的"野心"太大，要在一片空白的布上织出立体的经纬，最好是平金的，绣出山河日月，春风牡丹。

只是日月并出，不见了傍月的一颗星；春风牡丹，也没有了软柳青荇的招摇。缘深缘浅，缘迟缘早，一切皆于前世有了预料，而今生，却是分离与怀想，都教人猝不及防。

3 | 未曾预知，格外疼痛

若干年前，我曾经玩过一个极其无聊的游戏。

一个朋友在网上聊天，处了一个情人，为此和丈夫要死要活地闹离婚。劝也劝不醒，骂也骂不醒。然后，我就和她讲，你把那个人的QQ号码告诉我，我来加上他，勾引他一把。若是勾引不动，说明对你的情真，你再离婚我便不拦。

然后便加上了。

我其实是个中规中矩的女人，还在踌躇应当怎样勾引，对方却已经急吼吼地扑上来，一通"美眉""妹妹""心肝宝贝"地乱叫。

朋友在一边观阵，我扭头看她，她已是面如死灰。

当天晚上她割了腕。没死成。

现在的她风情万种，换男人如同走马灯。那个当初的男人呢？早不知道扔在了哪个角落，蒙上灰尘，对方死活，再不与她相干了。

真是没有岁月静好，真是没有现世安稳。真是没有罗密欧与朱丽叶，没有梁山伯与祝英台，没有贾宝玉和林黛玉，没有真情、真意、真心。江湖漂流，皆为过客，何处是故乡呢，诸位？

既然灵魂选择了尘世漂流，便是要万千滋味皆尝遍，阴晴圆缺都经历，山重水远流年暗换，明明不该伤心、悲悼、痛恶、厌恨、留恋、怀念，可是仍旧禁不住伤心、悲悼、痛恶、厌恨、留恋、怀念。佛说要放下，禅说要淡定，可是我们不是佛，我们是众生，我们贪的是情，情至无路方参禅。

及至情波翻涌，终归平静，方才有余暇看到天上的繁星，草间的流萤。到那时，已经是垂垂老矣。有的人感觉遗憾，因没有把这些美景早看见；有的人感觉满足，因为最后终于有机会看到了这些美景。无论是怎样的情绪，反正是抬头低头间，已经过去一生。

有的时候，我会羡慕那些未及懂得人事便离世早殇的人，不是，是羡慕那人的灵魂。他不肯体验人世间的离合悲欢，亲密、疏离、背叛与生死相隔的渺远。而活着的人，谁也不晓得自己下一刻下一秒会经历些什么。

谁也不想在活着的时候留遗憾，可是谁的人生又敢自称是完满？这一刻还满心幸福，下一刻便发现幸福原来是一个一厢情愿的巨大谎言，一经发现被分离，此后便身陷荆棘，心窝里插着一根刺，强颜欢笑地行走在人世。本来想着和那个人一起听虫鸣鸟唱，闻花香看月缺月圆，可是失了魂的人已经不懂恩情，当初的喁喁情话，如今都成了霜刀利剑，一瞬间一切前世今生，都已经七零八落、残缺不全。

徐志摩的死，在林徽因的心里算是划下一道未曾预知，因此格外疼痛的伤痕。好在她是一个清明、理性的人，晓得前事已矣，日子还需按部就班过下去。大概每一个曾经年少过的小妇人都会逐渐变得清明、理性，而这些，我们称它为成熟，称它为风韵。一个满足地过着自己的日子的人真的很少做一些不切实际的幻梦，只希望日子能够在波澜顿起之后，能够尽快恢复自己的平静。

数年前，我曾经写过一篇叫作《落叶满阶红不扫》的文章，也是一派少妇情怀，自命已经落入秋天，心境也当如秋日的天空，寥廓静远：

秋天来了，一个小和尚天天扫落叶，扫得自己头大："这要扫到哪一天才算完哪？"一个和尚跟他说："你把树上所有的黄叶全都摇下来扫出去，不就省事了？"于是他抱住树狠命地摇哇摇，叶子铺满一地，他高高兴兴地全部清扫了出去。第二天清晨，他傻了眼，昨天的绿叶一夜之间变黄，然后落下，地上仍旧一片狼藉。老和尚摸着他的头说："傻孩子，落叶是扫不完的，今天干完今天的事就好了，不必为明天忧虑。"

我就是那个小和尚，企图把一生的事一天做完，而且对不可知的明天有过多的不安。为什么不低下头来，干好今天的事就好呢？安住当下，享受今生，何必要为过去追悔什么，为明天忧虑什么，为来生预约什么。

"西宫南内多秋草，落叶满阶红不扫"，层层叠叠的红叶是凄绝的心事。如此纠缠不清的时间和经历里，也许我倒真的应该把过去一切像落叶一样清扫出去，留一片空地给月光，留一片空地给霜雪，留一片空地给未来，留一片空地给自己。

然后我就会发现，其实秋天不光有落叶，还有成排成阵的大白菜，被稻草裹住叶裙，安静地在风中站立。棉花开得雪白，一只蟋蟀咯吱咯吱地叫着，天上一片一片的云彩。而秋风起兮，遍地落叶遍地金也是不错的景致。秋草蓬松，雨丝斜织里一派清明的酸辛岂不正是秋的本味。

现在人到四十，果然是一派清明，一派酸辛。秋天真的来了，而日子，却不能再恢复平稳，始知世上事不知比知道更仁慈，不晓得比晓得更幸运。

我不是林徽因，既及不上她的优雅安闲，也及不上她的胆敢驾驭风口

174

浪尖；既及不上她的诗情画意，又比不过她的呼风唤雨。她的柔婉我此生不能及，她的淡定我拍马也赶不上，不过她的对事业的执着与热忱，我自忖理解，也许能够与她比肩。因再怎样的难过、心伤，笔始终未停，除了掉眼泪，不敢枉费哪怕一分钟，因为光阴促迫，甚至对尖刻的生命也来不及有怨。

徐志摩死后，林徽因仍旧过着属于她自己的光阴。一九三三年，参加朱光潜、梁宗岱每月举办一次的文化沙龙。这个我一点也不陌生，因为我们本地也曾经举办。文朋诗友齐聚一堂，或朗诵自己创作的篇章，或吟咏中外的诗歌和散文。在此时，大家总是忽略她是一个建筑师，也没有人会误认为她是一个洗手做羹汤的寻常妇人，她风情万种，丽质可人，宛如春季花开，似这般姹紫嫣红开遍，管他是不是付与断井颓垣。似水流年，她是那个时代以及我们这个时代的——人间四月天。

41 | 秋天，这秋天

可是，林徽因是记得自己是个建筑师的，忘不了她的建筑事业。文学与诗歌，不过是她闲暇之余的挑花绣朵，而建筑，方是她安身立命的法宝，是她生命的根。她在心伤养病之后还四处奔波，其中还到过我的家乡正定。到现在每每看到那些古代建筑的雕梁画栋，斗角钩心，便不由怀想：这里梁思成和林徽因看过，那里梁思成和林徽因也看过……

当年她欣赏这些美轮美奂却蒙尘古旧的古代建筑的时候，也许，她便忘怀了曾经历经的一切，包括有一个人永远地离开了自己，以一种突兀至极的方式。可是，这也是一种仁慈。让她晓得这个人爱了她一世，一直到死。

浮生若梦，一切都如过眼烟云。一念及此，便想起客厅张挂的那一幅字："滚滚长江东逝水，浪花淘尽英雄。是非成败转头空。青山依旧在，几度夕阳红。白发渔樵江渚上，惯看秋月春风。一壶浊酒喜相逢。古今多少事，都付笑谈中。"

就连那"谈笑间，樯橹灰飞烟灭"的人物都已经化作了灰烟，那"酒池肉林"的人也化作了灰烟，那"回眸一笑百媚生"的人也化作了灰烟，那风流浪子也化作了灰烟，那侠士豪客也化作了灰烟，赋诗作词的人呢？风流宛转的人呢？锄豆溪东和织鸡笼的农人呢？溪头卧剥莲蓬的小儿呢？

醉里吴音相媚好的白发翁媪呢？都化作了灰烟。

人间历史何止千年，被记在史册的又有多少？名将美人终化枯骨，读不少灵异小说，追溯哪朝哪代的美人，因不甘阴司寂寞，想办法化妖也要来到世间，兴风作浪一番，最后还要被天师打到魂飞魄散，也不知悔改。因为害怕寂寞，害怕被遗忘。可是终归被遗忘。历史很薄情、很寡恩，能被它记住的能够有几人？所以林徽因很幸运。

我们记住了她的风华、她的名句、她的摇曳的诗情：

> 我说你是人间的四月天；
> 笑声点亮了四面风；
> 轻灵，
> 在春的光艳中交舞着变。

其实历史很有趣，被人记住也会很偶然，"桃李春风一杯酒，江湖夜雨十年灯"，"雨中黄叶树，灯下白头人"，"悄悄的我走了，正如我悄悄的来；我挥一挥衣袖，不带走一片云彩"，"黑夜给了我黑色的眼睛，我却用它寻找光明"，"我有一所房子，面朝大海，春暖花开"，"惟愿岁月静好，现世安稳"，"帘卷西风，人比黄花瘦"，就这样简简单单的一句诗、两句话，便可以如针尖，把浮世红尘的人心戳痛，让人们记住做了这诗、写了这话的人。

而文字，在这个时刻，就是一盏灯，映照着起起伏伏的心情。微雨落花，露滴荷瓣，黄叶飘飘，红梅吐香，人间四季，引发人心底无限感念。即使是不擅长用文字表达情绪的人，都有一种鼓翅欲翔的冲动。少时秋季落雨，伴有秋风，满地黄叶飘飞，打着旋，不会写诗却产生了一种莫名惆怅的诗情。

这份诗情映射到如今的人到中年，也就爱上了林徽因的诗，《秋天，
这秋天》。

　　　　　　这是秋天，秋天，
　　　　　　风还该是温软；
　　　　　　太阳仍笑着那微笑，
　　　　　　闪着金银，夸耀
　　　　　　他实在无多了的
　　　　　　最奢侈的早晚！
　　　　　　这里那里，在这秋天，
　　　　　　斑彩错置到各处
　　　　　　山野，和枝叶中间，
　　　　　　像醉了的蝴蝶，或是
　　　　　　珊瑚珠翠，华贵的失散，
　　　　　　缤纷降落到地面上。
　　　　　　这时候心得像歌曲，
　　　　　　由山泉的水光里闪动，
　　　　　　浮出珠沫，溅开
　　　　　　山石的喉嗓唱。
　　　　　　这时候满腔的热情
　　　　　　全是你的，秋天懂得，
　　　　　　秋天懂得那狂放，——
　　　　　　秋天爱的是那不经意
　　　　　　不经意的凌乱！

但是秋天，这秋天，
他撑着梦一般的喜筵，
不为的是你的欢欣：
他撒开手，一掬璎珞，
一把落花似的幻变，
还为的是那不定的
悲哀，归根儿蒂结住
在这人生的中心！
一阵萧萧的风，起自
昨夜西窗的外沿，
摇着梧桐树哭。——
起始你怀疑着：
荷叶还没有残败；
小划子停在水流中间；
夏夜的细语，夹着虫鸣，
还信得过仍然偎着
耳朵旁温甜；
但是梧桐叶带来桂花香，
已打到灯盏的光前。
一切都两样了，他闪一闪说，
只要一夜的风，一夜的幻变。
冷雾迷住我的两眼，
在这样的深秋里，
你又同谁争？现实的背面
是不是现实，荒诞的，

果属不可信的虚妄？

疑问抵不住简单的残酷，

再别要悯惜流血的哀惶，

趁一次里，要认清

造物更是摧毁的工匠。

信仰只一细炷香，

那点子亮再经不起西风

沙沙的隔着梧桐树吹！

如果你忘不掉，忘不掉

那同听过的鸟啼；

同看过的花好，信仰

该在过往的中间安睡。……

秋天的骄傲是果实，

不是萌芽，——生命不容你

不献出你积累的馨芳；

交出受过光热的每一层颜色；

点点沥尽你最难堪的酸怆。

这时候，

切不用哭泣；或是呼唤；

更用不着闭上眼祈祷；

（向着将来的将来空等盼）；

只要低低的，在静里，低下去

已困倦的头来承受，——承受

这叶落了的秋天

听风扯紧了弦索自歌挽：

这夜，这夜，这惨的变换！

整首诗如大珠小珠落玉盘，天生的灵气逼人，且没有黛玉那种"秋花惨淡秋草黄，耿耿秋灯秋夜长，已觉秋窗秋不尽，哪堪风雨助凄凉"的惨淡境况，读来使人跳跃、快乐，想要唱歌。说不上温软，却脆快轻响。但是，结尾那句"这叶落了的秋天，听见扯紧了弦索自歌挽：这夜，这夜，这惨的变换！"又教人心头惨淡，因为知晓她在怀念一个逝去的故人。庄周梦蝶，还是蝶梦庄周，谁也说不清，你又敢说，那已经离世的人，他的灵魂，没有在另一个异度空间，怀念着这个美妙的女子——林徽因？

好在这首诗也明明白白向我们告知，她终究不是那种凄哀悲情的小女人，她有过往，更有未尽的人生，纵使怀念，却不会沉沦。她身如蒲柳，心却柔韧。她的灵魂经此一世，更觉圆满，纵使将来如烟如缕，消散于这片红尘，思之也会令人倍觉安宁。

5 | 心如净莲

没有人不爱这句诗："执子之手，与子偕老。"

可是从"执子之手"到"与子偕老"，却是一个复杂而漫长的过程，套用我大爱的《士兵突击》里面袁朗的一句话，就是："长相守是个考验，随时随地，一生。"

从最初的"参差荇菜，左右流之，窈窕淑女，君子求之"，和"氓之蚩蚩，抱布贸丝。匪来贸丝，来即我谋"，到君子把窈窕淑女追到手，氓靠买丝也钓到了佳人，把女朋友如愿以偿娶回了家，然后那个君子呀，又看上了别的窈窕淑女，那个氓，也因妻子色衰而爱弛。

世上有几人有赵孟頫的妻子那样有才，又有几人像赵才子那样有良心——元代才子赵孟頫，年近五十，慕恋年轻女子，意图纳妾，其妻写了一首《我侬词》：

你侬我侬，

忒煞多情，

情多处热似火。

把一块泥，

捻一个你，

塑一个我。

将咱们两个一齐打破，

用水调和，

再捏一个你，

再塑一个我，

我泥中有你，

你泥中有我，

与你生同一个衾，

死同一个椁。

于是，老赵息了此念，陪妻到死。这样的死，其死如欢。

而我，一直同情那个遥远的《诗经》里的氓妻：

当年那个男人哪，老是找借口来找我，让我嫁他，我说你们家又没有媒人哪，他就把脸拉得比驴脸还长，我说好吧好吧你别生气嘛，我嫁你就是啦。然后他就欢欢喜喜把我娶回家啦，一路上笑语欢歌。可是，"桑之未落，其叶沃若。于嗟鸠兮，无食桑葚！于嗟女兮，无与士耽！士之耽兮，犹可说也。女之耽兮，不可说也。"

什么意思呢？就是说，秋天不来，桑叶沃若，鸠鸟哇那桑葚好比爱情之果，你可是不要吃它，吃下它就吐不出来了；那女子呀，千万不要沉迷于和男子的爱情里面。男子沉迷还有办法解脱，女子一旦沉迷，就一点办法都没有了。因为桑树的叶子会落，男子的心意会变，变了心的男子呀，把你赶出家门，一颗心，冰寒雪冷，丝毫不会顾念旧情……

这就是那个时代的狗血人生。

还有白居易的《井底引银瓶》里的那个傻女子，因为爱上了，就什么也不顾。长发绾成发髻，跟着郎君私奔，结果连正妻也当不上，只能当个上不了台面的妾，就连祭祀祖先都没资格捧菜端饭。真是"为君一日恩，误妾百年身。寄言痴小人家女，慎勿将身轻许人"。

唐明皇身为皇帝，该有资格和所爱的人白头偕老了吧？可是，为了自家的身家性命，还不是赐死了美人？怕听骆玉笙老先生的京韵大鼓《剑阁闻铃》，因为像是看了一场恐怖灵异的电影，那样的凄惨，那样的严冷。玄宗想起贵妃临死，又悔又痛：

> 可怜你香魂一缕随风散，
> 却使我血泪千行似雨倾。
> 恸临危，直瞪瞪的星眸咯吱吱皓齿，
> 战兢兢玉体惨淡淡的花容。
> 眼睁睁既不能救你又不能替你，
> 悲恸恸将何以酬卿又何以对卿。

可是，再怎样，你活着，她死了呀。她死了。你许诺她一生一世，可是到最后却赐了她一个死。到如今你虽然孤衾独枕，她却已是香魂飘零。哪里有执子之手、与子偕老？

想一想，时光如水，白驹过隙，转眼间一切奢侈与华美都成了浪费，管你当初曾经怎样喜悦抑或悲哀，华发渐生，皱纹渐显，心也一天天老去，直到干枯僵硬如冬日的树皮，这个时候，哪里还想得起当初的风起云涌，哪里还想得起当初的天崩地裂。一切都淡然如水，想亦无趣，甚至干脆再也提不起想的心思和兴致。

捧读自己用一生光阴写就的一本书，里面一个个字，当初写的时候也许用的是血，如今却成了黑乎乎的一片，根本不可能如初鲜艳。所以那些虔诚佛子刺破舌尖写经书的虔诚，到最后也会成为影响观瞻的尴尬之举。

到老了再看一片心血写就的生命篇章，明明盼着一生顺风顺水，不料却波澜横生；明明盼着建功立业，不料却庸碌一生；明明盼着嫁得良人，不料却失身浪子；明明盼着富贵尊荣，不料却乞食终生；明明盼着为官做宰，不料却囹圄银铛。明明想着东篱黄菊和酒栽，醉里吴音相媚好哇，不料却反目成仇，人性最丑恶的一面如同败絮，赤裸裸在面前展露。

这样的、这样的不肯尽如人意的人间。

那么，如此相较，林徽因算是幸运的。

那是一个什么样的年代？

看电视，怕看见那个年代的人们衣衫褴褛，面带菜色，拖儿携女，朝不保夕。林徽因却没有过这样的际遇。大风大浪、大苦大悲，她都好像能够躲了过去，好像周身笼罩一层祥光，虽说也行走在世间，却能够风雨不湿。且无论在任何时代，情关总归难过，无数人面临"情"的劫毁，她却也能够在三个男人间把握得周到妥帖，这固然得益于这三位都是谦谦君子，可是，也可见她心如净莲，没有存玩弄男人感情的心思。越是这样的女人，越是净洁，越让人敬爱。

6 | 人间四月天

一九三四年，中国营造学社出版梁思成的《清式营造则例》一书，林徽因为该书写了《绪论》。之后，林徽因、梁思成同费正清夫妇、汉莫去山西汾阳、洪洞等地考察古建筑，这些前文都已经说过。后来她又应浙江建设厅邀请，到杭州去商讨六和塔的重修计划，此外足迹还印在了河南洛阳龙门石窟、开封，又跑到了山东历城、章丘、泰安、济宁，所到之处，目中所及，全都是在考察古建筑。从南到北，由东至西，天涯几乎已成咫尺，今天饮的长江水，明朝北去和雁归。

不知道她累不累。

不过她身姿轻灵，心热如火，估计不会感觉累。因为她热爱这烟火红尘，又热爱她的事业。她不弃世，不厌世。

别人敬她是个诗人，又事业有成，不是只懂得风花雪月、需要被人轻怜蜜爱的姣花软朵一般的清浅女子，我敬的是她的心。她爱这人间，爱它的美好，亦包容它的不够完美，如同爱一朵花开，亦爱一朵花败。人间花开芳菲尽，山寺桃花始盛开，多少人都是览够山河秀色，人间情致，到最后奔赴世外，再也不肯出来，而她始终恋慕这红尘，为这红尘呕尽一颗秀外慧中的才女之心。

我又羡慕她。

她的照片记录着那段我们不曾经历过的光阴，她曾经青涩、曾经稚气、曾经是个妙龄少女，有着杨柳一般柔韧的腰肢，明眸能够剪水；此后她渐渐长大，渐渐老去，却没有老到龙钟老态、齿落舌钝，也没有被时光摧残到忘了当初的本心，从一颗明珠坠落到失了光彩宝色，再从失了光彩宝色坠落成一颗鱼眼睛。她行走红尘，却超出红尘，她融入世俗，却始终和世俗保持一段合适的距离，她好似从来不曾有过大哭大闹的激烈，就像一朵花，就这样在岁月里，静静地，优雅地，老去。

大概是因为每个人的心里都装着一个春天，无论他或者她做着何种职业，怀着怎样心思，结着什么仇敌。所以，我们都会爱上这样的词：爱、暖、春天、百花、鹅黄、绿、柔嫩、白莲、梁间燕，所以，我们也会爱上林徽因的《你是人间的四月天》：

你是人间的四月天
——一句爱的赞颂

我说你是人间的四月天；
笑响点亮了四面风；
轻灵在春的光艳中交舞着变。

你是四月早天里的云烟，
黄昏吹着风的软，
星子在无意中闪，
细雨点洒在花前。

那轻，那娉婷，你是，
鲜妍，百花的冠冕你戴着，

你是天真，庄严，
你是夜夜的月圆。

雪化后那片鹅黄，你像；
新鲜初放芽的绿，你是；
柔嫩喜悦
水光浮动着你梦期待中的白莲。

你是一树一树的花开，
是燕在梁间呢喃，
——你是爱，是暖，
是希望，你是人间的四月天！

    我无意替它做一番艺术分析，那是文学评论家的事，可是这首诗里透露出来的轻灵之气，真是毫端蕴秀，口角噙香，又没有一丝一毫的卖弄风情，所以，没有人会想到这是三十岁如成熟鲜桃一般的林徽因的诗作，而只会误会这是她在十八岁写下的美丽诗篇。

    她的心里干净，是那种十八岁未经人事的干净、未涉尘世的干净。

    世人评价沈从文："星斗其文，赤子其人。"其实，每一个与诗书做伴，与笔墨结亲的人，都有一颗赤子之心。

    所以纵使岁月正敲着战鼓咚咚，眼看就要扬起万千烟尘，她仍旧会有心情采撷下一时一刻的心情，如同捕捉住一个漂亮的光斑，把它如同彩蝶固定下来，形成一种无视岁月流年的端雅绝艳。

    读着它，你不会觉得那个世界马上就要燃起炮火，她时隔不久也便要随众逃难；你也不会觉得你的青春已逝，华发渐生，只觉得心头有一股干净的热流涌动，甚至想起久远年代的爱情。她用一颗干净和诗意的心，替多少人重温了各自的旧梦，也替多少人看到了遗忘已久的锦瑟华年、花枝春满，以及单单属于自己的——人间四月天。

7 | 琴棋书画诗酒花

我羡慕三十岁的林徽因。

世间好女子，我觉得可分别喻为"琴棋书画诗酒花"——

琴样女子："琴者，禁也"。琴不是好弹的，要讲鹤山凤尾，要着鹤氅深衣，要择静室高斋，要有知音相对。"若无知音，宁可独对着那清风明月，苍松怪石，野猿老鹤，抚弄一番，以寄兴趣。"所以说琴样女子是女中之王，清贵孤高，少有人仰攀得起。试问有几个男人是真正的知音？所以她们宁可当哑子。一张案上蒙尘的琴，犹如一把壁间张挂的剑。韩愈作《猗兰操》曰："荠麦之茂，荠麦之有。君子之伤，君子之守。"守的就是这份不肯下降的孤高，而黛玉也只好在无人处自弹自唱："人生斯世兮如轻尘，天上人间兮感夙恩。感夙恩兮不可辍，素心如何天上月。"

西泠名妓苏小小，才华高绝，一十九岁染病而死。病体沉重时，有人问她可曾有什么话留给那些日常交往的人——既是交往，当可称友。她答："交，乃浮云也；情，犹流水也；随有随无，忽生忽灭，有何不了，致意于谁？"把死都变成这样清楚和孤绝的事，她是一个典型的琴样女子。琴样女子多下落不明，不知道流落到哪一处红尘。也许你的身边就有，可是人世苍茫，她并没有对你引弦而歌，所以你也不知道她是不是拥有一把不肯弹于自己的琴。

棋样女子：这样的女子，有心机、有手段、有套路、有规则，看似平静，平静中有杀机，看似安然，安然处却孕惊雷。别看她安静沉默，或娇憨妩媚，很可能你在欣赏和心仪她的时候，她已经把你看作棋坪上的一颗子。你不要给她机会，一旦好风起兮，必然如龙如凤，飞舞九天，而且为了能冲上霄汉，不惜一切。古往今来，红装女子，不动声色中变成日边红杏，倚云而栽，甚至自己成就一番帝业的，都是如棋女子。虽然说"幽窗棋罢指犹凉"是十分惬意幽娴的境界，可是男人你要小心了，能操纵棋样女子的人不多，多半会被她操纵了，霍然梦醒，往事历历，你才伤心地发现她的明眸皓齿中暗含的玄机。

棋样女子一半的命运是用来拼搏和争取，一半的命运是用来扩张和维持。但是长江后浪推前浪，世事如棋局局新，她们的悲剧命运到最后总是被另一个棋样女人取而代之。她的聪明把别人变成她的棋子，她自己却不足以抗拒命运这双无形巨手掭来拨去。这样的女子或穷或富，都胸有大志，或顺或逆，却永远坚忍。男人是打不垮她们的，能打垮她们的，只有命运，所以武则天才会立一个无字碑，千秋功过，任人评说。命运如此，夫复何言。

书样女子：深沉、博大、睿智，悲观主义。看世事如梦，悲凉之雾，遍披华林，相信世上无不散的筵席，所以热闹处，先看到夜阑人散的结局。但也因为先在思想上打好一个色调较低的底子，反而更有益于安宁平静地生活下去——一个对生活没有过分奢求的人，幸福反而来得更快一些。

书样女子也总要嫁人的。她最大的幸福是嫁给一个书样的男人，才能真正实现比翼双飞的境界，就像杨绛和钱钟书，两个人在书中得到最大的宁静，在彼此身上得到最大的安慰。但是对一般男子而言，娶一个书样女子却不是喜剧。你无法驾驭她的灵魂，而且如同登梯，你一日停留，她就从你身边悄悄走过，只留下一个遥远的影子。女人一旦迷上书山胜境，男人有福了，你会少了许多她在外边疯玩疯闹、把头发染黄染黑、把嘴唇涂红涂绿的忧虑，但你也必须接受一个让人沮丧的现实：就算踮起脚来，你也无法理解她的全部含义。

画样女子：这样的女子，美是不消说的，能称得上画的自然脸目漂亮，仗着好颜色倾了人的城与国，这就叫青春无敌，让人没脾气，例如四大美女。但西施无非一个浣纱女子，貂蝉也不过一个女侍，青春的美丽抵不过些浅薄的底子。吴文英为一个人的精通音律的侍妾填一词《高山流水》，拿西子跟她做比："吴中空传有西子，应不解换徵移宫。"古人对西施早有这样的感慨：美则美矣，少些诗情，徒有画意。爱美的男人得之有福了，深刻的男人则有些不遂心满意。

而且当画样女子如同青藤把自己和树样的男人缠缚在一起，就少了精神上的并肩站立。而且岁月如水，容颜老去，只落得靠着回忆自己昔日的美丽度过漫长的一天又一天，最大的消遣，也不过闲坐说玄宗而已。一朵花老在岁月里，是时光给画样女子的最大的哀悯和讽刺。这样的女子外不能主宰命运，内不能主宰内心，所以只能随其流而扬其波，将身抛在大海里，随水浮沉，不知所归。

诗样女子：诗人也，如同薄暮落梅，美则美矣，了则不了。什么事情都能触动神经，一洒同情之泪，所以说诗样女子过于情绪化，所谓"春荣花谢秋折磨"，伤春悲秋是常事。这样的女子，无论命运如何，内心总在漂泊。一茬又一茬的诗样女子，本身就是一阕伤春的诗词。一个女子与贺铸相恋，别后寄之以诗："独倚危栏泪满襟，小园春色懒追寻。深恩纵似丁香结，难展芭蕉一片心。"唐琬被迫和陆游分开，再见时和之以词："世情薄，人情恶，雨送黄昏花易落。"你看，这样女子，非诗而何。当然诗样女子未必都会作诗，但必是情怀如诗，多情、忧伤、美丽。

生活的悲剧就在于把美丽撕碎给人看，这也成了诗样女子逃脱不了的命运。黛玉是标准的诗样女子，感性如宝玉是喜欢的，爱的就是那颗敏感的诗心，但是两人都不被容于尘世，所以只能在走投无路时一个离世，一个遁世。毕竟生活就是生活，它不是诗呀。

酒样女子：光阴把女子情怀酿得如酒、如桃，望着芬芳可爱，尝之如饮醇醪。这样的女子三十开外最是美丽，世事该经历的也都经历了，市侩和冷酷还离自己很远很远。不会见了哪个男人就乱抛秋波，但知己对坐，哪怕什么也不说，安静坦然的友情也就让人微微地醺醉了。

这样的女子很低调，是青石板上微雨里静静走着的那一个，目光平和淡定，把自己融入周遭暮色苍茫的世界。孤独？不怕的。呼朋引伴？不必了。伤春悲秋吗？有一些。也想遇见一个什么样的人来让自己爱一爱，梦还在做着，还没有做醒，就已经知道是梦了。曾看过一段话："这大概就是成熟吧：一种明亮而且不刺眼的光辉，一种圆润而不腻耳的音响，一种不再需要对别人察言观色的从容，一种终于停止向周围申诉求告的大气，一种不理会哄闹的微笑，一种洗刷了偏激的淡漠，一种无须声张的厚实，一种并不陡峭的高度。"

男人得之未必如妻，只要如友，就是有福了。但是你自己先须够格，否则她纵然会理你，但你会有一种怎样努力也触不到她的内心的尴尬。至于所谓的情色男人，想要套牢她，免了。

花样女子：所有美丽的女子都如鲜花，开在世界和时间里，诗酒趁年华。红牡丹、白海棠、紫藤萝，试问哪一种花不美呢？初开时迎风摇晃，半开时娇嫩欲滴，盛开时灼灼其华，开败了，绿叶成荫子满枝。

世上好女子一茬又一茬地成长起来，这对于男子来说既是福分又是折磨，整天想着如何才能得到最多。但是世上好花千千万，千万不要辜负了你手中最可珍惜的一朵。她肯供你攀折，陪你苍老，伴你走过青葱岁月，你的遗忘和背叛会让她无路可逃。花样女子的典型命运本来就是落红成阵，零落舞东风，就算怎样爱护珍重，都是留不住的，更哪堪蹉跎？

那么，在我的心目中，若说十八岁的林徽因是诗样女子，那么，三十岁的林徽因就是酒样女子。她的生命里不独有诗，还有她钟爱的事业；不独有爱，还有她钟爱的家庭；不独有现实，还有她钟爱的梦。

纵使"琴棋书画诗酒花，当年件件不离它。而今般般皆交付，柴米油盐酱醋茶"，可林徽因终究没有一头扎进柴米油盐酱醋茶，白天鹅落地做了家鸭。她的情怀永远没有枯落，她既不是无故寻愁觅恨让人牙酸的半老徐娘，也不是不懂风情为何物的女学者。她的胸中诗意盎然，爱与暖的光线在交舞着变。世事纷繁，她的心情也许无时无刻在变，可是她的美没有变。

——真让人欣慰。

8 | 一半沸腾，一半清凉

徐志摩死了，其实，林徽因不是少了一个爱慕者，而是多了一个永永远远的爱慕者，即使到死，他都是爱着她的；而金岳霖对她是永远只问付出、不问回报，她完全不必因为他的爱而感觉苦恼。如沐春风，大概就是金岳霖给她的感觉。而梁思成呢，这个世界上，还能找得到这样的郎才女貌，这样的志同道合，这样的夫唱妇随吗？

于是，林徽因的老，是有人的爱陪她一起老，有人的心陪她一起老，还有的干脆整个人都在陪她一起老——执子之手，与子偕老。

多么幸运。多么幸福。

有人对梁思成在林徽因死后另娶他人持有异议，觉得有悖夫妻之间的忠贞之道，我倒不这么觉得。

前几年的事了。一大早被噼里啪啦的鞭炮声惊醒，人声喧嚷，邻居在娶亲。这个男人的上一任妻子得的是白血病，我至今仍忘不了他陪伴着重病妻子在楼下缓步的情景，他小心翼翼地搭着她的胳膊，如同呵护娇贵的青花瓷瓶；女人也拿手里的小手绢替他擦额角的汗。其时花坛里石榴花红，他居然也有心情跑过去摘一朵，笑嘻嘻地替妻子簪在鬓边，妻子原本苍白的脸竟然也多了一丝爱娇的红晕，二人恩爱羡煞旁人。没想到妻子去世一年不到，已是新人换旧人，令旁观的我暗叹男人薄情。

很早以前读过元稹的悼亡诗。元妻韦丛是太子少保韦夏卿的幼女，却偏偏看上贫穷的元稹。

顾我无衣搜荩箧，
泥他沽酒拔金钗。
野蔬充膳甘长藿，
落叶添薪仰古槐。

那意思是说，看到"我"没有可替换的衣服，她就翻箱倒柜去搜寻；"我"没钱又想吃酒，她就拔下头上金钗去换钱。平时家里只能吃豆叶野菜，烧柴也是干枯败落的槐叶。

这样一个和自己同甘共苦的温柔贤妻，二十七岁去世，的确值得才子发出"曾经沧海难为水，除却巫山不是云"的感叹。然而，元稹又于日后和艺妓薛涛以及歌女采春纠缠不清。

同样的，苏东坡在妻子王弗逝后十年写下的那首哀艳凄绝、千年传唱的名篇《江城子·记梦》："十年生死两茫茫……"这虽明明白白地昭示二人之间千古不易的深情，可其实，当时他已再婚六年。既是发妻难忘，为何要再登婚床？

这个大大的疑问一直被我存到来年三月的一天。那日我下班回家，看见邻居站在楼下的小花坛前，抚摸一株石榴树上火红的花瓣，一朵一朵、一瓣一瓣，神情温柔又专注。我心里一动，走过去没话找话地搭讪："你在看花呀。"

"是的。当年她在的时候，最喜欢石榴花了。"男人语气里有一丝伤感。我试探地问："你很想她？那为什么……又这么快结婚了？"男人望着我说："我这么快结婚，就是因为她呀——她曾经说过：怀念幸福的最好方式，就是继续幸福。因为她给了我一段美好的婚姻，所以我们有个约定，她去世后，我要尽快结婚，让这种美好在以后的日子中延续下去，直到生命结束的那一天。你看，"他指指石榴花瓣，"我一直在怀念她，情不自禁，自觉自愿。我又寻回失去的幸福，她泉下有知，也会开心。"

我哑然。原来，所谓的纳闷、不解，不过是我们站在旁观者的角度看世界。当他人的情史成为我们口耳相传的故事，大家就不约而同地希望一方既已长眠于地下，另一方便当独自怀念，却忽略了每个人都有追求幸福的权利。而且，越是婚姻美满，恩爱无边，一方过世后，另一方会因为已经感受过婚姻的美好，生活态度也会积极往前，对重新开始另一段感情既充满信心，又满怀期待。就好比被命运的大手拎着脖领子从一个柳绿花红的温柔乡掷进冰寒雪冷的荒原，当然要快快跑步重新躲进避风港。与之相比，经历过不幸婚姻，夫妻交恶最终分崩的人，反而会战战兢兢、小心谨慎，就好比从一个泥坑里摸爬滚打多年的人，好容易挣脱出来，再缔结一门婚姻就会左思右想，深怕一着棋错，再入泥坑。用句俗话讲，就是"一朝遭蛇咬，十年怕井绳"。

那么，这样的再婚不是背叛，而是怀念；不是想要遗忘，而是力争重现；不是随手丢弃，而是痴心寻觅——怀念以往的幸福，重现过去的美好，寻觅失落的世界。如此，寻找爱情，保持爱情，发展爱情，升华爱情，便是再婚者的真正使命。而我们要做的，不是怀疑和谴责，而是送上旁观者最为真诚的祝福，祝福婚姻，祝福爱情，祝福幸福。

那么，爱有千万种，表达爱的方式也有千万种，无论哪一种，都请宽容。哪怕已经遗忘，毕竟没有背叛、没有欺骗、没有抛弃、没有仇怨，也请宽容。

9 l 美人如花，不隔云端

我读诗，读写诗的林徽因。我不敢说她步步踏莲，可是她着实清洁地活在这个浊世红尘。现世的人步伐匆匆，却有余暇读这个人，是因为这个人能够让人静。哪怕是擦肩而过，她也能够让人驻足回首。

有的人把自己的光阴过得如同污泥浊水，水里飘着无根的浮萍，那是一颗无依无傍随波逐流的心，染上泥、裹上尘，如洋灰砖瓦木石，再无一丝新鲜活气，只是一个活死人；有的人把自己的光阴过得巨浪排空，他是那驾着帆船征服波涛的人，那样的心强悍，但是不够宁静；有的人把自己的光阴过得如同月下的荷塘，心也如同笼着轻纱的月光，不晓得从哪里会飘来玩月楼头的笛声；也有的人把自己的光阴过得如同一茎白莲，扎根污浊，却一瓣瓣的莲花都干净——就像林徽因。

"岁月如飞刀，刀刀催人老"，没有人不怕这无情无义无语无觉无知的光阴。年少只觉长不大，及至长大怨多情，情到浓时情转薄，及至情薄，人却已经是渐渐地老了。红颜枯槁，鲜活圆润的手也长起了老人斑，曾经刻骨铭心，觉得一辈子都不会遗忘的事情，不知不觉间，已经什么也想不起来，就像蛛丝飘荡在风中。若是此时心情如董桥，喜悦微凉，淡然似水，偶然细数月圆月缺，燕子去来，转眼间望断风物凄凄，汉宫秋老，等待霭霭暮景挂在桑榆树梢，这样也好；人最怕的不是回首前尘，而是不堪回首前尘，一旦回首，也许最美好的已经遗忘，最深情的已经淡薄，却是最不堪的记得最深刻，曾经辜负了别人的，如今都化作尖刀，刀刀冲着自己的良心；被别人辜负的，那痛都化作尖刀，如上刀山，步步皆是凌迟。

人就是这样，不知不觉间，就把栏杆拍遍，把岁月看尽，不光把自己的岁月看尽，也把一个白荷般的少女，一路看成婉约沉静的妇人。

人生无数种可能，说不定全都是自己未曾降生即已草草勾勒出来的蓝图，人在这个蓝图里发挥着自己的主观能动性。说起来好似唯心，可是这个世界上，即使唯心一点，若于人无害，于己无害，于世无害，又有何不可？如果肯这样想，那么，在面对突如其来的意外的时候，便不会惊慌失措，怨天尤人；在面对一生坎坷，郁闷不舒的时候，也不会愤而投缳、投江。那么，一颗心便能做到最大限度地从容静定，目睹落红而不落泪，目睹残阳而不悲伤。三杯两盏淡酒，也不去忧心晚来风急，月圆月缺时刻，也不去想啼鸦为何栖复惊。

也许，林徽因就是这样一个潜意识里明白自己前世规划的人，明白自己现世在做什么的人，她的经历未必说得上不坎坷，但是读她的诗作，却从不觉得艰涩。哪怕生离死别，哪怕病骨离离，哪怕辗转尘陌，哪怕身经炮火。

有时候想，人最怕的是什么。怕黑？怕鬼？那都是盛世太平年代闲来无事怕来的消遣，有一个女友一边怕鬼一边看鬼片，看完了一边吓得尖叫，往床底下瞄，往柜里头瞄，生怕从这里那里蹦出一只鬼，一边又继续找新的灵异恐怖片来看，乐此不疲。

事实上，人最怕的是人的心阴暗如同鬼蜮，最怕的是流离丧乱和无情的战火。

深夜不眠，因想起一桩事由。一个女人，丈夫出轨，跑来和她交涉，丈夫居然把所有出轨的责任都推给女人。女人说不出话，浑身哆嗦。她本来从小胆小，自此却再不怕黑，亦不怕鬼。因为晓得人心更黑，人比鬼更鬼。

痛声饮泣，暗夜无人。她哭她信仰的崩塌，哭金妆彩绘的假象剥落，哭人心的狰狞，哭这个世界真的是，一点都不美好。可是她又是值得庆幸的。因为还有一个容身之所可以让她哭，哭完了，环顾左右，还是清平世界，朗朗乾坤，既没有流离丧乱，亦没有无情战火。

因流离丧乱最易使人间沦为鬼蜮，流离途中携儿带女最终演变成抛儿弃女，伴着寒鸦声声；丧乱又最易使人心诈伪如荆针棘刺，不定何时，捅向最信任你的人的心脏。而无情战火，是这一切发生的源头。

林徽因从来就是一个现实的人。她一只脚踏在云端，一只脚行走民间，不胡愁乱怨，不寻愁觅恨。她来到当时那个不完美的人间，降生在一个有着不够完美的父母范型的原生家庭，此生经历一切，就算是世事如梦，她也是要在这场梦里，经历一场无比真实的，充满柴米油盐滋味，悲欢离合之情的人生。

她寻的不是美人如花隔云端的那种梦，她寻的是那种一草一木，一花一叶，粒米棵柴的梦。所以我们读她的诗，却不会鄙薄她的人，不会说她浅薄，不会说她矫情，也不会说她无病呻吟，因为她写诗便是写诗，不是要通过字句博人同情，而是将诗化为一缕秋季清晨干净的风，给你温凉，替你除尘。

只是估计她写诗也不是为你，也不是为世人，哪怕世人炽热的心需要清凉，你满身的尘垢需要涤除，她也只不过是要凭自己的文字构建一个属于自己的山水田园，好比陶渊明世事疲累，挂冠归隐，那处幽窗曲径，黄菊古松。她是为她自己，却不是为你；而你读到它，不过是你和她的缘分和你自己的福分。

第七卷

眉头家国，心上山河

1丨战争爆发

说起来，人如青瓷，生下来完整美好，光滑圆润，行走世间，却难免磕撞损伤，操劳耗损。伤身还好，最怕伤心，心上的伤口既无法在阳光下晾晒，甚至都不敢让自己眼光正视，于是把它藏在幽深的水底，任水藻交横覆盖，假装遗忘。而似乎也真的遗忘了，好像有的人真的没有消失，有的人真的没有施虐，有的人真的没有负义，有的人真的没有忘恩。而自己曾经的怀念、愤恨、疾首与心痛，也都漶漫不清。只是这个假装遗忘的过程，总伴随着忙碌的身心。一旦闲下，便很容易遭到反噬，黑雾一般的情绪冲天而起，忧伤泛滥成灾。

既然如此，不如从容。

得不大喜。失不大悲。殊不失姿态。

林徽因便是从来不曾失去姿态的人。我们见得到她的明艳，见得到她的微笑，见得到她的优雅，见得到她的淡然，却见不到她的怒目横眉，也见不到她的涕泗滂沱。哪怕徐志摩死后，世人看见的她，也是收拾好了眉眼，笔下的文字虽然深情，却又淡然。

因为这一茎细草般的爱，不是她生活的全部。

一九三七年六月，夫妻俩又出门考察。先坐火车，再坐汽车，半路上换驮子，一前一后由两匹骡子抬到了五台山。

五台山佛光寺是中国现存最早的古寺，也是木结构建筑的经典。台地、天井、老松、一层高的建筑却有着超长的屋檐，一眼就能看出其年代之久远。它的殿堂的梁架、斗拱、藻井结构特别复杂壮观，在坚硬中透露着柔软的气质，沉重中隐藏着纤巧的心思，纷繁中展列着严谨的秩序。

殿堂里的平台上，有尊菩萨坐像，侍者环立，有如仙林。平台左端坐着一个真人大小的女人，着便装，与华丽的仙人丛很不相称，无疑是个渺小的凡人。和尚们告诉思成与徽因，她是篡位的武后。

他们第二天开始了仔细的调查。斗拱、梁架、藻井以及雕花的柱础都细看过了。无论是单个或总体，它们都明白无误地显示了晚唐时期的特征。与之相佐证的是，当他们爬进藻井上面的黑暗空间，看到一种只有唐画中才有的屋顶架构。

可是，说着容易，考察的过程何其艰难。赤土烟尘埋不尽，还有鸽将军、蛛丞相，干一些佛头着粪、檐间织网的勾当。

"阁楼"里原有几千只蝙蝠，是这里的原住民，一串串、一层层，像厚厚的鱼子酱铺在脊檩上。还有千千万万喝蝙蝠血的臭虫和顶棚上的厚厚尘土，说不定是几百年的积淀，里面还有蝙蝠的尸体呢。黑暗遮目，秽气冲鼻，他们戴着厚厚的口罩，测量、画图、照相，忙得不亦乐乎；臭虫们也忙得不亦乐乎，对着他们又啃又咬，还一队队爬进他们的背包。

徽因细心，在一根梁下面发现字迹，虽然很淡，却对大家而言有如遭了电击。再没有什么比写在梁柱上或者刻在石头上的日期更让人欢喜，它意味着一切的推测都会有一个准确到极点的答案。

别人还在商量怎么才能爬上去，看清上面写的什么字，徽因早把脖子后仰，凭着她那双远视眼左看右看，拼命去辨认了。一番折腾之后，她终于认出一些隐约的人名，还有长长的唐朝官职，最重要的是，在最右边的那根梁上，有几个字依稀可辨，它们是"佛殿主女弟子宁公遇"。

徽因又在外面台阶前经幢石柱上的一堆人名中去核实她的发现，果然，石柱上赫然写着同样的句子"佛殿主女弟子宁公遇"。石柱上刻的年代是"唐大中十一年"，相当于公元八五七年。一切猜测都有了答案，不实的传说也得到了正名。现身仙人丛中，身着便装，面貌谦恭，坐在平台一端的女人，并不是武后，而正是施主宁公遇夫人本人。

施主是个女的，辨认出她的建筑学家也是个女的！你能想象得到这种奇妙的巧合吗？徽因当时恨不能也为自己塑一尊像，"让'女弟子林徽因'永远陪伴这位虔诚的唐朝妇女，在肃穆中再盘腿坐上他一千年！"

从草荒径、僻居陋巷、寺庙尼庵、败草瓦砾场，离合悲欢，人世沧桑，当他们从与世隔绝的辛苦工作中缓过神来，出了山去，才发现，七七事变，日军侵华，战争已经爆发一星期了。

21 战火无情

徽因和思成都出身官宦人家，像《乱世佳人》里新生一代的年轻贵族，比如阿希礼、玫兰妮和斯佳丽。铺着桃花桌布的餐桌上，摆着的是鸡鸭鱼肉、牛奶面包，考究精致的衣橱里，挂着的是更考究精致的丝衣皮履，有仆人进进出出，帮自己摆平家庭琐事。本来他们脑子里对战争并没有具体而微的概念，现在，异族入侵，北平沦陷，怎么办？逃出去，还是留下来？

逃出去？四合院怎么办？花草树木怎么办？亲朋好友怎么办？自己的工作和职业怎么办？没有了收入，以后的生活怎么办？还有两个小孩子，还有一个老母亲，都要跟着自己颠沛流离，路上得病怎么办？思成的脊椎原本有病，腿脚也因为车祸而行走不便，徽因更是一直就有一个肺病的根子，冷了不行，有风了不行，营养跟不上更不行，这一走，前路漫漫，塞塞难行，等于要她半条命……

留下来？日本人占领北平，正需要知名学者替他们撑场面，粉饰太平，开出的价码不会太低，维持生活现状不但没问题，而且还会有烈火烹油、鲜花着锦之盛。周作人不是留了下来？这家伙收下伪北大的图书馆聘书，又就任伪北大教授兼文学长之职，又成为日本军方控制下的东亚文化协会的成员，日伪要的是他这块"周作人"的招牌，他要的是日伪发给他

205

的干薪。有了钱，八道湾的周宅大兴土木，"翻修了左右两个偏门，在院子里凿了水井，改造了厕所，又裱糊内屋，修造上房，陈旧的'苦雨斋'焕然一新。"（《何以为生：文化名人的经济背景》陈明远）请宾宴客也有了钱，购置狐皮衣袍也有了钱，一家人的生活焰气腾腾。后又贪图日本侵略者给他开出的一千二百圆月俸——这是他原有薪金的两倍，和平时做梦也发不到的一笔横财，且还有晋级加到月俸两千圆（约合今人民币六万元）的光明前景——好大一锭狗头金，明晃晃耀人眼，于是欣然就任伪教育督办。东洋刀没来得及架在他的脖子上，为一个"钱"字他就丧了天良。

周作人之所以这样"昏"，除去他本人的"重事功，轻名节"，他的妻子羽太信子未必不是一个重要原因。羽太信子出身日本，自然亲日——周作人不是老舍，做不到把一家老小扔在敌占区，自己跑去抗日。他留下来的两条腿，有一条是给太太拖住的。

同理，思成就算本着一腔爱国心要走，徽因若是不让，他也未必走得成。但大难当前，夫妇居然意见一致，一个字：走！

他们八月回到北平，徽因给正在北戴河随姑姑度假的梁再冰写信，告诉她"要勇敢"，爸爸妈妈"不怕打仗，更不怕日本人"，因此，她也要"什么都顶有决心才好"。真奇怪，徽因对才八岁的小女儿，居然像对一个成年人，有一个"人"与另一个"人"相对的庄严。

思成和徽因兵分两路，登时忙作一团：思成整理历年考察所积的宝贵资料，打包图画、照相底片和照片、模型、研究笔记、档案和图书，该保存的找个妥当的地方保存，能带走的贴身带走；徽因忙于处理家中的剩余物品，或卖或烧或送或扔。仆人遣散，亲戚话别，朋友安顿……

一九三七年九月五日，梁家走上逃亡路上的第一站，离开北京去天津。一路随行的还有金岳霖和清华大学的两位教授。在那里思成和一家英国银行谈妥，把营造学社的底片和其他贵重物品锁进他们的保险箱。

然后，一家五口转抵长沙，在火车站附近租了两间房，暂时居住下来。清华、北大、南开的许多教授也相继来到长沙，准备前往昆明筹办西南联大，梁思成的弟弟梁思永一家也来了。思永是考古学家，曾对河南安阳"殷墟"的发掘工作做出重要贡献，当时他在南京的"中央研究院历史语言研究所"任研究员。

一到晚上，以往在北京每逢星期六聚会惯了的朋友们会顺着脚一径走到梁家来，他们仍旧聚餐，只不过不再去饭馆，而是享用徽因在小炉子上的烹饪。然后谈谈讲讲，论时局，说学问，至晚方散。散前还要同声高唱救亡歌曲，"歌咏队"中男女老少都有，梁思成是"乐队指挥"。他们从《义勇军进行曲》的"起来！不愿做奴隶的人们……"唱起，一直唱到《牺牲已到最后关头》的"向前走，别退后，生死已到最后关头！同胞被屠杀，土地被强占，我们再也不能忍受，我们再也不能忍受……"歌声激昂悲壮，在风中打着转儿，久久不散。

长沙不是温柔乡，空袭警报袭人魄胆。警报一响，大家就急忙逃跑，地下室，防空洞，见洞就钻。好在一直"干打雷不下雨"，有一天，真"下雨"了，却没有"打雷"。警报没拉响，人们在地面安安心心做生活，却不知道自己已成空袭目标，日本飞机飞到了头顶上。

当时思成一家老弱妇孺都在家里，他们的住宅差不多直接被一颗炸弹命中，一九三七年十一月，徽因在致费正清夫妇的信中写：

> 昨天是长沙第一次遭到空袭，我们住的房子被日本飞机炸了。炸弹就落在离我们住所的大门约十五码的地方。我们临时租了三间房。轰炸时，我妈妈、两个孩子、思成和我都在家，两个孩子还在床上生着病。我们对于会被炸，毫无准备，事先也完全

没发任何警报。

　　谁也不知道我们怎么没被炸个血肉横飞。当我们听到落在左近的两颗炸弹的巨响时，我同思成就本能地各抱起一个孩子，赶紧奔向楼梯。随后，我们住的那幢房子就被炸得粉碎。还没走到底层，我就随着弹声摔下楼梯，怀里还抱着小弟。居然没受伤！这时，房子开始坍塌，长沙的大门、板壁，甚至天花板上都嵌有玻璃，碎片向我们身上坠落。我们赶紧冲出旁门——幸而院墙没倒塌。我们逃到街上。这时四处黑烟弥漫。

　　当我们正扑向清华、北大、南开三家大学合挖的临时防空壕时，空中又投下一颗炸弹。我们停下了脚步，心想这回准跑不掉了。我们宁愿一家人在一起经历这场悲剧，也不能走单了。这颗炸弹落在我们正跑着的巷子尽头，但并没爆炸。我们就从碎玻璃碴里把所有的衣物（如今已剩不下几件了）刨了出来，目前正东一处西一处地在朋友们家里借住。

　　一炸二炸连三炸，他们没被炸死真是奇迹。起身看看，死者横陈，伤者呻吟，弹坑累累，焦烟阵阵。他们决定离开这里，去昆明。覆巢之下无完卵，总有一天昆明也会遭炸，可是，除此之外，又能到哪里呢？

　　这就是战火，这就是离散，这就是灾难。这就是活在人间的人类人为制造的灾难。处处无家处处为家，安稳已成奢想，静好已不可望，哪里都不再是归宿，哪条路都好像回不到故乡。真是人如飘蓬，忽西忽东。

31 我不能离开她

　　人的离合际遇，就是这样一种东西，好像一切的颠沛流离都是布景，人是要在这样的布景下，演出属于自己的戏文，邂逅自己的有缘人，欣赏打动自己的心肠的风景，哪怕是和哪个人擦肩而过，交会了一个眼神，也好像和一个前世的彼此熟识的灵魂，有过短暂的相逢。

　　坐上破旧的公共汽车，接着长途跋涉。走过湘山群山，途经常德、沅陵，山光水气好风景。一路晓行夜宿，早上一起床，梁思成马上熟练地打起铺盖卷，晚上汽车一到站，他又同林徽因飞奔着找那些"未晚先投宿，鸡鸣早看天"的小客栈。两个年幼的孩子不能到处乱跑，他们要坐在行李堆上照看晕车的外婆。

　　这时候，梁思成的背痛已经很严重，得了脊椎间软组织硬化症，穿上医生给他设计的"铁马甲"。有这么个东西穿在衬衣里面支撑背脊骨，又是人在旅途，受的什么罪显而易见。可是，他一个"苦"字也不说——说了也没用。大丈夫讲的就是两个字：承担。

　　在湖南邻近贵州的一个小城晃县，旅程突然被按了"暂停"键。所有向前走的大汽车都被征去，要迁走空军学校学员和机器，一般乘客只能无限期地等在那里。

　　徽因的身体承受不住惊吓劳累，终于出状况，感染了肺炎，高烧四十摄氏度。没有医院，没有特效药，雨雪交加，梁思成抱着孩子、搀着病妻，在那只有一条满是泥泞的街道的小县城里，连间可供人休息的客房都遍寻不着。

忽然，他听见一阵小提琴的悠扬乐声从一家小旅馆里传来。这琴手必定来自大城市，比如北京或者上海。久经西方文化浸淫，这样的声音让他觉得亲近，试着敲门，原来是一屋子空军学院的学员，一共八位，他们也在等车到昆明。年轻的学员们十分热心，给新来的人硬挤出一块地方——佛家讲"缘"，这便是思成与徽因同这些飞行员之间的缘分。此后，他们视徽因如姐，徽因视他们如弟，来往如同亲人，直到这些可爱的孩子全部牺牲，一个不剩。

这次重病对徽因是个严重的损害，就像一只玛瑙碗左倾右欹，晃了几晃，终于摔在地下，还转了几转。虽没有碎裂，拾起来看，也有了破纹，再经不起磕碰。这场病埋下几年后肺病再次复发的祸根，最后她也是死在这个病上面。

徽因身处那间用薄板将飞行学员、放浪的下等妓女、嚣张的赌棍、傲慢的军官和满嘴糙话的司机们隔开的小屋子，发着高烧，听着人声鼎沸、不绝于耳的嗡嗡声。

幸亏在小村里等车的旅客里面，有一个女医生，曾留学日本又懂中医，她给徽因检查，然后开处方服中药。经过这样的治疗，徽因卧床半个月，大难不死，终于退烧。

国难家愁，思成还有心情带着再冰和从诫到小河边去"打水漂"，把小石子平平地撇出去，它就在水面上一蹦一蹦地跳。技术好的，能让它跳二三十下。

这时恰巧一辆小公共汽车要开往昆明，一大群人像见了救命的诺亚方舟，拼命往上挤，原本十六座的车，硬塞进去二十七个人。无从想象那是什么景象，不过我们可以从钱钟书的《围城》里，方鸿渐等乘车一段找到印证："这车厢仿佛沙丁鱼罐，里面的人紧紧地挤得身体都扁了。可是沙丁鱼的骨头，深藏在自己身里，这些乘客的肘骨膝骨都向旁人的身体里硬嵌。罐装的沙丁鱼条条挺直，这些乘客都蜷曲波折，腰跟腿弯成几何学上有名目的角度。"

徽因一家五口人也像鱼似的蜷曲波折在里面，林母还发热发冷，可是毫无办法，只能硬挺。从诫还小，就坐在高热后仍十分虚弱的徽因身上。这是一辆破车，前头咳嗽，后头叹气，东跌西撞，摇摇摆摆，勉强行进，开到一个地势险峻的山顶上时居然抛锚。左找右找找不着原因，思成提醒司机拿干布往油箱里一蘸——没汽油了！十二月份，天气寒冷，回头看那日色，又"渐渐坠下去了"，山中虽无大虫，却常有土匪打劫抢车，更叫人毛骨悚然。乘客们又怕又冷又绝望，又担心，只得一步一步推着车前进。走着走着，一个小村庄奇迹般横陈在路旁，才免了他们露宿荒山的恐怖与凄凉。

一路波折，经过坏了的汽车、意外的停顿、肮脏的小旅馆，见到玉带似的山涧、秋天的红叶、白色的芦苇、天上飘过的白云、老式的铁索桥、渡船，和纯粹的中国古老城市——国难家愁中看到的好风景格外使人心疼。原本预计走十天，却用了一个多月才到达昆明。没有朋友，没有熟人，金岳霖也还留在长沙，梁思成和林徽因他们是第一批到昆明的人。

一九三八年一月，梁思成一家到达昆明。

昆明是好的，阳光明媚，气候温和，还有美丽的湖光山色。可是，他们不受欢迎——这些说着奇怪的方言的人们空手而来，侵入自己的生活，打乱自己的进程，扰乱自己的和平与安宁——日本人对于遥远的东部省份的侵略在这里还如隔靴搔痒——当地人几乎是凭本能就把这些来躲避日本侵略的难民当成入侵者。这种态度又在不肯和日本人合作而逃难的难民当中激起强烈的愤慨。徽因他们就处在这种处处受敌视的氛围中，如芒在背。

梁思成的营造学社形同虚设，没有资金、没有所长、没有工作人员，当初的一切像雾一样消散在空气中。如果硬要说它还存在，那它也只是存在于梁思成想要把它重建的决心里。可是，什么时候才能建得起来？物价上涨，钱不值钱，无人资助，前景黯淡。

别的都可以暂缓，衣食先要有着落。思成和徽因放下古建筑学家的身份，去给那些阔人和奸商设计房子。雇主刻薄，报酬微薄。雪上加霜的是，思成病倒了——旅途劳累，气候湿潮，他得了严重的关节炎，背脊椎的毛病也恶化，被迫卧床。说是卧床也不对，根本不能"卧"，因为他背痛得只能日夜半躺在一张帆布软椅上。林洙写道："梁思成终于在一九三八年一月把一家五口带到了昆明。到了昆明不久，他的背痛剧烈地发作了，背部肌肉痉挛，痛得他昼夜不能入睡，……于是切除了扁桃体……把满口牙也拔掉，大约有一年的时间，他一点也不能在床上平卧。日夜半躺在一张帆布椅下。"一个贵族出身，含着金汤匙出生的人，如今疲弊沦落，不叫苦、不发牢骚，稍好时还找些事来做，比如用颜色深浅不同的线来织补袜子，针脚匀净细密，他真是个细致的人。

他本可以远走高飞，美国的一些大学和博物馆都来信邀请梁思成到美国去访问讲学。他的好友费正清夫妇和一些美国朋友知道他们的情况后，也劝他们到美国去工作并治病。可梁思成不走，他说："我的祖国正在灾难中，我不能离开她。即使我必须死在刺刀或炸弹下，我要死在祖国的土地上。"

梁思成后来对林洙说："我当然知道这个决定所付出的代价，我不能不感谢徽因，她以伟大的牺牲来支持我。不！她并不是支持我，我认为这也是她的选择。……后来有朋友责备我，说我的选择使得徽因过早的去世了。我无言以答。但我们都没有后悔……今天我仍然没有后悔，只是有时想起徽因所受的折磨，心痛得难受。"

他不后悔，徽因也不后悔。两个人可能在小的地方吵嘴，但是大是大非的问题上永远是"是"而非"非"。徽因是个贤妻，当初她也是个贵族出身的娇小姐，不劳自己动手，便能丰衣足食，如今却在贫病交加里，卷起袖子买菜、做饭、洗衣。

41 | 一个痰盂

　　不久，一九三八年三月初，西南联大的教师和学生陆续从长沙来到昆明，金岳霖也来了。老友重逢，霁雨初晴，经历病苦的徽因心情才好了起来。她写信给费慰梅："我喜欢听老金和（张）奚若笑，这在某种程度上帮助了我忍受这场战争。这说明我们毕竟还是一类人。"

　　好个"一类人"，古人最爱讲知音，又爱讲"同气相求，同声相应"，就好比人间是一座密林，万鸟齐鸣，彼此凭声音便能断定是不是同类驾临。有了同类，纵然灰暗的心情也能楚楚地生动，如田亩上菜豆花开，屋角农夫荷锄走过田畦，小儿横卧牛背，远水如练照眼明。环境越艰难，越需要同一类人互相支撑。

　　朋友来了，家里也热闹起来，徽因曾对家中的情况有过简略的描述："思成笑着、驼着背（现在他的背比以前更驼了），老金正要打开我们的小食橱找点东西吃，而孩子们，现在是五个——我们家两个，两个黄家的，还有一个是思永（思成的弟弟）的。宝宝（指再冰）常常带着一副女孩子的娴静的笑，长得越来越漂亮，而小弟是结实而又调皮，长着一对睁得大大的眼睛，他正好是我所期望的男孩子。他真是一个艺术家，能精心地画出一些飞机、高射炮、战车和其他许许多多的军事发明。"

　　其实，欢乐总是有限的，徽因也没有心情再滔滔不绝地讲话和笑，

214

大家都有些"笑不起来"。故土已离，前程未知，青山隐隐水茫茫，每个人的心里都藏着思念、焦虑和希望，又有一大堆需要关心的日常琐事：吃饭、穿衣、生病、住房……"卧床"将近一年，思成终于能够起来做事。中国营造学社又摇摇晃晃地在云南起步。

那些在晃县帮徽因腾房养病，后又认徽因做姐姐的空军学员此时已结业。他们邀请思成和徽因做他们全期（第七期）的"名誉家长"，出席毕业典礼。这些孩子们都在抗战前夕投笔从戎，家乡沦陷，乐得在"姐姐"这里寻到家庭的温暖。有的上了战场，有的留在昆明，有的还订了婚。"太太的客厅"成了他们经常光顾的地方。但是，政府的装备破破烂烂，抗战没有结束，他们便全都在一次次与日寇力量悬殊的空战中牺牲，无一幸存。因为多数人家在敌占区，他们阵亡后的私人遗物便被寄到徽因的家，每次徽因都要哭一场。

三年的昆明生活，是林徽因作为健康人生活的最后一个时期。昆明毕竟是春城，景色宜人引发了徽因的文思。她写了好几首诗，其中一首《三月昆明》诗稿未留，徒剩标题。还有《茶铺》和《小楼》。

昆明的日子越来越不平安，敌机的轰炸越来越频繁。一九三九年初，梁思成他们和营造学社被迫从城里迁到市郊，先借住在麦地村一个叫作兴国庵的尼姑庵。梁思成、刘敦桢率队对四川、西康古建筑进行野外调查，半年跑了三十五个县；林徽因则留守兴国庵"主持日常工作"。绘图和文字资料需要整理，许多材料需要查证分析，人人都有事要做，这个清寂冷落的殿堂顿时一派繁忙。

娘娘殿改成营造学社的办公室，一块布帘遮住菩萨塑像，天光充当了屋内的所有采光，窗子徒有其名，只有横的竖的几根钢筋嵌在里面，象征性地分隔室内室外。供桌拉来当了工作台，祖先牌位被"请"开，上面摆了笔墨纸砚。农妇们不管这些，仍旧对着娘娘殿烧香祈愿。

一九四〇年，梁思成在昆明市郊龙头村一块借来的地皮上，请人用土坯盖了三间小房——这是两个大建筑师一生中为自己设计建造的唯一一所住房。三间住房坐西向东，两间附属用房则坐东向西，中间隔一通道，形成一个小小的庭院。窗棂是用木条交叉起来的菱形，客厅里设计了壁炉，三间住房全部安装木地板。

这处住房盖起来实非易事。许许多多的朋友，包括钱端升也在这里筑了小房子。徽因的房子最后盖，建筑材料早被抢一空，他们要寻找每一块木板、每一块砖头和每一颗钉子，还得客串搬运工，搬砖运石。老金又在住宅尽头处加了一间"耳房"，这样整个北京总布胡同的布局就齐了。

这所小宅院的地理位置不坏，开在洼地的边缘，紧靠着高高的堤坝，上边长着一排高高的笔直的松树，就跟古画里的一样。茂林修竹、田畴水塘，天气转凉，秋天泛光，空气里都是香。虽然这个世界充满混乱和灾难，可是阳光却带来静和美，让人俨然忘掉正在进行的战争。

可是若非不肯做亡国奴，何至于沦落到这个地步：冷热自来水全都没有，买的第一件东西就是一口大水缸。物价疯涨，他们刚到昆明的时候，米价还是三块四一袋，如今涨到一百块钱。小屋已经让徽因和思成负了很重的债，还要每天都要踩着尘土或者泥浆出去买粮菜，这儿不是北平，不能趁着价低多买些囤起来，昆明湿热，隔宿即坏。

衣服穿破了，孩子们的衣服穿小了，但也只能这样了——没有布，有也买不起。战争、通货膨胀、原始到极点的生活方式，把梁思成和林徽因这一对出过国、留过洋、受过高深教育、从事高尚事业、生活优裕的高素质知识分子，彻底变成了穷人。

徽因再没有精力高谈阔论，也不能和思成一起外出考察古建筑。她像一匹羸马，拉一辆破车，上面坐着老的老、小的小，一家人苦度时光。一起床就是洒扫庭除，然后不停手地做苦工，当采购员、厨师、清洁工。

三餐难以为继的困难，让她根本没有时间去感知任何事物，到晚上浑身疼痛，呻吟着上床。

金岳霖一直在她身边，看着她怎样用病弱的双肩担起整个家庭的重担，一边用哲人的清醒对此做出评判："她仍旧很忙，只是在这种闹哄哄的日子里更忙了。实际上她真是没有什么时间可以浪费，以致她有浪费掉她的生命的危险。"

多少人的生命，就是在这种无意义的忙碌中浪费掉。长此以往，徽因也不过沦落成乡间农妇的模样，以往种种，空花阳焰。但是，种种的折磨还不够，像富人华裳锁镶的金边，万字不到头，无尽无休。

日军轰炸越来越凶，那种声音听上去像铁钩钩人脏腑，引人呕吐。可怜的金岳霖先生，他早晨五点半从村里出发到城里上课，有的时候课还没来得及上就遇到空袭，不得不和一大群人一道奔逃，直到下午五点半以后，才绕一大圈回村。一天吃不成饭，干不成活，睡不成觉，单为跑警报，还弄丢一本书《知识论》，几十万字的书稿哇，他不得不打起精神重写一遍！

就是这样的艰难时世，徽因偶有心情，还会跑到附近的瓦窑村看稀罕。这个小村专门烧制陶器，半原始的作坊里有老师傅做陶坯，她一看就是几个小时，心中所有关于"美"的念头都苏醒过来。她的眼睛盯着驯服的陶土随着师傅的手不断地变化形状，忽长忽短，忽瘦忽肥，一个特别漂亮的造型突然在师傅手下出现，情不自禁大喊："快停下，快停下，就要这个！"老师傅才不要理这个"外省女人"，两手往外这么一撇，就成了一个——痰盂！

5 I 周作人没有资格

　　梁思成被任命为中央研究院研究员，他领导的营造学社也纳入"史语所"编制。一九四〇年十一月，随着中央研究院"史语所"的搬迁，在兴国庵滞留了两年的营造学社也随之搬到四川。四个机关的人员和家属坐带篷卡车分批从昆明出发，前往宜宾下水约六十华里处的南溪县李庄镇。

　　这次，思成走不成。他的脚破伤风，被迫留下治疗，带家人随行的任务只能交给徽因。他们不是寻常恩爱夫妻的"焦不离孟，孟不离焦"，倒像是两柄剑，分则独闯江湖，合则双剑无敌——这样的夫妻很难得。

　　徽因带着两个孩子和母亲上了卡车。两个星期的长途跋涉，满满一路的冬寒时冷。一路上人烟稀少。快到毕节时，小姑娘再冰居然看见狼背着狈在离公路不远处奔跑——真正的"狼狈为奸"。

　　十二月三日到毕节，从诫受了风寒，发起高烧，徽因带着再冰到街上给他买药。回旅馆的路上，她一眼瞅见一个改成学校的孔庙，红墙里圈着大殿和石桥。职业敏感让她迈不动步子，一定要拉着女儿进去看，一边看还一边指指点点，引得一群小学生竞相围观。再冰脸皮薄，受不住，执意要走，徽因回旅馆后对她发了火："我们到一个新地方，如果要参观，一定要看看县政府、重要的机关、学校、孔庙、街道的布置法和城墙的建筑法等，不是单看看铺子卖什么东西就算完事了。"

可惜了，栏杆拍遍无知音赏。

若是思成在，两个人得有多少话可说。徽因不是一个过纸上生活的人，她最热衷的还是实地考察。她批评女儿的那几句话，分明泄露天机，原来这就是他们到各地考察古建筑和传统市镇规划时的调查方法。

舟车劳顿，时饥时饱，岸上有凄惨的伤兵，耳边有尖锐的空袭警报，十二月十三日，他们终于坐小木船到了李庄。三个月后，思成才到李庄和妻子会合。在到达李庄之前，他还替徽因做了一件事。

徽因喜爱的小弟弟林恒，在一次空战中牺牲。徽因的说法是："在一次空战中，在击落一架日寇飞机以后，可怜的孩子，自己也被击中头部而坠落牺牲了。"另一种说法是他还未来得及拉起飞机投入战斗，便被击中。从这两个分歧点，可以看到徽因是一种"修饰"型的人，她想把现实修饰成一个更好的模样，可她偏偏生在一个非理想的时代里面，受到了情感上的强烈打击和生活中的百般磨难。

思成先拐到成都，料理了林恒的后事，才回到了李庄的家。当初，思成替徽因拿了一块徐志摩的残骸，现在，他又替她捡回三弟林恒的残骸，他是这样了解徽因的心。他始终挡在风愁雨箭的最前面，让痛失挚友亲人的悲苦先拐一个弯，卸一部分力，再传到徽因这里。

徽因的伤心显而易见。其他八个空军学员，个个是她的"兄弟"，已经全部阵亡，现在她的小弟弟也阵亡。三年后，她写了一首诗，名为《哭三弟恒》，实则哭的是所有为国捐躯的人：

哭三弟恒
——三十年空战阵亡

弟弟，我没有适合时代的语言
来哀悼你的死；

它是时代向你的要求，
简单的，你给了。
这冷酷简单的壮烈是时代的诗
这沉默的光荣是你。

假使在这不可免的真实上
多给了悲哀，我想呼喊，
那是——你自己也明了——
因为你走得太早，
太早了，弟弟，难为你的勇敢，
机械的落伍，你的机会太惨！

三年了，你阵亡在成都上空，
这三年的时间所做成的不同，
如果我向你说来，你别悲伤，
因为多半不是我们老国，
而是他人在时代中碾动，
我们灵魂流血，炸成了窟窿。

我们已有了盟友、物资同军火，
正是你所曾经希望过。
我记得，记得当时我怎样同你
讨论又讨论，点算又点算，
每一天你是那样耐性的等着，
每天却空的过去，慢得像骆驼！

现在驱逐机已非当日你最理想
驾驶的"老鹰式七五"那样——
那样笨，那样慢，啊，弟弟不要伤心，
你已做到你们所能做的，
别说是谁误了你，是时代无法衡量，
中国还要上前，黑夜在等天亮。

弟弟，我已用这许多不美丽言语
算是诗来追悼你，
要相信我的心多苦，喉咙多哑，
你永不会回来了，我知道，
青年的热血做了科学的代替；
中国的悲怆永沉在我的心底。

啊，你别难过，难过了我给不出安慰。
我曾每日那样想过了几回：
你已给了你所有的，同你去的弟兄
也是一样，献出你们的生命；
已有的年轻一切；将来还有的机会，
可能的壮年工作，老年的智慧；

可能的情爱，家庭，儿女，及那所有
生的权利，喜悦；及生的纠纷！
你们给的真多，都为了谁？你相信

今后中国多少人的幸福要在
你的前头，比自己要紧；那不朽
中国的历史，还需要在世上永久。

你相信，你也做了，最后一切你交出。
我既完全明白，为何我还为着你哭？
只因你是个孩子却没有留什么给自己，
小时我盼着你的幸福，战时你的安全，
今天你没有儿女牵挂需要抚恤同安慰，
而万千国人像已忘掉，你死是为了谁！

徽因体质本弱，一直咬牙苦撑，这次旅途劳累加上气候阴湿，肺结核病复发，来势汹汹，高烧四十摄氏度不退，盗汗连连，连咳带喘。李庄既无医院，当时也没有肺病特效药，她的健康被彻底摧毁，卧床不起，一躺就是四年。

在昆明是徽因代替思成，如今是思成代替徽因，承担了大部分生活重担。李庄的生活比昆明更艰难。两间陋室，竹篾抹泥为墙，一拳能打一个窟窿，梁柱被烟火熏得漆黑，顶棚蛇鼠出没，床上有成群结队的臭虫。没有自来水，没有电灯，连煤油都要节约使用，晚上读书写字只能靠一两盏菜油灯照明。孩子冬天才能穿得上外婆做的一双布鞋，平时只能穿草鞋或者打赤脚。

饮食越来越差。偶有朋友带来一小罐奶粉，就算是徽因的难得的高级营养品。可怜的"太太"日渐消瘦，几不成人形。缠绵病榻，不停地咳，五脏六腑都被震动，附近的农民满怀怜悯："得了这种病……"

思成除了工作，还兼职厨师，一个从来不曾下过厨的望族男子，如今学着蒸馒头、煮饭、做菜、腌菜和用橘皮做果酱。家中实在无钱可用，只好当卖衣物，把派克钢笔、手表等贵重物品都"吃"掉了。他常开玩笑地说："把这只表'红烧'了吧，这件衣服可以'清炖'吗？"

在频繁的信件往还中，连异地的费慰梅等都可以看出他们的寒窘："大大小小和形形色色的信纸，多半是薄薄的、发黄发脆的，可能是从街上带回来的包过肉或菜的。有时候也有朋友给的宝贵的蓝色信纸。但共同的是每一小块空间都使用了。天头地脚和分段都不留空，而最后一页常常只有半页或三分之一页，其余的裁下来做别的用了。而那仍在使用的信封上贴的邮票的数目使人懂得，当时即便不出中国，通信有多贵——因此也有多仓促。这也说明为什么一个信封里常常装着多日以来为邮资的一次大挥霍而积下的好几封信。"（《梁思成与林徽因》费慰梅）

何苦来哉！你看周作人替日本人当官，月薪一千二百块大洋，小汽车出入，日本医生在家里穿梭，穿的是狐皮袍，睡的是榻榻米，多奢侈！多豪华！

可是，梁思成不是周作人，林徽因也不等同于周的老婆，他们不是一路人，不能把他们相提并论。周作人没有资格。

6 | 不是春光，胜似春光

他们终于雇到一个又老实，又忠诚，又年轻，又好脾气的女仆，还很勤劳，却给这个贫困的家雪上加霜：她把这一家子的旧枕套和旧被单差不多都给洗烂了，衬衫扣子也洗掉，旧衬衫给彻底洗成破衬衫。做枕套和被单的白布跟金叶一样买不到，衬衫即便有也买不起。盘子也是打破一个算一个，没的替换。

徽因和她的父亲极其投契，却一直和母亲不投脾气。在她眼里，妈妈既无能又爱管闲事，不该和女佣生气的时候瞎生气，不该惯着女佣的时候又瞎惯。徽因发出的每一项指令几乎都会受到妈妈的干扰，为此她经常和妈妈争吵，却既恼火又无济于事。徽因个性太强，母亲的脾气也不弱，两个人经常被搞得大光其火，疲惫不堪。

除了她和妈妈，就是和思成之间，也烦恼如天大。

长期劳瘁，思成才四十多岁，正当盛年，却已露出"衰"相。背驼得厉害，精力也大不如前。可怜他除了是一个学者，还要当"家庭妇男"，烤面包、砌炉灶、称煤、做家务。可是，他的性子慢，一次只喜欢做一件事，不爱当四面兼顾的杂技演员。家务事那么多，都来找寻他，他就好比那个纽约中央火车站，不同车次的火车不断轰隆隆抵达。这个时候，急性子的徽因因为躺在床上无能为力，就会更急躁。徽因在给费慰梅的信里既是把思成比成车站，她自己就成了站长。站长可能被轧死，车站永远都安如泰山。至于老金（他原本留在昆明，住在思成一家原来的房子里，现在也来到四川，已经待了一些日子），"是那么一种客人，要么就是到火车站去送人，要么就是接人，他稍稍有些干扰正常的时刻表，但也使火车站比较吸引人一点和站长比较容易激动一点。"

老金在信的最后也写下了他的表白："面对着站长，以及车站正在打字，那旅客迷惘得说不出任何话，也做不了任何事，只能眼睁睁地看着火车开过。我曾经经过纽约的中央火车站好多次，一次也没看见过站长，但在这里却两个都实际看见了，要不然没准儿还会把站长和车站互相弄混。"

但思成穿着他的钢铁背心，不服气地在信下加注："现在该车站说话了。由于建筑上的毛病，它的主桁条有相当的缺陷，而由协和医学院设计和安装的难看的钢支架现在已经用了七年，战时繁忙的车流看来已动摇了我的基础。"

看看这三个人的话吧，多么生动，多么风趣，多么幽默，三个水平相当的人，说的话也多么水平相当。天底下，还能找得出这样的知音组合吗？荒野僻乡，比远谪岭南的苏轼和"雪拥蓝关马不前"韩愈更凄凉，可是有知音相赏，又好比野草荒径有花鲜叶茂，不是春光，胜似春光。

两个孩子好，让人少烦恼。再冰继承了思成的温和和徽因的聪明，在学校的学习成绩非常出色，还交了很多朋友。她容光焕发的笑容，让人觉得父母的生命力已经有效地转移到她的身上。只是她要走长长的泥路去上学，而且中午老是吃不饱。从诫已经是一个晒得黝黑的农村小伙子模样，脚上穿着草鞋，和同学打交道的时候满口地道的四川话，不过，在家里他仍是一个有着良好教养的小绅士，非常关心妈妈的健康。

虽然日寇不会把炸弹浪费到这个偏远的小镇，但会时常轰鸣着飞过，在人们心里引起震动——在中国任何地方，没有人能够远离战争。

这样朝不保夕的环境，这样病卧不起的身体，在这样一个偏僻、单调的角落里，老朋友们天各一方，想说话也没有人听，徽因是寂寞的。实在不行，她就把再冰和从诫当成交谈对象，就像从诫在《倏忽人间四月天》里回忆的：

> 她常常读书有感却找不到人交谈，只好对着两只小牛弹她的琴。这时期，她读了许多俄罗斯作家的作品，我记得她非常喜欢屠格涅夫的《猎人日记》，而且要求我也当成功课去读它（那时我只有十二岁），还要我们一句句地去体味屠格涅夫对自然景色的描写。《米开朗琪罗传》，因为是英文的，我们实在没法子读，她就读一章，给我们讲一章，特别详细地为我们描述了米开朗琪罗为圣彼得教堂穹顶作画时的艰辛。讲的时候很动感情，可能因为米开朗琪罗那种对艺术的执着追求特别引起了她的共鸣。她偶尔也还写诗，但流露的大多是惆怅。在她兴致好的时候，间或喜欢让姐姐和我坐在床前，轻轻地为我们朗读她旧日的诗、文，她的诗本来讲求韵律，比较"上口"，由她自己读出，那声音真是如歌。她也常常读古诗词，并讲给我们听，印象最深的，是她在教我读到杜甫和陆游的"剑外忽传收蓟北"、"家祭毋忘告乃翁"，以及"可怜小儿女，未解忆长安"等名句时那种悲愤、忧愁的神情。母亲非常擅长朗诵。我记得，还在昆明时期，我大概只是小学二年级，她教我《唐雎不辱使命》，自己读给我和姐姐听。一篇古文，被她读得绘声绘色：唐雎的英雄胆气，秦王前倨而后恭的窘态，听来简直似一场电影。五十年过去了，我仍觉得声声在耳，历历在目。在李庄时，她从中研院历史语言研

究所借到过几张劳伦斯·奥列弗的莎剧台词唱片，非常喜欢，常常模仿这位英国名演员的语调，大声地"耳语"："To be or not to be, that is the question!"于是父亲、姐姐和我就热烈鼓掌……她这位母亲，几乎从未给我们讲过什么小白兔、大灰狼之类的故事，除了给我们买了大量的书要我们自己去读之外，就是以她自己的作品和对文学的理解来代替稚气的童话，像对成年人一样地来陶冶我们幼小的心灵。

躺在病床上的林徽因也没有时间休息，她得不停地给一家人缝补小衣和袜子。针脚细碎，最吃光阴，比写整整一章关于宋、辽、清的建筑发展史还费劲。

费正清来访，亲见梁家困难，给他们提供了不少的物质援助。他送去的奶粉竟然使徽因的健康状况奇迹般地好转，"不发烧，不咳嗽，没有消化不良，睡眠和胃口都好"。再加上营造学社工作越来越像样，生活节奏变得正常，家境也大有改善，徽因心也宽，体重居然增加了八磅半，那个被疾病萧索折磨得花叶憔悴的徽因，好像又有了艳丽与芳香的余味。

7 | 未必不思念

天津发大水，营造学社寄存在那里的所有图片和资料全部被淹！多年调研成果毁于一旦，思成和徽因失声痛哭。一切都来阻挡这对夫妻对事业的热情，可是一切都阻挡不住。自己的路自己走，走到哪里都无怨尤。

思成发愿要研究汉代岩墓，还从图书馆里给妻子带书来看——徽因可以研究汉史，帮他开展工作——好比是焦仲卿和刘兰芝墓前长起的连理树，枝枝相覆盖，叶叶相交通，两个人的思想在同一个平台上来来往往，真是羡煞神仙。

徽因真配合，一头扎进汉代不肯出来。帝王将相、宠臣死敌、王后妃嫔，汉历史上凡有名目的人，无不被她拿来谈论，亲切劲儿就像他们是自己的隔壁邻居。

徽因不肯闲。除了读汉史，她还读《战争与和平》《通往印度》《狄斯累利传》《维多利亚女王传》《元朝宫殿（中文）》《清宫秘史》《宋代堤堰和墓室建筑》《洪氏年谱》《安那托里·佛兰西外史》《卡萨诺瓦回忆录》《莎士比亚全集》《安德烈·纪德全集》，还有塞缨尔·巴特勒的《品牌品牌品牌》、梁思成的手稿、小弟的作文和孩子们喜爱的《爱丽丝漫游记》……

她的才情从哪里来？学养从哪里来？为什么我们只看到她的美貌和情

恋，却看不到她躺在病床上还读书不辍的精神？假如我们把她读过的书都读一遍，把她走过的路再走一遍，经历她所经历的磨难，也许就会更深地理解她的内心，而不仅耽耽于她的"三角恋"和所谓的"绯闻"。

思成更不闲。他是个有病之身，却没有时间胡愁乱恨。就着菜油灯的一点昏黄光亮，把下巴放在一个小花瓶上来支撑他脑袋的重量，还要不断调整姿势，来减轻强直的脊椎给他的压力，一直绘图到天明。

思成和徽因不是书呆子。他们关心国事，心里怀着最美好的憧憬。梁思成梦想着抗战胜利后，再到全国各地考察古建筑。他跟徽因说，如果今生有机会去敦煌，就是"一步一磕头"也心甘情愿。

他们一直盼望着"即从巴峡穿巫峡，便从异乡返家乡"的一天，所以贫病交加，还教孩子们读唐诗："剑外忽传收蓟北，初闻涕泪满衣裳。却看妻子愁何在，漫卷诗书喜欲狂……"

终于，抗战胜利，日本投降。

当时思成正在重庆，消息在一九四五年八月十日晚上大约八点二十分传来，他看见人们在大街上奔跑，到处放鞭炮，全城的人都在鼓掌、欢呼、喊叫。一个声音像头小兽在心里乱撞着：胜利了，要回家了，胜利了，要回家了……可是，徽因的身体也很难恢复了。思成曾陪徽因到重庆检查，医生悄悄告诉他，"来太晚了，林女士肺部都已空洞，这里已经没有办法了。她至多只能再活五年"。

当初能够留北平他们不留，后来有机会去美国他们不走，拿生命下注，赌的是中国能打赢。若是不胜，他们将注定在自己的国土上做难民、终身飘零、挨飞机炸、被大炮轰、贫病饥冻、苍蝇蚊子加臭虫。假如你问思成，妻子因此而短命，你悔不悔？他早已回答不悔，只是要命地心疼。假如你问徽因，自己因此而寿夭，你悔不悔？她也不会悔，她早给自己预置了后路。

有一次，从诫同母亲谈起一九四四年日军攻占贵州都匀、直逼重庆的危局，他问徽因："如果当时日本人真的打进四川，你们打算怎么办？"徽因很平静："中国念书人总还有一条后路嘛，我们家门口不就是扬子江？"从诫急了："我一个人在重庆上学，那你们就不管我啦？"病中的母亲拉着儿子的手，仿佛道歉似的小声地说："真要到了那一步，恐怕就顾不上你了。"

在这对夫妻身上表现出的，是中国读书人传统的"气节"。这种"气节"平时并不起眼，如同花儿开在暗夜，萦回天地的只是一阵似有如无的淡香。突然有一天，国难来临，气节就变成壁上龙泉，锐声啸歌，呛呛夜鸣。家贫知子孝，国难知士贤，果然。

对于徽因，假如我们只看到几十年前一个有才情的美人，这于她不公平，我们更当透过这张美人的皮，看见一个"人"字。

而在这样的艰难困窘，动转不能却又不得不动转不停的岁月里，林徽因未必一定不思念。

爱听陈淑桦的《流光飞舞》：

半冷半暖秋天

熨帖在你身边

静静看着流光飞舞

那风中一片片红叶

惹心中一片绵绵

半醉半醒之间

再忍笑眼千千

就让我像云中飘雪

用冰清轻轻吻人脸

带出一波一浪的缠绵

留人间多少爱

迎浮生千重变

跟有情人做快乐事

别问是劫是缘

又爱听陕北的民歌：

三十里的明沙二十里的那水，

五十里的路上来看你，

半个月我看了你十五回，

就因为看你我跑成一个罗圈腿。

天天那刮风天天黄，

走走坐坐我把你来想。

那一天我看你没进的院，

只看见你的头顶呀没见你的脸。

看了你一眼又一眼，

泪蛋蛋那个滴在崖畔畔，

有心回家扭不转个头，

牵魂线揪住我的心呀翻了一个转。

说到底，人人所贪，无非一个"爱"字。

人最怕没有根，东风吹西边倒，南风吹向北飘，不是"好风凭借力，送我上青云"，而是"一团团逐队成球"。见过春天的柳毛没有？集成团，团成阵，乱絮迷蒙，不辨南北西东。

人最怕没有大智慧，只卖弄小聪明，一阵阵流行风吹得心如油煎，跳蚤一样乱蹦。眼里只见灯红酒绿，不见风清月白；只见风骚卖弄，不见"月上柳梢头，人约黄昏后"的雅致婷婷。

所谓的"根"，就是这一份有关"爱"的信念。

不知道有没有一天，看着窗外的月，林徽因想起徐志摩和她的初初相见，一个是青涩少女，一个是翩翩公子。两个人隔着好像一个年代的距离那么远，甚至她叫他"叔叔"，而他，也许瞅着她微微一笑。当她老了，忆起往昔，他仍旧是看着她微微一笑的青葱男子，那种记忆深埋心底，在她最好的岁月里，如铺排开满天满地的锦绣，鲜艳如昨，永不老去。

8 | 三千里山河

据说，有这么一种说法，假如你走在马路上，有一瞬间的犹豫，想着不知道是向左走，还是向右走，最终你抬起头，左右看看，权衡了一下，照直过了马路。那么，与此同时，以你的选择前行为分岔点，分别又延伸出了一个向左走的你，和向右走的你。这一个同那一个"你"，分别替你自己探查了三种不同的选择引发的结果以及多样的可能。

我还读过一篇类似的小说，说的是一个军人，他的战友牺牲，然后他无意间进入一个和他生活的世界十分类似的世界，在这个世界里，那个牺牲的战友还活着，并且不是一个军人，而是一个大学生。原来，这个大学生也想应征入伍，结果走到马路上的时候，鞋带突然开了，他犹豫了一下：是穿过马路再系鞋带呢？还是当时就系好鞋带？他选择了当时就蹲下身去系好鞋带，没有留神一辆车呼啸而至，把他撞飞，在医院躺了三个月，落下肢体的小残，从此与军人无缘；而他蹲下系鞋带的同时，另一个"他"则平安横穿过了马路，系好鞋带，应征入伍，成了一名光荣的军人，并且为此献出自己的生命。

你看，如果这种说法是真的，那么，我们正在活着的这个"我"，就好比一棵庞大的树的一个细微的分支，每一个细微的分支都替那个根部的大"我"体验着人生的种种可能。也就是说，一切此生的遗憾都能够弥补，一切浪掷的青春都能够挽回，一切错失的幸福都能够补救，而这个"你"丢掉的健康，会有别的"你"捡拾。

这样的理论乍思乍想，让人宽慰，可是宽慰完了，又觉得悲哀：

纵使一切想得到的，有别的"我"替"我"得到，可是，有什么用呢？我的心，是这一个"我"的心，对这颗心而言，遗憾终归是遗憾，失落终归是失落，怅恨终归是怅恨，曾经拥有并不等于现在仍旧拥有，此刻的失去，也仍旧值得心痛。

有句话说是"不求天长地久，只求曾经拥有"，唯有真正尝过这"曾经拥有"滋味的人，才晓得这话说得多么的"花开堪折直须折，莫待无花空折枝"。好比一时的饮鸩止渴，换来的，是肠穿肚烂。与其追求"曾经拥有"的辉煌，我只愿"天长地久"地细水长流。

可是，花会谢，雨会停，雪会化，叶会落，天长地久，只是一场一厢情愿的梦。每走一步，都有失落，这一步失落了天真，下一步失落了真诚，下一步失落了爱人，下一步失落了亲情……身边人好比手中的钞票，越花越少，当我们这样慨叹的时候，对于正在围拢来的新生代，却不屑地拿眼瞧也不瞧，因为我们的时代过去了，因为我们的同伴消失了，因为我们的心苍老了，因为我们的皮肤多了皱纹，头上长出白发，这就是成长的代价。

我相信人是有灵魂的，而死后的无间地狱和金碧辉煌的天堂，其实不过出自于大家对某一种宗教根深蒂固的影响之下的想象。还有阴司冥界，还有忘川水，还有奈何桥，还有彼岸花。当我们把死看作一件不可避免的悲剧的时候，整个人的心境都蒙上了一层阴郁的诗意，这份诗意支持我们尽情展开死亡之后的想象，在想象中既把死后的冥界和阴司布置得阴森，又点缀得凄凉。

而事实上，我更愿意相信，灵魂所去之处，全是天堂。尘世扰扰，浮生劳劳，辛酸悲苦，劳瘁以终，而摆脱这个肉身之后，灵魂可以轻盈地飞升到任何一个他想要到达的地方，他想有花，便会有花；他想有光，便会有光。而死亡，也不过是肉身与这个世界剥离，以便进行下一段更伟大的行程的一个"中点"而已，而非"终点"。

而下一段行程，也由灵魂自由掌控。也许他想和前世的情人重续前缘，那便会在下一世继续演绎一场荡气回肠的爱情；也许他想和前世的仇人化解恩怨，那便会在下一世成为夫妻，由彼此怨恨，再到各自释然。世间种种恩怨牵缠，不过起于灵魂一念之间。如此一来，想起徐志摩触山而亡，也许我们便有理由想象，他曾经和林徽因有过怎样一段可歌可泣的前缘，又会于下一世和林徽因有怎样一段可期可盼的美满。

林徽因想来是不屑于做如此之想的。她虽是诗人，诗却只是她的副业，她的本质，却是清洁、干净、冷静、理性。再难过她也不会自杀，再痛苦她也不会轻生，再思念她也不会割腕，再怀想她也不会断肠。她与世间人的情分，无论是和梁思成，还是金岳霖，还是徐志摩，便是这样花叶相伴却又两两相间的情缘。也许离世之后，她可能把自己的灵魂分为一式三份，每一份偿一段今生与这三个人之一的缘分，但是这一切，都是我们的想象，与她这个当事人，却是无关。

她当时面临的，是数年来家国，三千里山河。

燃遍神州大陆的无情战火，终于看起来要渐渐止熄了。

抗战胜利，林徽因离开李庄，先在重庆暂住，于次年（一九四六年）春，带病乘飞机访昆明，同老朋友重聚。虽然她认定"再次到昆明去，突然间得到阳光、美景和鲜花盛开的花园，以及交织着闪亮的光芒和美丽的影子、急骤的大雨和风吹的白云的昆明天空的神秘气氛，我想我会感觉好一些"，可是高原缺氧，不利于她治疗肺病，加之西南联大北返，老朋友们都归心似箭，中国营造学社也完成了历史使命，梁思成受聘清华大学建筑系主任，一九四六年夏，梁思成、林徽因一家又回到了北平。

九年的战时流亡生活，终于结束了。

自从一九三七年八月徽因和梁思成携一家老小逃离北平。九年间，一家人辗转长沙、昆明，后迁到川西李庄，跌宕流离、病苦交加。她的前半生如花的照眼明，花蕊花丝里都是诗情，到如今，又要挨轰炸，又要跑警报，又要卷起袖子刷锅洗碗洗被单、提篮买菜，钱总是不敷用，病却成势，日无所养，反有所伤，如一棵树被一刀刀斫伤生机，发烧、头痛、咳嗽、痰喘，无食欲，亦无东西可吃，且还要撑起来顾夫顾子，稍有点精神，又得研究古建筑，协助思成写中国建筑史。这样的局面之下，就算残留一点文思，也不能叫"遣兴"，只能说是写来散愁。且是连愁都没有名目，单是使她忧伤发怒。

她的年表里记载：一九四〇至一九四五年，她总共写了四首诗，即《一天》《十一月的小村》《忧郁》和《哭三弟恒》，平均一年不到一首。就算以她的少动笔的程度，这也过少。这一点，从诚在《空谷回音》里说得清楚："若问林徽因后来的文学作品为什么那样少，也只好学着她自己的口吻说，那是因为她'抗战去了'。"

这话说出来，没有人会笑。

236

9 | 只有片刻，也值得道谢

徽因爱北平。她最美好的青春年华，她早年流丽的诗歌、散文、小说和跋扈飞扬的学术论文，无一不浸染了北平的丝丝络络。北平养得徽因明艳动人，好比春风春水长养好花，徽因之于北平也不是春风春水与好花的两无情。

九年的颠沛流离，她的青春没有了，健康没有了，她是作为一个"活不久"的病妇回来的。回来才发现，北平也老了，病了，残了，日寇比风寒与肺病更厉害地剥蚀了老北平的健康，虽然蓝天上仍有鸽哨回响，地上还有绿槐结着黄色的槐米，可是，山不是原来的山，水不是原来的水，拔出来的脚再踏回去，那条河也永远不再是原来的那条河了。

一抵京，思成即应聘筹建清华大学建筑系，不久应邀到美国讲学——多年研究结硕果，他们在战时出版的两期《汇刊》大受赞扬，他备受西方同行关注，成了一个国际知名的人物。

他走时留下的空缺就由徽因填补，妻子代替了他在国内的工作。他们的清华园的住宅里，徽因的卧室充满阳光，里面放着柔软的弹簧床，浴缸还装有冷热水管道，亲爱的朋友们近在咫尺，家庭聚会已从昆明移到了清华，她可真是兴致勃勃。

她几乎就是在病床上躺着为创立建筑系做组织工作的，白天，和清华、北大的教师们滔滔不绝地讨论着各种各样的学术问题，有时也有明月别枝、闲花两朵，从汉武帝讲到杨小楼。无论谈工作、谈建筑，还是谈文学，总是那么兴高采烈。

可是，到了晚上，所有人都散去，病势如山，把她压倒，整晚不停地咳咳喘喘，在床上辗转呻吟得透不过气来，半夜里一次次地吃药、喝水、咳痰……

一九四七年冬，结核菌侵入她的一个肾，必须动大手术切除。思成只在美国待了七个月，就匆匆回国。他回来了，徽因却因为老是发烧，手术只能延搁。

有趣的是，你瞧瞧思成给家人买了些什么礼物？不是衣裳帽子，床单被罩，也不是别的什么精美的纺织品——饶他煮饭蒸馍补袜子，到底是男子——这些东西怎么敌得过先进科技呢？他给徽因带回来了可以调整的靠垫、活动的读写架、录音机、放大镜、扩音器……把这些东西安装起来，徽因就变身为一个无忧无虑的摩登女郎了。

徽因很开心，在给友人的信里描绘当时情景：

"在一个庄严的场合，梁先生当众向我展示了能自由折叠、组合和拆装的装置，我坐在床上倚着一个可以调整的靠垫，身前装着活动的读写架，录音机插在接好室内普通电源的变压器上，一手拿着放大镜，一手拿着扩音器，要做出一副无忧无虑的摩登时代的女郎模样，活像查理·卓别林使用一台灵巧的机器啃玉米棒子。"那台录音机更是有趣得要死：思成的声音像梅贻琦，费慰梅的声音像费正清，而费正清的嗓音近似于保罗·罗伯逊。

而且，思成居然买了一辆小型的克劳斯莱牌汽车！这下，徽因可以被装在车里到处走亲访友，或者干脆把朋友接来看她了。

秋凉以后，徽因住院，医生要观察她的身体状况，看她能不能承受得住肾脏的大手术。别人着急，她不着急，她的天性就是风趣幽默。十月四日，她从北京的医院病房里给费慰梅写信说：

"我还是告诉你们我为什么又来住院吧。别紧张，我是来这里做一次大修，只是把各处的零件补一补，用我们建筑业的行话来说，就是堵住几处屋漏或者安上几扇纱窗。昨天傍晚，一大队实习医生、年轻的住院医生，过来和我一起检查了我的病历，就像检阅两次大战的历史似的。我们起草了各种计划（就像费正清时常做的那样），并就我的眼睛、牙齿、双肺、双肾、食谱、娱乐或哲学建立了各种小组，事无巨细包罗无遗，所以就得出了和所有关于当今世界形势的重大会议一样多的结论。"

她的思维一下子就从身体跳跃到她的专业，转而对她卧床的西四牌楼中央医院房子的议论："这是早期民国建筑的杰出创造。一座集民国、袁世凯式、外国承包商、德国巴洛克风格于一体的四层建筑！我房间里两扇又高又窄的正式窗户朝向南面，可以俯视前院，由此人们能想见一九〇一年的老式汽车和四轮马车以及民国初年的中国权贵点缀着水泥砌成的巴罗克式的台阶和小径的情景。"

好似最后的狂欢，她居然还拖着病体游了颐和园，花七万元雇一顶全程游览的轿子，一直把她抬到园后的山顶。雨后天气好，视线也开阔，又有女儿和别的年轻朋友一块儿陪着她，争抢着照顾她，"我感到美极了……你看，我就是这样从水深火热中出来，又进行了这些所谓'不必要的活动'，要是没有这些，我早就死了，就像油尽灯枯——暗，暗，闪，闪，跳，跳，灭了！"

是的，徽因的生命是盏灯，它的油就是爱人、朋友、山明水秀的世界和活蹦乱跳的生活。要是没有这些，她的生命真的早就暗、暗、闪、闪、跳、跳、灭了。

手术一直拖到一九四七年十二月才做。无从揣想她上手术台的情景，自己的情况唯有自己最知道。也许从此就要告别家人和朋友，不过仍要欢颜和欢笑——好在手术总算成功了。

只是她的体质太弱，伤口几个月才勉强愈合，整个健康状况又恶化了一大步。家里没有暖气，一到冬天，思成就得给家里生上三四个半人多高的大炉子，彻日彻夜地不敢熄——炉子灭了等于要徽因的命。偏偏炉子又爱灭，思成经常三更半夜劈柴生火，两人有说有笑，不以为苦，反以为乐。

而这，就是林徽因的人生了。

人生

人生
你是一支曲子，
我是歌唱的；
你是河流，
我是条船，一片小白帆
我是个行旅者的时候
你，田野、山林，蜂峦。

无论怎样
颠倒密切中牵连着
你和我，
我永从你中间经过；
我生存，你是我生存的河道，
理由同力量。
你的存在
则是我胸前心跳里

五色的绚彩

由我们彼此交错

并未彼此留难

……　……

现在我死了，

你，——

我把你再交给他人负担！

　　人生是一个好大的词，每个人都在思考它的意义，它在每个人的眼里也有着不同的滋味。有的人把人生当作下棋，排局布子；有的人把人生当下饮酒，烈酒入喉，醉舞不休；有的人把人生当作做梦，一旦梦醒，大笑归山；有的人把人生当作扮戏，无论是生旦净丑，都扮得兴致高涨，有模有样。而人生就我自己而言，也不过是将自己的灵魂排布下的一个大舞台，而"我"这个肉身被投到这个舞台上，最大限度地发挥着我的主观能动性，和其他灵魂派到人间的使者演出一出的爱恨情仇、悲欢离合。

　　林徽因却把人生看作一个有些幽默的负担，活着虽是负累，却也不沉重，而死去也不让人恐惧烦忧。来便明丽地来，走便潇洒地走。

　　也许就是这样一份灵性，使她即使经历国难家愁，疾病缠身，仍旧有心思握起笔来，用一行行清丽的诗句，留给后人一片开满青草和鲜花的乐园，让在尘世中变得荒芜和寂寞的心能够静下来，偎着它，静享安宁，哪怕只有片刻，也值得道谢。

第八卷

心若安好，便是晴天

1 | 如莲如桃

网上随意浏览，读到这样一句话，如同花开两朵，知音相见，它说的是："人生，无非就是一个从喜新厌旧到喜旧厌新的过程……"

的确。

小时候觉得时日太长、光阴太慢、长大遥遥无期，就像三毛说的，恐怕等不到长大到穿丝袜、高跟鞋、涂口红的时候，就要死掉了。那样的心情，好绝望。每天每天，一成不变。现在想起来，却对小时候充满怀想，觉得光阴短暂，为什么一晃就长大了呢？小时候听过的歌："阿门阿前一棵葡萄树，阿嫩阿绿地刚发芽……"为什么一转眼就听不到了？小时候吃过的冰棍，看过的小人书到哪里去了？小时候娘给做的那件白底黄花的小裙呢？爹用透明塑料布双叠一下做成的雨披呢？雨后乱蹦的小青蛙，还有小溪里透明闪亮的溪水，顺流而下的蝌蚪，沙滩上盘绕的金黄的菟丝子呢？为什么一瞬间都不见了？

而现在的光阴，又觉得每天每天，一成不变，一如既往地工作赚钱，穿衣吃饭，生气吵架，和美恩爱。来一点刺激吧，老天爷赐给我一个美人吧，赐给我一段荡气回肠的情缘吧！这大概就是现在婚外情婚外恋第三者劈腿小三小四小五盛行的原因吧，因为人人都不愿意一成不变地过日子呀！

不甘寂寞的男女把原本白纸一样的生活硬涂上红红绿绿的色彩，甚至把原本平常的邂逅做成两厢情愿的明月梅花一梦。梦里欢爱生死，愁怨怅恨，醒来仍旧顺着既定方向你西我东，分头前行。这一场场美丽的邂逅，结局也不过把一对原本就是陌生的人再还原成陌生人，把一块华丽的绸缎焚烧成一堆灰烬。活到这个时候，千帆过尽，人们最想的，大概就该是喜旧厌新。

似乎漫长的光阴，到老来回想起来，不过是过了一天，过了一夜，黑发成了白发，脸上盛开了菊花，过往一切都溟溟不清，一颗终于平静下来的心，好像把一切动荡的光阴都给扫除净尽，只剩下一片凉天月明。

而在这一片凉与静中，也许偶尔，心头还会划过一道旧影。

无题

什么时候再能有
那一片静；
溶溶在春风中立着，
面对着山，面对着小河流？

什么时候还能那样
满掬着希望；
披拂新绿，耳语似的诗思，
登上城楼，更听那一声钟响？

什么时候，又什么时候，心
才真能懂得
这时间的距离；山河的年岁；

昨天的静，钟声

昨天的人

怎样又在今天里划下一道影！

　　每读林徽因的诗，总觉她的文字凉静，却不深沉，给我的感觉，就像一把彩色的珠子，真的叮叮咚咚掉落在玉盘。即使忧伤，也是脆快；即使缅怀，也不沉沦。让人读后，既不会起放弃外物、超出红尘之思，也不会有国破家仇之恨。她的诗就像一道珠帘，隔开外面的岁月长天，哪怕炮火连绵、奔波劳苦，也能在诗里读到她年轻、跳跃的心。虽然她彼时已不年轻。

　　可是心是菩提树，身是明镜台，哪怕怀念，她的学养和与生俱来的心性也是拂扫的箕帚，让它们始终无尘埃。

　　那么，我们也可以这样啊。与其一颗心寂寞如同暗夜，或是荒芜的花园，似这般姹紫嫣红开遍，都付与断井颓垣，因寂寞而荒乱，何不将灵魂化身为月，挂在中天，无论上弦下弦、月缺月满，它总是凉静安好。

　　我真是觉得，林徽因像是净莲，又像是桃花，桃花虽艳，却是艳得静好。它开在尘世，目睹辛劳也历经辛劳，它开在茅屋户牖旁，开在桔槔辘轳旁，开在日升月落中，开在无边的光阴中，它不尖叫、不乞讨、不诉说，只静静地开、静静地落，然后滋生碧叶，捧出新桃。

　　一世光华，就这样开开落落中，了无遗憾地过完了。

　　而林徽因的日子，也快要过完了。

　　不过，她却迎来了她人生中，最灿烂的辉煌。

21 | 好过半生艳情

林徽因术后养病，和梁思成听到了清华园北面传来的枪炮声。解放军兵临城下，梁思成忧心忡忡："这下子完了，全都要完了！"这座珍贵的古城，它的城墙、宫殿、坛社、寺宇、宅院、花园、楼阁、九龙壁、白玉石的桥，这都是他们倾尽生命去爱、去研究、去保存的，如今，眼看就要毁于炮火。

梁思成痴，徽因也痴。他们不关心政治、不喜欢打仗，历经战乱、离合、炮火连天中出逃，种种的艰难困苦，都磨灭不了他们心中对于美的关心和热情，他们是为艺术而生的人。

一九四八年底，几位解放军干部坐着吉普来到梁家，请他在军用地图上标示出城里最重要的文物古迹，一旦攻城，好设法保护。思成高兴，徽因也高兴："这样的党、这样的军队，值得信赖，值得拥护！"他们为自己没有出逃，而是选择留在北平而由衷的高兴。

解放了，一切都是新的。新政府特请徽因和思成参加并指导北京全市的规划。徽因被正式聘为清华大学建筑系的一级教授、北京市都市计划委员会委员、人民英雄纪念碑建筑委员会委员，她还当选为北京市第一届人民代表大会代表、全国文代会代表……她不再是"梁思成的太太"或是会写诗的"小姐"，而真正是自己，是"我"，是"林徽因"，是一个独立的"人"了。"士为知己者用"，至此她安肯惜命。

她参与思成领导的清华建筑系教师小组设计国徽，许多新的构思都是她首先提出并勾画成草图。她多次带着图版，扶病乘车到中南海，向政府领导人汇报、讲解、听取他们的意见……就如同《你若安好，便是晴天》里所讲："这个好强的女子带病钻研国徽设计，每日废寝忘食，极度消耗体力。以她的个性，绝不会轻易让自己倒下，就算让她预支将来的年光，减去寿命，亦在所不惜。对于林徽因来说，这一生虽获得无数荣耀，但设计国徽则是其他任何事物都无法取代的光荣。她必须全力以赴，就像在浩瀚的苍穹寻找那颗明亮的星子，在无垠的碧海寻找那朵璀璨的浪花，在万木的丛林寻找那一树伟岸的青松。

不是所有的付出都会有同等的收获，但是辛勤耕耘总是会有回报。次年，历经三个多月的努力，清华大学和中央美院设计的国徽图案完成，并在中南海怀仁堂评选。经周总理广泛征求意见，清华小组设计图案以布局严谨、构图庄重而中选。这则消息带给林徽因莫大的喜悦，如此成果，给她本就灿烂的人生再添一抹华彩。林徽因所做的一切努力，没有丝毫为了名利，她只希望有一天细数一生历程，走过的都是无悔。

毛主席宣布国徽图案通过时，她激动得落了泪。

这一年，林徽因被任命为北京市都市计划委员会委员兼工程师，对于北京城的规划，思成和徽因的观点一致：维持这座古老城市的原貌；不要为了使它适应现代首都的需要而盲目地就地改造，否则会两败俱伤：现代需要既不能充分满足，古城也将面目全非，弄得不伦不类。

梁思成曾以诗一样的语言向周总理描述：北京古城四周雄壮的城墙，城门上巍峨高大的城楼，紫禁城的黄瓦红墙以及美丽的街市牌楼……他是那么钟情于它们，并且提出美妙的改造构想：城墙上可以绿化，供市民游乐。壮丽宽广的城门楼可以改造成图书馆。护城河可以引进永定河水，夏日绿柳垂杨，正好放舟，冬天又可以溜冰。

然而这只是一个文人的浪漫梦想。北海团城被拆，天安门东西两侧三座门被拆，古城墙被拆了——五百年的古城墙啊，还有包括那被多少诗人画家看作北京象征的角楼和城门，全都被判极刑。

徽因大声疾呼、苦苦哀求，声泪俱下，恳请刀下留城："为什么经历了几百年沧桑，解放前夕还能从炮口下抢救出来的稀世古城，在新中国的和平建设中反而要被毁弃呢？为什么我们在博物馆的玻璃橱里那么精心地保存起几块出土的残砖碎瓦，同时却又要亲手把保存完好的世界唯一的这处雄伟古建筑拆得片瓦不留呢？"

一九五三年夏，林徽因夫妇在家中设宴招待客人。这次的客人中有时任北京市副市长的吴晗。北京要拆城墙，林徽因肺疾很重，失嗓严重，仍激愤诉说，甚至指着吴晗的鼻子大声谴责。可是没用。抗争没用、哀求没用，世界上唯一完整的古都，城墙就这样被拆得一干二净。

可是，即使无功，人们也崇敬林徽因。

我也崇敬林徽因。

如果一个人把自己的生命开放如同夏花，纵使短暂，却极致灿烂，不迁泥、不退缩、不小气、不拘挛、不独照亮自己。你说，她为什么不值得崇敬的呢？即使她不是林徽因？

而她偏偏就是那个一身病骨支离，精神却极致强悍，不肯言败亦不肯言退的林徽因。她是众生，却又是众生仰望的标本。

我是庸人，面对她，却不觉惭愧，因虽此生不能达到她这样的高度，却是心底也有愿望，不甘沉沦，想要飞翔。哪怕也如她一样，生命骤开之后骤落，花儿迅即盛放又迅即凋零。那是每一个不甘平庸的女人心底最美好、最高蹈的梦，好过无数次邂逅，好过半生艳情。

31 | 花吹雪

当时光如水，匆匆流淌而过，转眼发如雪，躺在病床，回顾一生，估计没有人不想着人生如戏，戏如人生。哪怕看上去最是平波无澜的人，一生际遇如同平铺的丝绸，平滑柔顺，可是，真的回想起来，心里未必不会有万水千山，横波巨澜。

敢问谁的舞台上没有过生旦净丑的装扮，谁的舞台上没有青衣咿咿呀呀地唱，把人生也唱得薄凉？谁的舞台上没有过铜锤花脸哇呀呀的暴叫，岁月也随着这样的暴叫显得莫名粗犷？谁在自己的人生的舞台上没有做过红娘，女子做过莺莺，男子当过张生？那样一首诗："待月西厢下，迎风户半开。月移花影动，疑是玉人来。"多么精致的放荡和调情！

谁的人生敢说就那么干净？

可是林徽因敢。

她的人生就是那么干净。

她的追求者众，爱她的人不敢说个个出色，可也是沙里淘金，岁月最后馈赠给她，围绕着她的三个男人，真是一个比一个出众。一个有出众的诗才，一个有出众的智慧，一个有出众的专业技能，而相同点是，他们都出众的深情。

她一旦尘埃落定，嫁为人妇，便真的是，从一而终。这是这个浮躁的

249

世界只能向往，无法期待的——洁净。

世上人物，若是出众，几乎便会成为整个社会的"大众情人"，每个人都会因了心中的模子，来刻出一个自己心中的那个人。就像一百个人眼里有一百个哈姆雷特，一百个人的心中也会有一百个林徽因。

因她的人生在历史中好比一幅"蛙声十里出山泉"的画，并无一只青蛙出镜，也听不到"咯咯啰啰"的阵阵蛙声，只有一带清溪，几只蝌蚪，悠游自在，顺流而下……留白太多，逗引人的想象。每个人都想把自己最爱、最憧憬、最向往的美好品质安在她的身上，然后，在自己心情炽热的时候，把她当成天边一弦清凉的月；在自己心情低沉、结霜、霜寒月冷的时候，又当成天边一轮清丽的太阳。

久远的历史里，无数的人当时叱咤风云，死后化作平常，谁也不敢说自己就能做到青山埋骨处处香。可是林徽因并无这样的奢想，她却真的做到了一个字——香。

我想，并不是佛才能化身千百亿的吧？每个人的灵魂，其实都有这个能力。在一个没有线性时间的世界里，同时地向着四面八方，延展出去，化身成"我"，化身成"他"，化身成"你"，化身成"现在"，化身成"未来"，化身成"过去"，然后在这无数个线性的时间里，各自演绎独属于化身为"那一个"的故事，及至悲喜历尽，缘劫已逝，重回那个没有线性时间的名为"天堂"的世界，到那个时候，彼此一一应对，交谈，曾经经历的思念如今已经得了报偿，曾经经历的伤害如今一笑泯去，曾经经历的一切都在重回一体的过程中，像轻烟般散去。散不去的，是刻骨铭心的情感体验。

那么，林徽因是不是也是某一个灵魂化身千百亿中的其中之一？而她逝去之后，是不是她的灵魂还会继续化身千百亿，甚至行走在我们所在的这个人世，随时等候和我们中的任何一个人重新相遇？让她的美好继续浸润这个干枯不堪的尘世？要不然，为什么逝去几十年的她，会在我们的心中，不但没有像一张被日晒雨淋变得苍黄的纸，反而越来越鲜活，越来越灵动，越来越美丽？

说起来，美丽的东西总是不容易被人忘记，而且时时被记起。不见得风华绝代，只要纯真可爱。所以我们会怀念翁美玲；而我，甚至会怀念昨天还在我的窗栏上缠绕开放，今早就会被雨水浇败的一朵喇叭花。邻居的一只小狗，名叫"球球"，小小的个子，每天我一下班，就会跟我上楼，蹲在门口，乖乖等我给它拿猫粮做"犒赏"，而它在我们都毫不觉察的情况下，就做了妈妈，生了三个娃娃，用奶水把这三个娃娃养得苗苗壮壮，它自己却因为缺钙死亡。每次上班下班，开门关门，总恍惚好像它还蹲在门边，大睁着圆圆亮亮的眼……心里会痛。

我宁愿相信万物都有灵魂，死后都有另一个世界，宁愿相信哪怕一朵花、一只狗，都有前生、有来世，这样即使辜负，也有报偿的期许，即使死亡，也有重逢的希望。

凡尘喧嚣，若无一个前世来生来安放今生的灵魂，叫我们这等俗人，该是如何的绝望。不过，哪怕是不相信前世来生，不相信灵魂不灭的人，也有法子，让自己今生过得不枯败，不苍凉。爱宅院的有一处幽静的老宅，宅边还傍一株虬曲的古槐；爱书的有满壁的书可读；爱画的有满壁的画可赏；爱金石的有金石可以让自己来爱；爱步天下的，有这个天下可供你独步，旅行，玩赏。心之所系，心之所往，便是家乡。

那么，林徽因也许未必有前世今生来世的玄奥想头，也不会在脑子里冒出什么"化身千百亿"的奇思怪想，但是，她照旧有本事有能力把自己的人生过得风姿摇曳，因为她有诗情，因为她有事业。

我尚未活到四十七岁，不知道到那个时候自己将会是怎样一番模样，只觉得岁月如刻刀，刀刀催人老，自己现在就已经如同风烛残焰，壁龛青灯。那么，我的身体总的来说，还在六十分甚至以上，林徽因的身体状况，恐怕打给她五十分、四十分都勉强。就是在这样的情况下，她居然能够拼尽一身气力，在人生的末途来了一次耀眼华美的绽放。

好比樱花。

每个人，少年时总是意气飞扬，到老来萧疏落寞。不是时光如毒药，如水藻，如青荇，如泥，如土；是心如毒药，如水藻，如青荇，如泥，如土。自己的江湖夜雨，也许正是别人的桃李春风，而当别人千杯万杯痛饮青春，你的暮年，正擎着一灯如豆，挟霜裹雪，扑面而来。

要的终不能够得到，不要的纷至沓来。花儿纷纷，谢了又开，蜜蜂闹嚷嚷飞舞，原来睡在青石凳上的香梦沉酣，只是一刹那间。转眼醒来，聚的已散。樱花常常在一夜之间迅猛开放，突如其来，势不可挡，然后在风中坠落，没有任何留恋。日本人称之为花吹雪。

4 | 一树繁花，未曾说谎，未曾开错

我这话又说得太偏，林徽因要的终于得到，不要的也没有缠绕身边，人生百年，她虽未过半，却终归算是过得圆满。只是她的生命，真的是如樱花一般，不要命地绽放。

一九五一年，林徽因抱病与高庄、莫宗江、常莎娜、钱美华、孙君莲为了景泰蓝工厂做调查研究，为这门濒于停顿、失传的手工艺重新设计一批构思简洁、色调明快的民族形式图案，并且亲自到作坊里指导工人烧制样品。可惜，她的设计不邀时赏，市面上的景泰蓝仍维持着原来那种陈旧的图案——别人都四平八稳，不像她，思想奇突、先进，只用一个点摇摇晃晃地支撑。

徽因很忙，忙得不要命的那种忙。她和思成以及莫宗江教授一道，写出了《中国建筑发展的历史阶段》这篇长文（载一九五四年第二期《建筑学报》），还为建筑系研究生开过住宅设计和建筑史方面的专题讲座，每当学生来访，就在床褥之间，"以振奋的心情尽情地为学生讲解，古往今来，对比中外，谑语雄谈，敏思遐想，使初学者思想顿感开阔。学生走后，常气力不支，卧床喘息而不能吐一言"。（吴良镛、刘小石：《梁思成文集·序》）

梁从诫手头有两页母亲的残留信稿，最可见证她在建筑和美术方面的

治学严谨。那是一九五三年前后，由北京文物整理委员会编，人民美术出版社出版的《中国建筑彩画图案》，请她审稿并作"序"，她对其中彩图的效果很不满意，写信提出了批评，其最后几段如下，兹录原文：

　　（四）青绿的双调和各彩色在应用上改动的结果，在全梁彩色组合上，把主要的对比搅乱了。如将那天你社留给我的那张印好的彩画样干，同清宫中大和门中梁上彩画（庚子年日军侵入北京时，由东京帝国大学建筑专家所测绘的一图，两者正是同一规格）详细核对，比照着一起看时，问题就很明显。原来的构图是以较黯的青绿为两端箍头藻头的主调，来衬托第一条梁中段以朱为地，以彩色"吉祥草"为纹样的枋心，和第二条梁靠近枋心的左右红地吉祥草的两段藻头。两层梁架上就只出三块红色的主题，当中再隔开一块长而细的红色垫版，全梁青、绿和朱的对比就清清楚楚，明明白白，一点也不乱。

　　从花纹的比例上看，原来的纹样细密如锦，给人的感觉非常安静，不像这次所印的那样浑圆粗大，被金和白搅得热闹嘈杂，在效果上有异常不同的表现。青绿两色都是中国的矿质颜料，它们调和相处，不黯也不跳；白色略带蜜黄，不太宽，也不突出。在另外一张彩画上看到，原是细致如少数民族边饰织纹的箍头两旁纹样，在比例上也被你们那里的艺人们在插图时放大了。总而言之，那张印样确是'走了样'的'和玺椀花结带'，与太和门中梁上同一格式的彩画相比，变得五彩缤纷，宾主不分，八仙过海，各显其能，聒噪喧腾，一片热闹而不知所云。从艺术效果上说，确是个失败的例子。

徽因是个奇人！看她的话，在表述色彩和形象方面，多么准确、多么生动、多么到位！

她在生命的最后时刻所参与的另一项重要工作，是人民英雄纪念碑的设计和建造。一九五二年，梁思成和刘开渠主持设计人民英雄纪念碑，林徽因被任命为人民英雄纪念碑建筑委员会委员。她和思成都担心天安门前建筑群的和谐，会被某种从苏联"老大哥"那里抄得来的青铜骑士之类的雕像破坏掉。她在"碑建会"里不停地忙碌着，除了组织工作，还亲自为碑座和碑身设计了全套饰纹，特别是底座上的一系列花圈。为了这个设计，她曾对世界各地区、各时代的花草图案进行过反复对照、研究，对笔下的每一朵花，每一片叶，都描画过几十次、上百次。她床边的几乎每一个纸片上，都有她灵感突来时所匆匆勾下的某个图形，就像音乐家们匆匆记下的几个音符、一句旋律。

同年五月，林徽因、梁思成翻译了《苏联卫国战争被毁地区之重建》一书，由上海龙门书局印行。而后，应《新观察》杂志之约，撰写《中山堂》《北海公园》《天坛》《颐和园》《雍和宫》《故宫》等一组介绍我国古建筑的文章。

在我写书写到累极的时候，总会觉得出口气都累，恨不得立时死掉也没有关系。那么，以她的身体条件，林徽因又该是怎样的劳瘁情状？如果说一生如燃烛，别人的蜡烛只有一根烛芯，她的人生蜡烛就是两根，同时燃烧。

可是她不怨，因为觉得值得。

每个人行走世间，或者当总统，或者做工匠，或者种土豆，或者当农村老大妈，或者做乞讨者，或者弹琴，或者唱歌，或者事业有成，或者当家庭妇女，其实都是在为自己而活。想要在日复一日的光阴里，让自己的灵魂步步前行。好比聚沙成塔、集腋成裘，灵魂也许刚开始昏睡懵懂，但是渐渐地有了一线灵光，灵光渐显、渐大、渐亮，像一滴浑圆的珍珠，渐渐发出独属于自己的珠光，从生到死，无非追求的两个字：实现。

个人价值的实现，人生意义的实现，灵魂境界的实现。

月缺月圆的凄凉怅惘，蚀骨剜心的苦楚伤痛，脚下步步踩着的都是棘刺荆针，为的是在即离人世，回顾人生，一边想着人生如戏，戏如人生，一边觉得这一生没有白活。因为经历了得到与失去，不舍到舍得，一颗心终于平静了，这个世界都圆满，了无缺憾。

那么，当林徽因撑着支离病骨，一边咳着，喘着，一边临窗临眺，有没有想过此生过得怎么样？

她想到过徐志摩吗？

那个永远逝去的人，永远定格在了年轻，永远定格在了深情，让人永远不再遗忘，也许他的死，就是为的能够在一个轰轰烈烈的结局中，得到这样的效果。而他也确实得到了。林徽因对他不能忘、不肯忘、不忍忘、不舍得忘，忘不了。

哪怕金岳霖时时相伴，梁思成疼宠一生，都填不满心中那个逝者挖出来的空洞。

真正用来填满了这个空洞的，或者说，用来遗忘这个空洞的，就是她呕心沥血的事业，和她的一首首诗。若她把自己的人生过成了一本诗集，那徐志摩，就是写在她的诗集旁边的一行行细楷小字的朱批。

那是她注定不能遗忘的《记忆》。

断续的曲子，最美或最温柔的

夜，带着一天的星。

记忆的梗上，谁不有

两三朵婷婷，披着情绪的花

无名的展开

野荷的香馥，

每一瓣静处的月明。

湖上风吹过，头发乱了，或是

水面皱起像鱼鳞的锦。

四面里的辽阔，如同梦

荡漾着中心彷徨的过往

不着痕迹，谁都

认识那图画，

沉在水底记忆的倒影！

"记忆的梗上，谁不有两三朵娉婷，披着情绪的花"，这样的话，能写出来的，只有她。

"湖上风吹过，头发乱了，或是水面皱起像鱼鳞的锦"，这样的话，能写出来的，亦只有她。

锦心绣口，大概就是说的林徽因吧。

她把人生过成一树花还不算，还把心也开成花的模样；她把人生过成一汪静湖还不算，心也波光闪耀，如同鱼鳞的锦缎。这样的美好，让人想象不到她禁受身体的折磨，想象不到她经历情感的殇。她的往事疼痛，她的人生却总是美好。人生易散，盛筵难久，聚也罢散也罢，到了总归是好了吧，她的一生总算过得有惊无险，诱惑多多，未曾湿鞋，未曾湿脚；一树繁花，都未曾说谎，都未曾开错。

51 观音

少年听雨歌楼上，
红烛昏罗帐。
壮年听雨客舟中，
江阔云低、断雁叫西风。
而今听雨僧庐下，
鬓已星星也。
悲欢离合总无情，
一任阶前、点滴到天明。

少年不识愁滋味，拼命挥霍青春，歌楼听雨，身上偎着挨着的是如丝如缎的香肌；壮年身家飘零，天涯羁旅，江阔云低，只听断雁声声，想故乡却回不去故乡；不知不觉人渐老去，喧嚣奔腾的欲望已经平息，建功立业的壮志已经平息，两鬓的斑白里，糅进的，是曾经的悲欢离合的滋味，及至后来，心头一片淡然。雨，爱下不下，管他下在河里，下在湖里，下在海里，下在陆地，下在心头，下在生命里。

我真羡慕。

我正当壮年，羡慕少年，也羡慕老去。

少年恣意，老去淡然，唯有壮年最尴尬。因想恣意无法恣意，想淡然又无法淡然。这样的滋味，好比身处荆棘，心裏炽炭。

可是，想必少年向往壮年，好比花苞羡慕盛开的花瓣，向往壮年的强健，向往壮年的自由，向往壮年的壮士风范，向往壮年的能承受，敢承担；老年亦是向往壮年，好比落红羡慕盛开的花瓣，因爱也能爱，恨也能恨，搂着美人的时候，也能真正享受到美人的风情，悲壮苍凉的时候，宛似吹奏胡笳声声，哪怕苍凉，气圆声润，断不似老年来喉干声咽，吹也吹不来的玉人楼头关山月。

到底什么时候，心才能安稳此处，不再羡慕别枝明月？

奇怪的是，林徽因给人的感觉，却总是安稳的。好比少年的时候便安于少年的脆快伶俐；及长，又安于爱情的纯真甜蜜；再长，又安于婚姻的平安稳固，甚至曾经深爱过的恋人的死，也没有让她崩溃；到她的生命和岁月的末期，她始终是怀一颗安稳的心，坐看霜林染红叶。

而她，便是那一片经霜的红叶，挂在枝头，让人想起一幅画来，雪地里一树僵枝，枯如铁笔，一片红叶缀于枝头，是黑与白的颜色里，唯一的一抹红，美得苍凉、美得壮烈、美得安静、美得不似凡尘景色。桃源望断，月迷津渡，她是哪家走失的仙子，在人间逛了一遭，遗留下这般景致？

有人说她"爱现"，走到哪里都喜欢吸引别人的目光，尤其善于吸引男士的目光，让一众男人抬头仰望。说这话的人忘了，不是哪个人喜欢吸引别人的目光，就能吸引人的目光，人的眼睛是最爱美的人体器官，哪里漂亮就望向哪里去，而哪里有才华、有气质，更是贪婪地攫取这美好的气息，不肯有一丝一毫的漏泄。林徽因的超凡出众，典雅出尘已经使她不自觉地做出种种气质高华的举动来，怎怨得会吸引人们的目光呢？

谁让她系出名门？

谁让她遍游世界？

谁让她阅赏繁华？

谁让她历经战火？

谁让她布衣粗衫？

谁让她量油买盐？

谁让她被爱慕者团团围绕如同花萼围绕花瓣？

谁让她缠绵病榻容颜枯槁不复昔日风华？

谁让她从生到死既从无不优雅又从不刻意优雅？

谁让她一身瘦骨如黛玉，满身诗情如同寒梅冬令着乱花？

这样的女子身上注定会发生让人感兴趣的故事，这样的故事注定她是佳人，有人扮演才子；这样的故事注定有夏咏花冬咏雪。可是她不是只高蹈云端，她还活在凡尘。所以，她除了是一个美轮美奂的"自然人"，还是一个成就斐然的"社会人"。

一九五三年十月，林徽因当选为建筑学会理事，并任《建筑学报》编委。

第二届全国文代会，她也在被邀之列。

一九五四年，林徽因五十岁，当选为北京市人民代表大会代表。

高规格的、同范围的、不同高度、不同景深的圈子，不约而同地向她递出橄榄枝。因为她做到了，因为她值得。

可是，她却再也，再也不能穿行世间，做萍客。

再也不能仰观飞莺，远视流萤；再也不能与鸥鹭为伴，见锦鳞游泳；再也不能迎接晓日，挥别星光；再也不能与人聚散虽是两匆匆，却都能彼此脸上挂起真挚的笑容；再也不能山水中留下倩影，天地间发散芬芳。

此生邂逅无数，未见她对人白眼相加。所有人于她似乎都是客，并不能形神相亲，却又如对亲密的家人，不会白眼相看。她待人少锋芒，多良善，说话虽爽利，却言多无心，绝无阴狠。和她相遇的人，令她牢记心头的未必没有——而是一定会有，却是极少，如同雪地里开樱桃，大多一个转身即已忘却；而这份行走人间的淡漠与悠远，有着更少牵挂的诗意的淡然。

而这样越行越远中，她的人生的少年已经行过，壮年也已经走完，别人年龄中的壮年，恰是她人生中的老年，已经呼啸而来，染白了她的乌发，冻青了她的红颜，若无鲜血，苍白的时间甚至无法加以点染。

她曾经写过人间四月天，却是终将要从四月明媚的晴天丽日里走出来，流光匆匆，乍一看红了樱桃，乍一看绿了芭蕉，乍一看江湖山色全都变老了。人生的秋天，就这么猝不及防地来了。

而林徽因，也病倒了。

我曾经有若干时日，不明原因没日没夜地咳。白天尚且好说，有工作，还有生活细节，一边咳着，一边做着，一个白天就能混过去了；及至夜深人静，咳得裂肺撕心，放亦放不平，躺亦躺不倒，只好倚枕半坐；半坐也是咳，又怕咳醒了身边人，于是便起身，到客厅，坐下，继续咳。盛夏的夜，汗流浃背，却觉得前肺和后心洞穿，冷风呼呼地往里灌。就这么一坐一整夜，睡了咳醒，醒了再咳。

整整一周，劳瘁折磨。

后来竟莫名其妙又好了。

林徽因的病，却是好不了的。

她的生命真的已经走到晚秋，一身病骨辗转奔波，又鞠躬尽瘁，不知保养，或者百废待兴，顾不得保养，命如枯柴，被她的激情和热情猛烈燃烧，如今，是要烧到尽头。偏偏她得的也是这么个咳咳喘喘的病，我一个星期尚且觉得苦痛折磨，更哪堪她一病就是好多个年头呢？说实话，我一向自命强悍，却绝对、绝对不敌林徽因的坚强。单凭她一边咳着喘着，一边做着事，让生命的每一日都不肯白过，她就是当之无愧的强者。一个弱柳扶风的强者，一个身如蒲草、命如悬丝、心却盛花开放不败的强者。

诸葛亮乘车"遍观各营；自觉秋风吹面，彻骨生寒，乃长叹曰：'再不能临阵讨贼矣！悠悠苍天，曷此其极！'"每读《三国演义》，这"秋风吹面，彻骨生寒"，心头不由万分凄凉。及至读到他向天借寿，也被人把七星灯踏破，更是心胆欲裂，觉苍天无情。林徽因晚秋病情暴发，住进同仁医院，到这个时候，一个娉娉伶仃弱女子，更该觉得"秋风吹面，彻骨生寒"，更该觉得有心做事，无力回天了吧。

她的心境，又该有多凄凉呢。

可是很奇怪，她是不能再行山渡川，不能再野外拈花嗅朵，不能再攀上爬下，不能再欣赏和挖掘古建筑被风尘湮灭的风华，可是，她还有手中的笔呀。

整整四年，卧床不起，她此时真应了越剧中黛玉自诉的唱词："与诗书做了闺中伴，与笔墨结了骨肉亲"，笔不停挥，坚持创作，不唯诗歌，她还为古建筑写学术报告，写有关古建筑的书。我真不晓得，她用着怎样的毅力，做着这些事情。而这些事情，恐怕也不是只有毅力能做得到吧？因为她心里爱，所以不肯放，放不下。放下便是背叛。

她的精神的强大，是红尘浊世里心如蓬草，无凭无着的男男女女唯有仰望，不可企及的。

可是，她身如蓬草，命亦如蓬草，这是她没有办法与那些身健体轻、红光满面、欲海沉浮的浊世男女企及的。每念及此，又想起那个故事："孙子荆以有才，少所推服，唯雅敬王武子。武子丧时，名士无不至者。子荆后来，临尸恸哭，宾客莫不垂涕。哭毕，向床曰：'卿常好我作驴鸣，今我为卿作。'体似真声，宾客皆笑。孙举头曰：'使君辈存，令此人死！'"

真是，老天爷让这些人活着，却让那个人死去。

林徽因来到人世，好似历幻，好似历劫，幻劫历毕，便要辞别。此时不晓得她这么爱美的人，当年一袭白衣，还要"臭美"，说我这个样子，男人见了一定会晕倒吧；如今却是形容枯槁，白发满鬓，就便有几许残红也早随了逝水，如今的她，一派秋凉情怀。

每个生物都在生、在老，秋花惨淡，天边亦黄了秋草，秋虫唧唧，填满了荒芜辽远的汉阳道，当年那个白衣黑裙，鬓边乌光的少女，去哪里了呢？聪明的，你告诉我。

林徽因是不幸的，此一生经历过离别，经历过丧乱，可是她又是幸运的，因为始终有爱人相伴——爱她的人相伴。时至如今，我真的分不清楚到底谁更爱她多一点，或者谁最爱她在心头，可是，徐志摩是爱的，有诗为证；老金是爱她的，有老金的泪水与独守为证；梁思成是爱她的，若非爱她，何苦一路陪她走来，这么一个风中烛焰一样，再无风情可言的病人？

今时今世，色衰爱弛的事还少吗？古代这样的事，又能少到哪里？

情至浓时，即使君王也肯和爱人共分一个桃子来吃；及至情淡，这个君王便会凌厉质问：当年，你是不是把你的剩桃子给朕吃？

她是色如春花已谢，鬓如墨画已白，可是，她把美丽留给了岁月，岁月把她的美丽如同干花，好好收藏在书页，留存今日，让我们一一翻阅。

然后，再次把她拿出来，爱。

爱她的灵魂。

爱她的志气。

爱她的容颜。

爱她爱这个世界的心。

她好比下凡的观音。

6 | 绝世夫妻

不知道在哪里，读过这样一句话，一瞬间苍凉遍布，红颜变白发。它说："人生就是由一个个未竟之志铺起来的。"

是的，是的。

多年以前，一个文友——我并不认得，却是听朋友讲的，得绝症病卧在床，对去看望他的人说："我刚想出散文的另一种写法呢，可惜却要死了……"

还有一个伯母，一生节俭贫苦，临死前说："我还有几百块钱没有花呢……"

是不是每个人临死的时候，都会有这样的遗憾？谁是圆满自足，了无抱憾地离开这个世界的？

我不知道林徽因有没有这样的抱憾。只知道，她的一切其实还都在未完成，但是，她的生命已走到尽头。

一九五四年，徽因的病情急剧恶化，每天都在床上艰难地咳喘，整夜地不能入睡，眼窝深陷，全身瘦得叫人害怕，脸上没有一点血色。大约在一九五五年初，思成得重病入同仁医院，紧接着徽因也住进了他隔壁的病房。

这时再冰也做了母亲，产假后赶到医院看望他们。两个多月不见，徽因竟这样虚弱，但精神一点没变，见到女儿时情绪极好，眼中闪耀着喜悦和怜爱的光芒，高兴地向护士们说："这是我的女儿，看她多健康啊！"徽因一辈子最缺的就是健康，所以看见一顿吃得下二十来个大饺子的小肉球外甥女她也爱，看见自己的女儿这样健康，她也自豪，就像金岳霖自豪地说："我虽然是个光棍，可我的朋友都是有家的！"

但是，健康永远不属于她了，她已经衰弱得难以讲话。

在她虚弱的时候，竟提出要和张幼仪见一面。后来，张幼仪在自传中说道："一个朋友来对我说，林徽因在医院里，刚熬过肺结核大手术，大概活不久了。做啥林徽因要见我？要我带着阿欢和孙辈去。她虚弱得不能说话，只看着我们，头摆来摆去，好像打量我，我不晓得她想看什么。大概是我不好看，也绷着脸……我想，她此刻要见我一面，是因为她爱徐志摩，也想看一眼他的孩子。她即使嫁给了梁思成，也一直爱徐志摩。"

三月三十一日深夜，徽因对护士说，她要见一见思成。护士却回答：夜深了，有话明天再谈吧。她哪有力气等到明天！第二天清晨，她悄然地离开了人间。那最后的几句话，她竟没有机会说出。

为什么这么多人耽于徽因的才和美？她的才是好的，美也是好的，可是这些不是最好的，最好的是她的一颗用金子打成的心，七窍玲珑，让人想起故宫博物院里保存的那个大吉葫芦。一个小小的葫芦，上面精雕细镂了那么多繁复的花纹，如苏州园林，湘绣花饰，方寸间有一种不为人知的、落寞的精致。徽因也是一个有着繁复美好花纹的容器，用一生的时间雕刻自己，越刻越精致，却如一根好木，细雕细镂，比而又比，玲珑细巧的同时，也脆弱无比。让人想起宋璟《梅花赋》里一句话："艳于春者，望秋先零；盛于夏者，未冬已萎。"而她果然得命如此。她的结局更是八个字：鞠躬尽瘁，死而后已。

思成被扶到这个病房，从不流泪的他哭得不能自已，坐在徽因床边只是重复着："受罪呀！受罪呀！徽你真受罪呀！"

此时，他们是一对平凡夫妻，不是取得皎皎如日月的成就的非凡男女。林徽因躺在病床，一身瘦骨，风华已逝，但是，却留下一个绝美的影像，给后人代代缅怀，因为她的美、她的静、她的高度。她走在云端如行在尘世，行在尘世又如云端漫步，她无论是下凡历幻还是下凡历劫，此生幻既有，劫亦生，此生虽未至高龄，也算圆满。

我是众生，看着她，亦并不觉得惭愧，因自己也有一颗仰望的心，哪怕取得不了如她的成就，也觉是平生一个知交。她的灵魂可作指引，哪怕是在历史的黑色夜空里发出萤火虫的光亮，也足以照亮一代又一代人的心房。这大概，就是林徽因至今被人缅怀的原因。

林徽因圆满了。可是她最为人津津乐道的三个男人爱她，以及她的清高出尘、芳香如桃、静美似莲，都不是她圆满的主要原因，她的圆满，是因为她凭自己的力量，描画出了她最高境界的一种人生。她没有庸碌，没有鄙俗，虽略有自恋，但却心系天下，心系苍生，乱云飞渡仍从容。

谁都在寻梦，她的梦格局阔大，一轮圆月照天心。

梁思成爱不爱徽因？有人考证出不爱，不然不至于续娶林洙；徽因爱不爱梁思成？也有人考证出不爱，不然不至于把徐志摩飞机失事的残片挂在卧室以示悼念。可是，你看看他们这一路上山长水长，你病我病，一个出外考察，一个在内理家，或者两个人干脆全部披挂上阵，哪一对夫妻能做到这样？

读到一篇文章，题目叫作《闲谈好男人》，兹录原文片段如下：

> 林徽因与梁思成的婚姻，多年来议论中讲林或有感情以外的考虑。然而，我的一个朋友是梁家亲戚，回忆起家人谈梁林，那种羡慕与略带酸意的语调，即便隔了几十年仍然让人感觉扑面

而来——林徽因在建筑设计上有着过人的敏感，然而，只有她的家人知道，这位才女在和梁思成一起工作的日子，从来只画出草图就要撂挑子。后面，自有梁思成来细细地将草图变成完美的成品。而才女林徽因这时便会以顽皮小女人的姿态出现，用各种吃食来讨好思成。

这段轶事，我是二〇〇三年的时候才知道的，后来以之询于美院参加过人民英雄纪念碑设计组的教授，那位一贯艺术家风度极强的老先生，脸上露出的是孩子气的微笑。

"梁思成不在的时候，林徽因的图并不是不能自己画。"

这样的逸事，正好做了恩爱夫妻的佐证。

不过，恩爱夫妻也会吵，而且吵起来徽因往往占上风——她的嘴快。在吴荔明的《公公梁启超、二舅梁思成、二舅妈林徽因生活轶事》里就有相关的描写：

北平解放初期，那时二舅妈徽因的身体还很弱，因为她年轻时，曾得过肺结核，一九四七年结核菌又侵入她的肾，不得不动大手术切除了一个肾，因此她很少出门。记得有一次全家在大姨家聚会，二舅妈也和二舅一起来了，大家都很高兴，因为每次全家聚会，二舅妈和三舅思永都从不出席，他们身体太不好了。二舅妈的到来是太难得了，那天天气很好，大家在象鼻子中坑3号这小四合院里欣赏大姨种的葡萄和各色各样的花。突然二舅妈说话的声调高了起来，而且飞快不停地说，二舅不时慢条斯理地轻声反驳，原来他们对花草的布局有不同的看法。外婆王桂荃把我们大家轰进屋里，只留下大姨在那里"调解"。外婆对我们说：

"唉！他们是一对爱吵嘴的'欢喜冤家'，别管他们，一会儿就没事了。"果然不一会儿，他们就"雨过天晴"了。

柴米油盐过夫妻，谁家又能不吵嘴？徐志摩看见的是她的美、她的才，金岳霖看到的是她的美、她的才，但是，夜深无人，她咳、喘、呛，都只有思成看得见、听得见，她的难过如果有一百分，思成心里感受到九十九分还挂零。他们两人的地方，有一半是别人到得去的，还有一半是别人到不去的。

徽因和思成为考察古建筑到处奔波，为一处处庙宇、殿堂验明正身，有能力研究，却无能力保护。当年她在顽强抗争之后留下一句话："有一天，他们后悔了，想再盖，也只能盖个假古董了。"果然不幸言中。徽因若是泉下有知，看到今天那无数拔地而起、傲视着古城原来沉静和谐的天际线的现代乃至"超现代"的高层建筑，看到古城的美被毫不留情地破坏，她不会幸灾乐祸地说：看，我早就警告过你们！而仍旧会痛心疾首，大声呼吁。但她的声音，仍旧会被经济的滚滚浪潮淹没。文化艺术，终究顶不过经济的挑战。

四面楚歌包围住的，是这一对绝世夫妻。

她和他站在一个水平线上，看到一样遥远的过去和未来，体味到古迹被毁时，同样深重的痛苦的悲哀。而徽因以重病之躯东奔西走，不惜上书权贵，哑着嗓子拍桌子，妄图保护下一些什么来的举动，看似疯狂，却是一个学者最大的悲哀，同时，也是梁思成的悲哀。

他们的幸与不幸，有爱情与无爱情，我们没有资格加以评判，这样的草木其身、金玉其心的夫妻，在我们这个尘世，能找出几对？

7 | 还给时间

　　一九三三年的萧乾，还是燕大一学子，文学才能却已如布袋里的锥子，时时露出微锐的光。他的一篇《蚕》得沈从文先生之力，发表在《大公报·文艺》版上。亲见自己的文章变成铅字，虽然排版密密麻麻，硬把五六千字的长文塞进四千字的容量里面，实在有碍观瞻，也毕竟算是"微恙"，抵不过这篇文章给他身心的喜悦，使天地日月都变得新鲜，如他亲口所讲："心里的滋味和感觉仿佛都很异样。"（《一代才女林徽因》）

　　也正是因了这篇文章，林徽因"发现"了他，请沈从文先生转致意，邀请他去"太太的客厅"——冰心做了一篇小说《太太的客厅》，好事者便以为里面那个女主人即是影射林徽因，干脆就把林徽因家里的文艺沙龙称为"太太的客厅"。撇开讽刺意味不谈，这个冠名很合实情，我们不妨借来一用——这绝不是一间普通的客厅，它的妙处不在有无奢华的陈设，璀璨的水晶灯，和灯下红红绿绿的妙人儿，别家的客厅也许鬓影如云，衣香袭人，她家的客厅却是代表了当时心智与才力的高水准，一代精锐之士纷纭。

　　经常参加沙龙的有新月社的诗人，有《晨报》副刊的编辑和作者，比如沈从文、萧乾、金岳霖、李健吾，还有林徽因和梁思成学界的许多亲朋故旧，世交好友。这些学人个个宛如上好的绸缎，经是中国传统文化，纬是"五四"的民主科学，同时又在上面织了西方文化的金线。

萧乾还是一把生丝、一枚青枣，一个既无业绩也未博得大名的小青年，自然不能和他们相提并论。林徽因读过他的《蚕》之后，满可以慵懒地赞几个字——"还不错"，就如黛玉夸莺儿用柳条柳叶儿编的玲珑过梁的精致小花篮，然后漫不经心搁在一边。

但是林徽因却请了他来。这一举动，仿佛一根红线从古一路蔓延到今天。全凭了它，才成就了"枝上好鸟处处鸣"的一派春夏盛景——这根红线有一个名目，叫作"声应气求，后先推挽"。

新中国成立后，萧乾再看到的徽因，已经病得很严重，却又似完全没病，满怀激情地投入国徽设计当中。

不过，毕竟时间的脚步匆匆，陌头杨柳绿无情，徽因还是老了。他们的最后一次见面，是在二次文代会上。会场里，徽因远远看见萧乾，就招他坐在自己身边。萧乾握握她的手，叫一声以往所有朋友给予她的昵称："小姐。"

徽因不胜感慨，语调伤感："哎呀，还小姐哪，都老成什么样子啦。"

美人迟暮总让人哀伤，所有的安慰都是虚比浮词。不过，萧乾仍旧真诚地安慰道："精神不老，就永远也不会老。"

怎么会永远不"老"呢？仅仅过了一年，一九五五年四月一日，噩耗就来了。

缅怀这位逝去已远的小姐，萧乾不无遗憾：

"现在要出版的《林徽因文集》里所收的作品，从数量上来说，同徽因从事文艺写作的漫长岁月确实是很不相称的。一方面，这是由于她一生花了不少时间去当啦啦队，鼓励旁人写；另一方面，也是因为她的兴趣广泛，文艺不过是其中之一。她在英美都学过建筑，在耶鲁大学还从名师贝克尔教授攻过舞台设计。我在她家里曾见过她画的水彩，一九三五年秋天曹禺在天津主演莫里哀的《悭吝人》时，是她担任的设计。"（《一代才女林徽因》）

我读过萧乾编发的徽因作品《模影零篇》，里面全是可怜的人，可爱的人，既可怜又可爱的人。流丽柔婉的笔触，巧妙结就的构思，然后就惆怅地发现，我有了和萧乾一样的遗憾：假如她一直写下去，她会登上一个什么样的顶峰，笔端创造一个什么样的世界？我们记住她的，就不会单单是一句"你是人间四月天"！

在量少质高的作品背后，活泛着一个述而不作的丽影。她宁肯把大量时间用来和朋友谈心，用这种方式鼓励别人，分享自己蓬勃的思想，而不笔耕不辍，写下锦绣文章，这也算是一大奇观吧。少有人采取这样的生活方式，简直是独属于她一个人的独特风景。

说到底，写作于她，只不过一撮椒盐、几粒花椒、两点香油，用来调味，却不是主餐。她的生活的盛筵里面，满满一桌子的花团锦簇：研究建筑，搞舞美，开沙龙，兴致勃勃地谈话、争论、交友……还有生病。五十一年的生命，不同于泉石野生涯的散淡，却如焰火，砰然绽开，扮亮一时的夜空。

一九八四年，萧乾提笔忆徽因。当年青青一学子，如今苍苍一老翁，萧乾的笔下越发地成熟、干练、简洁、深沉：

"这位出身书香门第，天资禀赋非凡，又受到高深教育的一代才女，生在多灾多难的岁月里，一辈子病魔缠身，战争期间颠沛流离，全国解放后只过了短短六年就溘然离去人间，怎能不令人心酸！"

不愧是大作家，几个短句概括了徽因的一生，既无遗漏，又不臃肿，减无可减，增无可增。两行字如一面镜，透过它们，看到的是数十年前，那一缕任何人都无可替代的芳魂。

到如今，她把属于尘土的还给尘土，把属于天空的还给天空，把属于时间的还给了时间。

时间

人间的季候永远不断在转变
春时你留下多处残红，翩然辞别，
本不想回来时同谁叹息秋天！
现在连秋云黄叶又已失落去
辽远里，剩下灰色的长空一片
透彻的寂寞，你忍听冷风独语？

　　时间尽了，一切奢侈与华美都成记忆，盛筵散场。而桃花，那灼灼其华，美与静都在极致的桃花，在时间无边无涯的倒影里，片片落下。

81 死如秋叶之静美

人生如棋局局新。人之所以痴迷下棋，就是因为它可以排兵布阵，杀伐决断，可以异军突起，死地重生，不到最后一刻，输赢从无定论。

可是世上人，往大了说，千百亿；往小了说，他，我，你，再更小一点的说，便只有一个"我"字。有一日隔着办公室的朝阳大玻璃门往外看，街道上明晃晃铺金，来来往往的行人，一刹那，虽说是我正站在门外，却觉得门外有一个我正在扫大街，一个我正骑自行车经过，一个我正叫卖水果，一个我正抬头看着对面的凌霄塔，一个我正坐在门前结毛线，一个我正打一把伞，袅袅婷婷，步过街头。好多个我，这个世界上，哪里有别的人呢，全都是"我"呀。

那么，这个牌局岂不是在我和我对弈？赢也是我赢，输也是我输。

二人相争，打人的也是我，被打的也是我；你伤害了我，也便是伤害了你自己；我伤害了你，也便是伤害了我自己。而每一个人的死亡，都是我死了一次；每一声新生婴儿的试啼，我都伴随着她或者他重生。

这个世界，就是一个庞大的灵魂分解出的无数个细小的灵魂，演着一场各自为战的戏，战到后来，相逢一笑，恩仇俱泯，重新回归，而这个庞大的灵魂，我们可以名之为佛、名之为神。

而我们便可以这样想，林徽因，也是一个"我"，怪不得我们会这么喜欢她，因为从她的身上，我们看到了自己的灵魂，清净、雅洁，如一朵净莲花开。

纵观林徽因的一生，她好似过的是全无规划的一生，但却不匆促，不凌乱。她虽出身名门，却不过分单纯；她虽在社会上行走，又不过分复杂和有心计。她不如花、不如棋，也不似书、不似琴，可她又似花、似棋、如书、如琴。时光在她的岁月里温情地淌过，她的根深植在红尘，芳香飘上天空。

有人羡慕她的高华，有人仰视她的才情，有人叹她命好，有人惜她早殇，苍茫世间，有神灵下视尘寰，它让我们的肉身生，又让我们的肉身死，生与死于我们是肇端与止息，而于它，不过就是一场轮回的一个新开始和下一场轮回的又一个新开始。生命生生不息。林徽因的灵魂也生生不息。

那么，她有一缕灵魂降生在我们这个红尘浊世了吗？是男身，是女身？何种模样，做何种营生，把人生经营到了何种境界？不过，我有理由相信，即使她此生如丐，也必不是寻常的丐。假如说人的灵魂始终处于进化之中，一世一世的投生不过是为的进化的方便，那么，她的灵魂当时已经进化到如斯地步，到了今世，也必不肯自蹈污泥、欺诈、瞒骗，于红尘中不知羞地旋转。无论怎样，她将始终把自己的人生活在晴朗、美好的四月天。

就是不知道，当林徽因当年躺在病床，言动不能，她的思绪，究竟飞到了何方。

外面已是薄春天气，鸟儿如同对钩，挂在柳枝，云本无心，亦无碍，只在空中悠悠来去。春天的花其实最好看，因为没有树叶相衬，憋了一冬的生机都化成了花朵绽放，大者如杯，小者米碎，艳红嫣白。

生机渐逝，死亡近逼，玲珑剔透的她，经过病床苦痛的咳嗽辗转，怕是早已对生不再有过分的留恋，转而期待宁静地死。而她在潜意识里，怕也明白，看似的死亡，其实不过是蝉蜕一般，用以迎接一段新生而已。她是热爱生命的，所以，她当也会格外欢迎这样有期待的死，而所谓的离别，也不过是转过一个街角，换上一副形象，再一次，再一次地，觌面相逢。更何况，在劫波渡尽的那一头，忘川河畔，说不定，真的有一个顾长清秀的模糊人影，等着与她倾诉当年的爱别离。

那么，她想到过那个生身之地吗？那个古老的城。山寺月中寻桂子，郡亭枕上看潮头；几处早莺争暖树，谁家新燕啄春泥；风清听漏惊乡梦，灯下闻歌乱别愁……也许，当她的灵魂终于挣脱这个羸病的躯壳，想要再最后看一眼的，便是那湮逝在数十载光阴里的院落和花如雪，那碧水青天。

让我们记住这个日子吧：一九五五年四月一日，这样的日子，让我们再一次想起了她的诗：

你是人间的四月天
——一句爱的赞颂

我说你是人间的四月天；
笑响点亮了四面风；
轻灵在春的光艳中交舞着变。

你是四月早天里的云烟，
黄昏吹着风的软，
星子在无意中闪，
细雨点洒在花前。

那轻，那娉婷，你是，

鲜妍，百花的冠冕你戴着，

你是天真，庄严，

你是夜夜的月圆。

雪化后那片鹅黄，你像；

新鲜初放芽的绿，你是；

柔嫩喜悦

水光浮动着你梦期待中的白莲。

你是一树一树的花开，

是燕在梁间呢喃，

——你是爱，是暖，是希望，你是人间的四月天！

　　她一生才气奢侈如同豪富铺张，际遇华美如同锦缎丝绣，平生热闹簇簇，是太太的客厅的女主人和情爱纠葛大戏的女主角，此时云无心出岫已是够久，鸟倦飞而知还的时刻来到。所以，也让我们记住她逝去的年龄：五十一岁。她病逝于北京的同仁医院。静静逝去，临终谁也未见。想起一句话："生如夏花之绚烂，死若秋叶之静美。"

9丨心若安好，便是晴天

到得此时，一场大戏的主角，已经四去其二，徐志摩先一步告退，振袖隐入云水，徽因第二个翩然转身，惊鸿没入云端。独剩下梁思成与金岳霖。梁思成我不念，他有子有女，后又续娶，自有后半世的福分与温暖。

我独独心疼老金。

"是身如焰，从渴爱生。"金岳霖从心里开出来的那朵爱情之花，让他此生如焰，燃烛到天明。这个世上，除了徽因，谁也不是渡他的观音。

又有人说："乌托邦是多种多样的，在孔成眼里是诗，在普鲁斯特眼中是追忆，在博尔斯眼中是智慧，在海德格尔眼中是思想。"那么，林徽因便是金岳霖爱的乌托邦。

林徽因和徐志摩，就是童话，和梁思成，是日子，和金岳霖，是一张素绢，上面横竖都是丝（思），却没来得及写诗。

古人曾将恋人的情感分为五种类型：草木之情、浪花之情、金玉之情、珍珠之情和钻石之情。徐志摩和林徽因的爱情算是浪花之情，梁思成于她则如金如玉，金岳霖看她则如珍珠钻石。林徽因与徐志摩是一生一次，与梁思成是一生一世，与金岳霖呢，是一生也不是一生、一次也不是一次，她是他命里的明月光、朱砂痣。

《圣经》上说："爱是恒久忍耐，又能恩慈；爱是不嫉妒；爱是不自夸，不张狂；不作害羞的事，不求自己的益处，不轻易发怒，不计算人的恶；不喜欢不义，只喜欢真理。凡事包容，凡事相信，凡事盼望，凡事忍耐。爱是永不止息。"金岳霖对林徽因的爱，永不止息。

看电影《大鼻子情圣》，西哈诺是一个极有风度的骑士，也极有才华，既勇敢，又仗义。他暗恋美丽的表妹，自己的脸上却长着一个大鼻子。因为这个，他甚至不敢向表妹示爱。

而她的表妹却和另一个草包帅哥一见钟情，并托他照顾和他一同应征入伍的情人，他忍痛应承，并且替小帅哥给表妹写情书。而表妹因为这些情书，热烈地爱着这个小帅哥——事实上，这个小帅哥甚至都说不出一句囫囵话。

夜晚，风雨大作，表妹听着小帅哥在她的房门外情话绵绵，心头激动，却不晓得，这个出口成章的恋人，是她的大鼻子表哥。

战争来了，情人战死了，表妹为他入修道院守节。西哈诺被人加害，临死诉说遗言，表妹终于从他的语气中，分辨出原来这才是那个让她念念不忘的夜晚声音的主人；同时也发现，原来自己一直深爱着的，是这个大鼻子。

在表妹的拥抱中，西哈诺说了最后的话："可是，亲爱的爱人，我不爱你。"

为什么，我会自动代入金岳霖？

因为他也是会说这句话的人。

只是从此，此生缘分尽矣，逝者已随云水，生者苦苦思念，亦是无可如何。无论生离死别，只要是别离都摧心肝——摧生者的心肝。

偶翻纳兰性德的《饮水词》，看到一句"风絮飘残已化萍"，词意不过是援引古说，讲杨絮飘零，会入水化作浮萍；那么杨絮便是浮萍的前世，浮萍便是杨絮的今生。几天前，家人闲话，说起早逝的祖母。母亲说这么多年，谁都不肯给她上一次坟。我的父亲此时已七十余岁，平生胆小，一向怕打雷、怕坟地，现今正端坐如佛，乖乖看电视，却忽然大声抽泣。当时不以为然，我是无神论者，偏要讲往生，安慰他说不要哭，上不上坟都没关系的，人早转生，如絮化萍，我们所见，只是一座空坟；可是现在想起，却心里酸痛，因为它印证了书中的一句话："我死了，是你们活着的人面对死亡。"

这是死者对于生者的最后宣言。是的，逝者早得解脱，面对死亡的，从来，一直，永远，都是生者。人的死亡原本便不是悲剧，而老金此后的孤独和寂寞，甚至让我想，在他死亡的那一刻，更不是什么悲剧，而是解脱，抑或说在另一头、另一个世界，那个身姿仍旧那么娉婷美好，她在遥遥对他笑。

一九五五年，在徽因的追悼会上，金岳霖和邓以蛰联名给她写了一副挽联："一身诗意千寻瀑，万古人间四月天"。

据从诫讲，思成告诉他，《你是人间的四月天》这首诗是母亲在从诫出生后的喜悦中为小儿而作，徽因是个把母爱不表现在面上的人，从未对儿子说起过这件事，时人多把它当成爱情诗来读。但若是读成一首亲子诗，里面的亲子之爱又风雨琳琅、漫山遍野。

李叔同，即弘一大师，作词似纳兰性德，性情与家世也与其相似。"其书画金石，使一切有情皆志气廉立"，又做的好油画，弹的好钢琴，无人能及。日本留学时还会演剧，相貌俊秀到能扮茶花女。一切事情在他行来无有不妥、无有不会，是天分极高的一个人。就像《红楼梦》里，曹氏所说，秀气所钟。他的后来出家修行，也是为的追求精神上的最高境界。

感觉林徽因也与他有些相似。天分高、才气大，秀气所钟，惹人妒羡。"梁上君子，林下美人"，是蒙老友金岳霖所赐的一对戏联，梁思成是君子，这一点已经无可否认，林徽因是美人，这一点也毋庸置疑。这副对联这样形象地概括了两个人的一生。但是，徽因倒是并没有什么"林下之风"，也不做出世之想，虽然作诗的时候，她喜欢一袭白衣、一炷清香、一瓶插花，浅吟低唱，但是，这种优雅和闲适的时光太短，她的态度始终极为入世，生命燃烧太烈，成就的是一个彩凤一样亮烈的林徽因，而不是白衣飘飘的"准仙子"。

杜牧诗云："砌下梨花一堆雪，明年谁此凭栏杆？"梨雪如旧，凭栏无人。遥想当年埋骨处，此日北平土亦香。

她与杭州的缘分，在死后若干年，再续一次。因为二〇〇七年，林徽因纪念碑落户杭州花港观鱼公园，由杭州市政府和清华大学建筑学院共同建造，墓碑上写的是"建筑师林徽因之墓"。虽则她一生与诗书做了闺中伴，与笔墨结成骨肉亲，而她的光荣与梦想，却是在建筑。杭州替她庄重定位，而在我们寻常人心中，她仍旧是那个拈笔写诗的人，那朵娉婷的芳莲。

而那芳香如歌，不绝如缕，丝丝渺远，如同月光，清辉洒遍。

罗斯特·沃辛顿·雷蒙德是个作家、编辑、演说家、理论家、老师、小说家、采矿咨询师、执业律师，生于一八四〇年，卒于一九一八年，他最著名的话就是：生命是永恒的；爱是不朽的；死亡仅是个地平线，地平线仅仅是视野的局限。

所以我们不为她的远行悲伤，不为她的逝去彷徨，她留下了暖，留下了爱，留下了光，人间四月并未芳菲尽，山寺桃花也灼灼开。

山水迢递，传达着一个又一个红尘虚影里的故事，而故事的主角，是你、是我、是他、是林徽因、是梁思成、是徐志摩、是金岳霖，到最后，都汇成了一个字：我。

"我"是林徽因，林徽因是"我"。"我们"是林徽因，林徽因是

"我们"。世间匆匆，花谢残红，路正长、风正徐、花正香。上一世我们就此别过，这一世也许我们已然重逢，到下一世，我们仍旧会彼此相依相伴，执子之手，与子偕老。

若是这样一想，这世上便没有生、老、病、苦、死，怨憎会、爱别离、求不得。而一颗心，从此安然。真是此后山长水遥，心若安好，便是晴天。

后记

这本书完成在病床上。

医院年久，墙壁壁裙的绿色油漆剥落，扭曲成诡异的形状，收拾不起一个完全和光洁的模样，就像是我的身体和心田。

朋友来看望我时，对着我身上的青紫伤痕，眼泪哗哗地落，我看着她，心里觉得奇怪，好像躺在病床上的是别的什么陌生人，在心里自问：这是我吗？怎么会这样？

无非陷入一个俗套的故事，无非做了一个被辜负的妻子，却是这场戏演在我的身上，显出格外的薄凉。谁会想到一个出了轨的人，会把责任完全推卸到被出轨的那一个人的身上？谁会想到，他背后的那个家庭也会推波助澜，把责任完全推卸到被出轨的那一个人的身上？谁会想到，被出轨的那一个成了"罪魁祸首"，出轨的那个成了受害的绵羊，于是出轨的那一个"奋起反抗"，带人把被出轨的那一个打到医院。十个人对一个人，有组织者、有怂恿者、有谩骂者、有殴打者。一个女人，手无寸铁，被数个青壮年围殴翻滚，踉跄仆地，再起，再仆……

世事无常，见惯离合，只愿人心慈悲，敢承敢担，好合好散，谁晓得天上星星的微光照不亮人心如同鬼蜮的阴暗。

这本书的任务接下来，心窝里扎着一根刺，却是一头扎进它的写作里，看着百十年前的那个人，隔着薄薄的光阴，她的身上围绕着一层超出凡尘的光晕，令我心羡。怎么会有那个干净的人，怎么会有那么跌宕的命运，怎么会有那么深爱她的人，而深爱她的人，又怎么能够对她是那样的忠贞？哪怕劳苦，哪怕疾病，哪怕战火，哪怕离乱？

这样的情深。

手中笔不停挥，万千的语言就这样滔滔而泻，好似河水拍上拒挡的堤岸，无数浪花泼溅。世间万事万物都值得感恩，因它都是在成全。若无发生在我身上的此一事，这本书纵使完成，也如同隔一层薄膜，总有一些隔靴搔痒的卖弄辞章；若不曾亲受亲尝这一番笞挞的痛楚，手底笔里也总会少一些真意真心，好比荆棘交缠，心更向往天堂，好比泥足深陷，眼更仰望青天。

明皇思念贵妃，派方士寻她芳魂，她"钗留一股合一扇，钗擘黄金合分钿"。只愿读者读了此书，更觉世间美好，真情珍贵；只愿读者读了此书，更加珍惜世间真情真意，纵使日后分钗，也心存慈念。

当然，最好是心似金钿坚，不分钗，结永生缘。

是为记。

附录
林徽因年谱

1904年　1岁

6月10日，林徽因生于浙江杭州陆官巷住宅。

原籍福建闽侯，祖父林孝恂，光绪己丑科（1889年）进士，初为政知县候选，历任浙江海宁、石门、仁和各州县，他资助青年赴日留学的学生，大多参加了孙中山领导的革命运动。祖母游氏，生有子女七人。

林徽因父林长民（1876年生），字宗孟，为孝恂长子，1906年赴日留学，不久回国，在杭州东文学校毕业，后再度赴日早稻田大学，习政治法律；叔林天民（1887年生），字希实，早年亦留学日本，习电气工程；大姑林泽民，嫁王永昕；二姑生一女后去世；三姑林嫄民，嫁卓定谋；四姑林丘民，嫁曾仙舟；五姑林子民，嫁李石珊。

林徽因之堂叔林觉民、林尹民均为黄花岗革命烈士。

1909年　5岁

迁居蔡官巷一宅院，林徽因随祖父母、姑母等居此，由大姑母林泽民发蒙读书。

1910年　6岁

林长民毕业于早稻田大学，善诗文、工书法，回国后与同学刘崇佑创办福州私立法政学堂，并任校长。

1911年　7岁

祖母游氏因心脏病逝世于杭州。武昌起义后，林长民赴上海、南京、北京等地宣传辛亥革命。

1912年　8岁

1月1日，南京临时政府成立，林长民为福建代表，任参议院秘书长。并与汤化龙等人在上海发起组织"共和建设讨论会"。4月13日，正式成立"共和建设讨论会"，拥在日的梁启超为领袖，电其归国。10月27日，将"共和建设讨论会"、国民协会等团体合并，林长民参与组织民主党。

是年，林长民住北京，全家由杭州移居上海，住虹口区金益里，徽因与表姐妹们入附近爱国小学，读二年级，并侍奉祖父。

1913年　9岁

林长民被选为众议院议员，任秘书长。母亲何雪媛（1882—1972年，林长民第二夫人，浙江嘉兴人）带妹妹麟趾（后夭折）去北平，住前王公厂旧居，徽因留沪。

是年，林长民与第三夫人程桂林（上海人）成婚（一说1912年）。

1914年　10岁

林长民任北京政府国务院参事，全家迁居北京。

祖父林孝恂因胆石症病逝。二娘程桂林生妹燕玉。

1915年　11岁

二娘程桂林生弟桓（曾任美国俄亥俄美术学院院长）。

1916年　12岁

4月，袁世凯称帝后，全家迁居天津英租界红道路，林长民仍留北京。5月，林长民去津，又同二娘程桂林回京。秋，举家由津返京。9月，在梁启超支持下，林长民参加并组织"宪法研究会"。林徽因与表姐们同入英国教会办的培华女子中学读书。二娘程桂林生弟恒。

1917年　13岁

张勋复辟，全家迁居天津，唯徽因留京。后徽因同叔叔林天民至津寓自来水路，诸姑偕诸姊姊继至。林长民由宁归，独自回京。7月17日，因支持段祺瑞讨伐张勋复辟，林长民被任命为司法总长。8月，举家由津返京。11月15日，"安福系"崛起，林不再受重视，辞司法总长之职。

1918年　14岁

3月24日，林长民与汤化龙、蓝公武赴日游历。家仍居北京南长街织女桥，徽因自信能编字画目录，及父归，阅之以为不适用，颇暗惭。但徽因料理家事，屡得其父褒奖。

是年，认识梁启超之子梁思成。

1919年　15岁

林长民任巴黎和会观察员，著书立说，抨击亲日派，反对日本承认德国在华权益。

1920年　16岁

春，林长民赴英讲学，林徽因亦随父去读中学。3月，林长民赴瑞开国联会，由法去英，居阿门二十七号。7月，林徽因随父到巴黎、日内瓦、罗马、法兰克福、柏林等地旅行，9月回伦敦，以优异成绩考入St.Mary's College（圣玛莉学院）学习。9月24日，徐志摩由美到英。10月上旬，与在伦敦经济学院上学的徐志摩初次相遇。

1921年　17岁

徐志摩与林徽因有论婚嫁之意。林谓必先与夫人张幼仪离婚始可。8月，徽因随柏烈特全家赴英南海边避暑。林长民独居伦敦。9月14日，租屋期满，因归期延至10月14日，徽因借住柏烈特家，林长民住他处。10月14日，徽因随父由英赴法，乘"波罗加"船归国。11、12月间，林长民、林徽因抵上海，梁启超派人接林徽因回北京，仍进培华女中读书，林长民暂居上海。

1922年　18岁

在培华女中读书。3月，徐志摩赴柏林，经金岳霖、吴经熊作证，与张幼仪离婚。春，林徽因、梁思成婚事"已有成言"，但未定聘。9月，徐志摩乘船回国，10月15日抵达上海，不久北上来京，林、徐暂告不欢。

1923年　19岁

在培华女中读书。春，新月社在西单石虎胡同七号成立，林长民、林徽因等参加并祝贺。5月7日，梁思成带梁思永骑摩托车去追赶"国耻日"游行队伍，至南长街口被一大轿车将左腿撞断，住协和医院。彼时林徽因到医院探望。7月出院后，终身留下残疾。林长民任宪法起草委员会委员，曹锟贿选总统时，他在沪参与反直运动。林徽因经常与表姐王孟瑜，曾语儿参加新月社俱乐部文学、游艺活动。林徽因毕业于培华女中，并考取半官费留学。

1924年　20岁

4月23日，印度诗哲泰戈尔来华访问，在日坛草坪讲演，林徽因搀扶上台，徐志摩担任翻译。文载："林小姐人艳如花，和老诗人挟臂而行，加上长袍白面，郊荒岛瘦的徐志摩，犹如苍松竹梅的一幅三友图。"一时成为京城美谈。5月8日，为庆祝泰戈尔先生六十四诞辰，林徽因、徐志摩等在东单三条协和小礼堂演出泰翁诗剧《齐德拉》，林徽因饰公主齐德拉，徐志摩饰爱神玛达那。演出前，林徽因饰一古装少女恋望"新月"，以示新月社组织的这场演出活动。泰戈尔在京期间，由林徽因、徐志摩等陪同，前往拜会了溥仪、颜惠庆。6月，林徽因、梁思成、梁思永同往美国留学，7月7日抵达绮色佳康奈尔大学。林选户外写生和高等代数；梁选水彩静物画、户外写生和三角。

9月，结束康校暑期课程，林、梁同往宾夕法尼亚大学就读。同月，梁思成母亲李惠仙病故。

1925年　21岁

在宾大学习。1月18日，林徽因与闻一多等在美参加"中华戏剧改进社"。11月22日，郭松龄在滦州倒戈反奉，通电张作霖，林长民受邀为"东北国民车"政务处长。12月24日，郭部兵败，林长民被流弹击中，死于沈阳西南新民屯，年49岁。

1927年　23岁

9月，林徽因结束宾大学业，得学士学位，后转耶鲁大学戏剧学院，在G.P.贝克教授工作室学习舞台美术半年。12月18日，梁启超在北京为梁思成、林徽因的婚事"行文定礼"。

1928年　24岁

3月，结束舞美学业。3月21日，林徽因与梁思成在加拿大温哥华姐姐家结婚。之后按照其父梁启超的安排，赴欧洲参观古建筑，于8月18日回京。9月，梁思成、林徽因受聘于东北大学建筑系，分别为主任、教授。林徽因回福州探亲，受到父亲林长民创办的私立法政专科学校同人欢迎和宴请。11月，梁启超病重住院，梁思成、林徽因赶赴北京。

1929年　25岁

1月19日，梁启超病故，梁思成、林徽因为其父设计墓碑。8月，林徽因从东北回到北平，在协和医院生下其女儿，取名再冰，意为纪念已故祖父梁启超"饮冰室"书房雅号。

是年，张学良以奖金征东北大学校徽图案，徽因设计的"白山黑水"图案中奖。

1930年　26岁

秋，徐志摩到沈阳，劝林徽因回北平治病。12月，林徽因肺病日趋严重，协和医院大夫建议到山上静养。

1931年　27岁

3月，林徽因到香山双清别墅养病。先后发表诗《那一晚》《谁爱这不息的变幻》《仍然》《激昂》《一首桃花》《山中一个夏夜》《笑》《深夜里听到乐声》《情愿》及短篇小说《窘》。9月，梁思成、林徽因应朱启钤聘请，离开东大，到中国营造学社供职。梁任法式部主任，林为"校理"。秋，林徽因病愈下山。11月

19日，林徽因在协和小礼堂为驻华使节讲中国古代建筑。同日，徐志摩为听林徽因学术报告，乘机遇雨触济南党家庄开山身亡。11月22日，林徽因、梁思成得悉徐志摩坠亡，即以铁树、白花编制小花圈，梁思成遂与金岳霖、张奚若赶到徐遇难处处理后事。同月，由林徽因等主持，在北平为徐志摩举行追悼活动。12月7日，发表散文《悼志摩》。

1932年　28岁

元旦、正月初一，分别两次致胡适信。6月中旬，林徽因再次到香山养病。夏，林徽因、梁思成去卧佛寺、八大处等地考察古建筑，并发表《平郊建筑杂录》。7月至10月，作诗《莲灯》《别丢掉》《雨后天》。8月，子从诫生。意为纪念宋代建筑学家李诫。是年，在一次聚餐时林徽因结识美籍学人费正清、费慰梅夫妇。

1933年　29岁

林徽因参加朱光潜、梁宗岱举办的文化沙龙，每月集会一次，朗诵中外诗歌和散文。

秋，林徽因与闻一多、余上沅、杨振声、叶公超等筹备并创办了《学文》月刊。9月，林徽因同梁思成、刘敦桢、莫宗江去山西大同考察云冈石窟。10月7日，发表散文《闲谈关于古代建筑的一点消息》。11月，林徽因同梁思成、莫宗江去河北正定考察古建筑。

11月18日，发表诗《秋天，这秋天》。同月，林徽因请萧乾、沈从文到北总布胡同谈《蚕》的创作。12月，作诗《忆》。

1934年　30岁

1月，中国营造学社出版梁思成的《清式营造则例》一书，林徽因为该书写了《绪论》。2月、5月，发表诗《年关》《你是人间四月天》，小说《九十九度中》。年初，为叶公超主编的《学文》月刊一卷二期设计了富有建筑美的封面。夏，林徽因、梁思成同费正清夫妇、汉莫去山西汾阳、洪洞等地考察古建筑。9月5日，发表散文《窗子以外》。10月，林徽因、梁思成应浙江建设厅邀请，到杭州商讨六和塔重修计划，之后又去浙南武义宣平镇和金华天宁寺做古建筑考察。

1935年　31岁

3月，林徽因与梁思成合著《晋汾古建筑预查纪略》一文。6月，发表诗《吊玮德》，短篇小说《模影零篇：一、钟绿，二、吉公》。10月，作诗《灵感》《城楼上》。11月19日，发表散文《纪念志摩去世四周年》。冬，林徽因经常与费氏夫妇到郊外练习骑马。

1936年　32岁

1至11月，发表诗《深笑》《静院》《风筝》《记忆》《无题》《题剔空菩提叶》《黄昏过泰山》《昼梦》《八月的忧愁》《冥思》《空想外四章：你来了、"九一八"闲走、藤花前、旅途中》《过杨柳》《静坐》；散文《蛛丝和梅花》《究竟怎么一回事》；短篇小说《模影零篇：三、文珍》。5月28日，林徽因、梁思成等去河南洛阳龙门石窟、开封及山东历城、章邱、泰安、济宁等处做古建筑考察。9月，担任《大公报》文艺作品征文评委。

10月，在《平津文化界对时局的宣言》中，向国民党当局提出抗日救亡八项要求，林徽因为文艺界发起人之一，并在宣言上签名。是年，选编《大公报文艺丛刊小说选》并为之作序。

1937年　33岁

1至7月，发表诗《红叶里的信念》《十月独行》《时间》《古城春景》《前后》《去春》；话剧《梅真同他们》；短篇小说《模影零篇：四、绣绣》。任朱光潜主编的《文学杂志》编委。

林徽因、梁思成应顾祝同邀请，到西安做小雁塔的维修计划，同时还到西安、长安、临潼、户县、耀县等处做古建筑考察。7月，林徽因同梁思成、莫宗江、纪玉堂赴五台山考察古建筑，林徽因意外地发现榆次宋代的雨花宫及唐代佛光寺的建筑年代。

7月12日，林徽因一行到代县，得知发生卢沟桥事变，于是匆匆返回北平。8月，林徽因一家从天津乘船去烟台，又从济南乘火车经徐州、郑州、武汉南下，9月中旬抵长沙。11月下旬，日机轰炸长沙，林徽因一家险些丧生。不久，他们离开长沙，经常德、晃县、贵阳、镇宁、普安、曲靖到昆明。

1938年　34岁

1月，林徽因一家住昆明翠湖前市长巡律街住宅，不久，莫宗江，陈明达、刘志平、刘敦桢也到昆明，经与中美庚款基金会联系，组建营造学社西南小分队。作诗《昆明即景：一、茶铺，二、小楼》。

1939年　35岁

年初，因日机轰炸，林徽因一家搬至郊区龙泉镇麦地村。2月5日，发表散文《彼此》。6月28日，发表诗《除夕看花》。冬，梁思成、刘敦桢等去云南、四川、陕西、西康等地做古建筑考察，林徽因为云南大学设计女生宿舍。

1940年　36岁

初冬，营造学社随史语所入川，林徽因一家亦迁四川南溪县李庄镇上坝村。不久，林徽因肺病复发，从此抱病卧床四年。

1941年　37岁

在李庄镇。春，三弟恒在对日作战中身亡。

1942年　38岁

在李庄镇。春，作诗《一天》。思成接受国立编译馆委托，编写《中国建筑史》，林徽因为写作《中国建筑史》抱病阅读二十四史，做资料准备。她写了该书的第七章，五代、宋、辽、金部分，并承担了全部书稿的校阅和补充工作。

11月4日，费正清、陶孟和从重庆溯江而上，去李庄访问林徽因、梁思成。

1944年　40岁

在李庄镇。作诗《十一月的小村》《忧郁》《哭三弟恒》。费慰梅到李庄访问林徽因。

1945年　41岁

在李庄镇。8月，日本侵略者宣布无条件投降。梁思成陪林徽因到重庆检查身体，大夫告诉思成，徽因将不久于人世。

1946年　42岁

2月，林徽因在费慰梅陪同下乘机去昆明拜会西南联大校长梅贻琦，建议清华大学增设建筑系，住唐继尧后山祖居一座花园别墅，与张莫若、钱端升、金岳霖等旧友重聚。7月31日，同西南联大教工由重庆乘机返回北平。为清华大学设计胜因院教师住宅。10月，梁思成应聘赴美耶鲁大学做访问教授。11月24日，发表散文《一片阳光》。作诗《对残枝》《对北门街园子》。

1947年　43岁

夏，饱经欧战浸染的萧乾，由上海来清华园探望林徽因，二人长谈七年来各自的经历。

是年，作诗《给秋天》《人生》《展缓》《病中杂诗·小诗（一）、小诗（二）、写给我的大姊、恶劣的心绪》。12月，做肾切除手术。

1948年　44岁

2月18日，作诗《我们的雄鸡》。2至5月，发表诗《空虚的薄暮》《昆明即景》《年青的歌》《病中杂诗九首》《哭三弟恒》。11月，国民党当局迫使北平高校南迁。清华园展开反迁校斗争，林徽因说："我们不做中国的'白俄'。"是年，大军攻城前夕，张奚若带两名解放军到林徽因家，请梁、林画出保护古建筑目标，为此深感新政权对他们的信任。是年，叔林天民故。

1949年　45岁

北平解放，林徽因被聘为清华大学建筑系一级教授。2月，为百万大军挥师南下，与梁思成等编印《全国重要文物建筑简目》。春，送女儿再冰参加南下工作团。7月，政协筹委会决定把国徽设计任务交给清华大学和中央美院。清华大学由林徽因、李宗津、莫宗江、朱畅中等七人参加设计工作。

1950年　46岁

6月，经过三个多月的努力，清华大学和中央美院设计的国徽图案完成并在中南海怀仁堂评选，经周总理广泛征求意见，清华小组设计图案以布局严谨、构图庄重而中选。6月23日，林徽因被特邀参加全国政协一届二次会议。9月30日，中央人民政府主席毛泽东发布国徽图案命令。是年，林徽因被任命为北京市都市计划委员会委员兼工程师，提出修建"城墙公园"设想。是年，妹燕玉故。

1951年　47岁

为挽救濒于停业的景泰蓝传统工艺，抱病与高庄、莫宗江、常莎娜、钱美华、孙君莲深入工厂做调查研究，并设计了一批具有民族风格的新颖图案，为"亚洲及太平洋区域和平会议""苏联文化代表团"献上一批礼品，深受与会人员欢迎。

1952年　48岁

梁思成、刘开渠主持设计人民英雄纪念碑，林徽因被任命为人民英雄纪念碑建筑委员会委员，抱病参加设计工作，与助手关肇邺一起，经过认真推敲，反复研究，终于完成了须弥座的图案设计。5月，为迎接即将到来的建设高潮，林徽因、梁思成翻译了《苏联卫国战争被毁地区之重建》一书，并由上海龙门书局印行，为国家建设提供了借鉴。应《新观察》杂志之约，撰写了《中山堂》《北海公园》《天坛》《颐和园》《雍和宫》《故宫》等一组介绍我国古建筑的文章。

1953年　49岁

10月，当选为建筑学会理事；并任《建筑学报》编委。被邀参加第二届全国文代会，江丰在美术家协会的报告上，对林徽因和清华小组挽救景泰蓝的成果，给予了充分肯定和高度评价。

1954年　50岁

6月，林徽因当选为北京市人民代表大会代表。秋，林徽因不抵郊外风寒，由清华园搬到城里去住。不久，因病情恶化住同仁医院。

1955年　51岁

4月1日6时20分，病逝于同仁医院。4月2日，《北京日报》发表讣告，治丧委员会由张奚若、周培源、钱端升、钱伟长、金岳霖等13人组成。4月3日在金鱼胡同贤良寺举行追悼会，遗体安放在八宝山革命公墓。